普通高等院校"十三五"规划教材

GUOJI JINGJI XUE

国际经济学

樊安群　徐雪竹　邵李津　主　编
刘红学　关嵩山　周　娜　陈学妍　副主编
肖海霞　李争辉　虞小强　黄　冰　参　编

清华大学出版社
北　京

内 容 简 介

本书全面介绍了自重商主义开始至今的国际经济理论的发展和演变，并对演变的相互联系和发展进行适当的评论。内容上主要分为国际贸易和国际金融两大部分。国际贸易部分主要包括国际贸易理论和国际贸易政策的历史演变；国际金融部分主要包括国际收支及其调节、汇率及其决定、国际货币体系等内容。最后还对国际经济一体化和国际经济组织的发展进行了介绍。

本书适合高等院校经济类和管理类相关专业学生使用，也可以供从事国际经济贸易和国际金融工作的人员参考。

本书封面贴有清华大学出版社防伪标签，无标签者不得销售。
版权所有，侵权必究。举报：010-62782989，beiqinquan@tup.tsinghua.edu.cn。

图书在版编目(CIP)数据

国际经济学 / 樊安群，徐雪竹，邵李津主编．--北京：清华大学出版社，2016（2024.1重印）
（普通高等院校"十三五"规划教材）
ISBN 978-7-302-44388-9

Ⅰ.①国⋯ Ⅱ.①樊⋯ ②徐⋯ ③邵⋯ Ⅲ.①国际经济学-高等学校-教材 Ⅳ.①F11-0

中国版本图书馆 CIP 数据核字(2016)第 167525 号

责任编辑：刘志彬
封面设计：汉风唐韵
责任校对：宋玉莲
责任印制：刘海龙

出版发行：清华大学出版社
网　　址：https://www.tup.com.cn，https://www.wqxuetang.com
地　　址：北京清华大学学研大厦 A 座　　　　**邮　　编**：100084
社 总 机：010-83470000　　　　　　　　　　**邮　　购**：010-62786544
投稿与读者服务：010-62776969，c-service@tup.tsinghua.edu.cn
质量反馈：010-62772015，zhiliang@tup.tsinghua.edu.cn

印 装 者：三河市龙大印装有限公司
经　　销：全国新华书店
开　　本：185mm×260mm　　　　**印　张**：13.5　　　　**字　数**：319 千字
版　　次：2016 年 8 月第 1 版　　　　　　　　**印　次**：2024 年 1 月第 6 次印刷
定　　价：39.80 元

产品编号：071128-02

Preface 前 言

本书系统介绍了国际经济学的内容，集知识性、学术性和通俗性于一体，在强调理论性的同时，也注重借鉴国内外相关国际经济学著作的写作优点，吸收近年来国际经济活动的新内容和理论研究的新进展。

本书全面介绍了自重商主义开始至今的国际经济理论的发展和演变，并对演变的相互联系和发展进行适当的评论。内容上主要分为国际贸易和国际金融两大部分。国际贸易部分主要包括国际贸易理论和国际贸易政策的历史演变；国际金融部分主要包括国际收支及其调节、汇率及其决定、国际货币体系等内容。最后还对国际经济一体化和国际经济组织的发展进行了介绍。本书突出了以下几个特点。

1. 新：结合近年来国际经济活动的新理论和新事件更新了相关内容，使本书更适应时代发展的要求。

2. 易：注重教学需要，对国际经济学理论的讲解浅显易懂，使学生容易接受，易于理解。

3. 例：以相应理论相关的案例，强化学生对知识的理解，同时培养学生理论联系实际的应用能力。

通过本书的学习，读者可以在了解现代国际经济学的基本理论知识的基础上，进一步拓展其对国际经济活动和国际经济关系的认识，从而洞悉国际经济活动背后的经济学本质。

我们在编写本书的过程中，参阅了大量国际经济学相关的教材和书籍、报纸、网络方面的资料，在此一并对原作者表示感谢，相关文献均以参考文献形式罗列于书末。

虽然尽心尽力，但是由于作者水平和能力有限，书中难免存在不足之处，希望广大读者批评指正。

编 者

Contents 目 录

第一章 引 论

第一节　国际经济学的产生与发展 …………………………………………… 1
第二节　国际经济学的研究对象和方法 ……………………………………… 7
第三节　国际经济学的研究内容和意义 ……………………………………… 8
本章小结 …………………………………………………………………………… 10
本章关键词 ………………………………………………………………………… 10
本章思考题 ………………………………………………………………………… 10

第二章 古典贸易理论

第一节　重商主义的贸易理论 ………………………………………………… 11
第二节　绝对利益理论 ………………………………………………………… 13
第三节　比较利益理论 ………………………………………………………… 17
本章小结 …………………………………………………………………………… 23
本章关键词 ………………………………………………………………………… 23
本章思考题 ………………………………………………………………………… 24

第三章 国际交换价格的确定

第一节　相互需求理论 ………………………………………………………… 25
第二节　贸易提供曲线法分析 ………………………………………………… 29
本章小结 …………………………………………………………………………… 35
本章关键词 ………………………………………………………………………… 36
本章思考题 ………………………………………………………………………… 36

第四章　要素禀赋论

第一节　要素禀赋论概述 …………………………………………………… 37
第二节　要素禀赋论的进一步发展 ………………………………………… 42
本章小结 ……………………………………………………………………… 44
本章关键词 …………………………………………………………………… 45
本章思考题 …………………………………………………………………… 45

第五章　动态国际贸易理论

第一节　罗布津斯基定理 …………………………………………………… 46
第二节　贫困化增长理论 …………………………………………………… 48
第三节　产品生命周期理论 ………………………………………………… 49
本章小结 ……………………………………………………………………… 51
本章关键词 …………………………………………………………………… 52
本章思考题 …………………………………………………………………… 52

第六章　新贸易理论

第一节　产业内贸易理论 …………………………………………………… 53
第二节　规模经济贸易理论 ………………………………………………… 56
第三节　重叠需求贸易理论 ………………………………………………… 57
第四节　战略性贸易理论 …………………………………………………… 59
本章小结 ……………………………………………………………………… 62
本章关键词 …………………………………………………………………… 62
本章思考题 …………………………………………………………………… 62

第七章　国际贸易政策工具分析

第一节　关税分析 …………………………………………………………… 63
第二节　进口配额分析 ……………………………………………………… 68
第三节　出口补贴分析 ……………………………………………………… 70

第四节　倾销分析 ·· 72
第五节　技术性贸易壁垒分析 ··· 74
本章小结 ··· 78
本章关键词 ··· 78
本章思考题 ··· 79

第八章　国际贸易政策的实践

第一节　国际贸易政策分析 ·· 81
第二节　发达国家的贸易政策实践 ··· 82
第三节　发展中国家的贸易政策实践 ··· 86
本章小结 ··· 91
本章关键词 ··· 91
本章思考题 ··· 91

第九章　国际收支

第一节　国际收支与国际收支平衡表 ··· 92
第二节　国际收支的调节 ··· 99
本章小结 ··· 108
本章关键词 ··· 108
本章思考题 ··· 109

第十章　汇率与汇率制度

第一节　外汇与汇率 ·· 110
第二节　汇率的经济分析 ·· 115
第三节　汇率制度 ·· 117
第四节　人民币汇率 ·· 122
本章小结 ··· 125
本章关键词 ··· 125
本章思考题 ··· 126

第十一章　外汇汇率决定理论

第一节　铸币平价理论 …………………………………………………………… 128
第二节　购买力平价理论 ………………………………………………………… 129
第三节　利率平价理论 …………………………………………………………… 130
第四节　弹性价格理论和黏性价格理论 ………………………………………… 131
第五节　资产组合分析理论 ……………………………………………………… 131
本章小结 …………………………………………………………………………… 134
本章关键词 ………………………………………………………………………… 135
本章思考题 ………………………………………………………………………… 135

第十二章　国际收支调节理论

第一节　价格-铸币调节理论 …………………………………………………… 136
第二节　国际收支的弹性分析法 ………………………………………………… 137
第三节　国际收支调节的吸收分析理论 ………………………………………… 138
第四节　货币论 …………………………………………………………………… 140
第五节　国际收支调整的结构分析法 …………………………………………… 141
本章小结 …………………………………………………………………………… 142
本章关键词 ………………………………………………………………………… 143
本章思考题 ………………………………………………………………………… 143

第十三章　国际金融体系

第一节　国际金本位体系 ………………………………………………………… 145
第二节　布雷顿森林体系 ………………………………………………………… 147
第三节　牙买加体系 ……………………………………………………………… 152
第四节　欧洲货币一体化 ………………………………………………………… 154
第五节　国际金融危机 …………………………………………………………… 158
本章小结 …………………………………………………………………………… 168
本章关键词 ………………………………………………………………………… 168
本章思考题 ………………………………………………………………………… 169

第十四章　开放条件下的宏观经济政策

第一节　一国经济的宏观目标 …………………………………………………… 170
第二节　政策搭配方法 …………………………………………………………… 172
本章小结 …………………………………………………………………………… 176
本章关键词 ………………………………………………………………………… 177
本章思考题 ………………………………………………………………………… 177

第十五章　国际经济一体化

第一节　国际经济一体化的形式 ………………………………………………… 178
第二节　国际经济一体化的理论 ………………………………………………… 180
第三节　国际经济一体化的实践 ………………………………………………… 185
本章小结 …………………………………………………………………………… 189
本章关键词 ………………………………………………………………………… 189
本章思考题 ………………………………………………………………………… 189

第十六章　国际经济组织的发展

第一节　国际贸易组织 …………………………………………………………… 190
第二节　国际性金融组织 ………………………………………………………… 196
第三节　区域性国际金融组织 …………………………………………………… 200
本章小结 …………………………………………………………………………… 204
本章关键词 ………………………………………………………………………… 205
本章思考题 ………………………………………………………………………… 205

参考文献 ………………………………………………………………………… 206

第一章 引 论

本章主要介绍国际经济学的产生与发展、国内经济与国际经济的联系与区别、国际经济学与其他相关学科的异同、国际经济学的研究对象与方法、国际经济学的研究内容和意义等。

>>> **重点问题**

1. 国际经济学的研究对象与方法
2. 国际经济学的研究内容

第一节 国际经济学的产生与发展

国际经济学是西方经济学的一个主要分支学科，它的产生和发展是当代世界各国经济关系深入发展的必然结果，尤其是第二次世界大战以后，世界经济一体化的发展为国际经济学学科的发展注入了生机和活力。

一、"二战"以后世界经济领域内发生的重大变化

(一) 世界货币体系的演变

"二战"后建立的以美元为中心的布雷顿森林货币体系，20世纪70年代初期全面崩溃。布雷顿森林体系崩溃以后，随之出现的是整个世界货币体系的大动荡，区域货币一体化得到了巨大的发展。这一重大变化促使国际经济关系不断深入发展，国际间的货币金融联系更紧密。

(二) 国际金融组织与机构的建立与发展

"二战"以后出现了很多世界性的、区域性的国际金融组织和机构，其中影响较大的两个分别是国际货币基金组织(IMF)和国际复兴开发银行(IBRD，又称世界银行)。国际货币基金组织和世界银行等国际金融机构的出现意义重大，它在"二战"以后世界各国经济恢

复和发展中起了巨大作用,是"二战"以后国际经济关系迅速形成、国际间货币金融关系长足发展的主要因素之一。

(三) 国际贸易组织的建立与发展

"二战"以后出现了许多世界性与区域性的国际贸易组织和机构,其中影响最大的是关贸总协定(GATT),它对战后国际贸易的发展产生了重要影响。从临时性的贸易协定到世界贸易组织(WTO)成立,为战后经济全球化、世界经济一体化的发展扫除了障碍,为当代世界经济的纵深发展提供了强大的动力。

(四) 贸易方式与金融工具的创新

"二战"以后国际贸易的发展,不仅仅在规模上得到了急剧的扩张,而且在贸易形式上和金融结算方式上也得到了不断创新。在贸易方式上,除了出口与进口,还出现了补偿贸易、加工装配、租赁贸易、招标与投标、电子商务、网上交易等多种形式。在金融工具种类上,银行在信用保证、信贷通融与金融结算方式上出现了多样化、灵活化的趋势。商业信用证、付款和履约保证书、信用卡、网上银行业务等金融结算工具不断创新,这都为国际经济关系的纵深发展提供了便利条件。

(五) 跨国公司的长足发展

20世纪六七十年代,跨国公司得到了迅猛发展,跨国公司的生产活动直接带来了生产资本的国际化发展,促进了资本在国际间的大规模流动,尤其是20世纪90年代以来,跨国并购更趋频繁,购并规模不断扩大。这些活动预示着生产国际化发展到了一个崭新的阶段,为国际经济学的理论提出了新的研究课题,促进了国际经济学的发展。

(六) 资本输出有了新的内涵

"二战"以后资本输出数量迅速增加,性质上也发生了重大变化。"二战"前,资本输出基本上是宗主国向殖民地或附属国单向的资本输出,工业发达国家向工业落后国家的资本输出,而"二战"后出现了发达国家相互之间的资本流动和发展中国家向发达国家的资本输出。在资本输出性质上,"二战"前,发达国家向落后国家的资本输出一般带有极强的殖民性、掠夺性,而"二战"后许多欠发达地区和国家,包括发达国家为了发展本国经济积极主动地采取措施吸引外国资本与先进技术。这一变化为国际经济学研究提出了如何处理好投资国相互之间经济关系的课题。

(七) 国际金融市场的高度发达

"二战"后,随着西欧国家和日本经济的恢复,国际金融市场得到了长足的发展,美国纽约、英国伦敦、瑞士苏黎世、法国巴黎、德国法兰克福、日本东京、中国香港、新加坡、菲律宾马尼拉等城市先后成为世界上有名的金融中心,其中欧洲货币市场和亚洲美元市场的形成具有重要意义。它们为世界各国资金的余缺调剂提供了一个重要场所,从而推动了当代国际经济关系的长足发展。

(八) 国际储备资产多元化的发展

"二战"前,世界各国的国际储备资产主要是黄金;"二战"后,国际储备资产主要由美元、黄金、基金组织的储备头寸与特别提款权四部分组成。布雷顿森林体系崩溃以后,各国国际储备资产中的外汇部分开始呈现多元化趋势,由原来的单一美元转为多种货币,外汇储备资产中增加了德国马克、瑞士法郎、英国英镑、日本日元等货币。欧元启动并成为欧盟主要成员国的统一货币，欧元的出现一度加剧了国际储备货币的剧烈波动。国际储备资产多元化的发展为各国间国际债务的清偿提供了便利，但也使国际间的债务清算关系变得更加错综复杂，同时还为国际经济学研究提出了如何应对各国国际储备资产风险管理的难题。

（九）美国新经济的出现

美国经济从1991年3月—2000年2月间，实现了年均实际经济增长率3.5%，尤其是1999年7—9月，其经济增长率高达5.5%。美国的失业率在1999年10月降至30年来的较低水平，仅仅为4.1%；与此同时，通货膨胀率也保持平稳。美国经济达到了高增长、低失业和低通货膨胀并存的理想状态。美国这一经济现象被国际社会普遍称为新经济。美国新经济的出现，使经济增长方式发生了根本改变，由传统的资本和其他因素驱动的经济增长方式转变为由知识要素驱动经济增长方式。美国新经济的出现，标志着一个新时代的到来。信息经济、网络经济、电子商务等的不断发展，开始对世界经济的发展产生深远的影响，各国之间相互依赖的关系更为复杂。新经济形态下的国际经济关系，亟待用国际经济学的理论加以研究与解决。

"二战"以后，世界经济的迅速发展及其发展中出现的重大变化推动了当代国际经济关系的不断发展，同时也为当代国际经济学理论的形成和发展提供了重要条件。国际经济学理论专著陆续出版，有恩克的《国际经济学》、亚当斯的《国际经济学》、萨尔瓦特的《国际经济学》，特别是20世纪90年代，国际经济学专著不断涌现，有力地推动了国际经济学研究的发展。

二、国际经济学的产生与发展

（一）西方经济学的产生

经济学理论体系的发展、完善经历了漫长的历史过程。国际经济学并非与经济学同步产生，最初的经济学因为将家庭作为自己研究的对象，因此被人们称为家政学。一般而言，家政学研究的是家庭经济行为，即在收入既定的条件下，一个家庭如何获得最大的福利，这是一个永恒的研究课题，即便是在今天，只要一个家庭的收入是有限的，家庭成员是理性的，该命题依然是正确的。随着经济的发展，单个家庭之间在经济上开始联系，形成新的具有独立经济运行决策的基本单位，对一个家庭的研究扩展到这一新的生产单位，即开始研究企业的行为。

在自由竞争条件下，企业行为的核心内容是：企业在资源既定的情况下，如何取得最大利润；要素提供者在收入既定的情况下，如何使效用最大化。因此，经济学也就从家政学发展到微观经济学。一般来说，微观经济学的研究对象包括人们对于微观经济学不同问题的看法，如何研究价格问题、消费者行为问题、生产理论、厂商均衡、要素价格以及福利经济学等问题。在微观经济学中，人们认为，企业在解决生产什么时，由货币选票决定；在解决如何生产时，通过竞争决定生产中使用的技术；而解决为谁生产时，则由要素价格决定。人们在研究企业时，十分注重资源的有效配置，注重收入分配的激励性，考察商品与要素市场的有效性。

当一个国家的所有微观经济活动主体有机地结合成为国民经济时，宏观经济问题便进入了研究者的视野。作为国民经济即宏观经济，它研究的内容非常广泛，如经济周期、商品市场的均衡、货币市场的均衡、需求管理等，宏观经济的目标有经济增长、充分就业、物价稳定和国际收支平衡，而作为宏观经济中各个微观经济单位，追求的仍然是经济福利，是如何在资源既定的条件下获得最大的利润，以及人们在收入既定的条件下获得最大效用。由于宏观经济目标中存在国际收支平衡，这意味着经济的开放已经成为经济运行的有机产物，这时人们的经济体之间形成了内在的经济联系，这种联系已经成为宏观经济运行的必要条件，于是便具备了研究国际经济学的客观基础，国际经济学的产生也就具备了基础。

（二）国际经济学的产生

尽管宏观经济的运行需要以开放为条件，但理论上宏观经济从历史和逻辑的角度却可以区分为封闭经济与开放经济。经济学认定的封闭是指一个经济与外部没有任何经济往来关系，如对外贸易、资金流动、劳动力流动等对外经济关系。因此，从经济学的角度来看，中国即便是改革开放之前，甚至从1949年新中国成立之时起，由于国家有着对外贸易活动，它就已经是经济学意义上的开放国家。

国际经济学是微观经济学与宏观经济学发展到一定阶段的产物。随着历史的发展，国家之间的经济往来日益频繁，彼此经济关系日益紧密，国家成为国际经济往来和活动的主体，便产生了国与国之间的经济联系，即国际经济活动与国际经济关系。而当国家的经济活动以国际为背景时，为了研究国际经济关系中的内在联系，就有必要创立独立的经济学分支学科了。国际经济学是一般经济理论在国际经济活动范围中的延伸和应用，是以经济学一般理论为基础来研究国际经济活动与国际经济关系的，是整个经济学体系的有机组成部分。

在一个经济体系中，资源配置是否合理决定着经济增长与发展的效率，在国际经济的范围中，资源配置是通过各种经济交往方式，如贸易、投资、劳动力流动、信息交流等来进行的。资源的替代和转换同样决定、影响着一个经济体或世界的经济效率。在经济全球化日益深化的今天，国际经济的发展、稳定、均衡都与资源在国际上的有效配置密不可分。在一个经济体中，收入的分配、再分配过程直接决定、影响着各个地区之间、各个阶层之间以及各个行业之间的福利水平和平等的程度。在国际经济的范围内，各种经济交流方式如贸易、投资、劳动力流动、信息交流等同样影响、决定着一个经济体或整个世界经济的福利水平与平等的程度。国际资源配置、国际经济福利分配和可持续发展研究是国际经济学重要的出发点和落脚点。

国际经济活动往来具有自身的内在联系。一方面，国内经济与国际经济不可分，后者是前者在时间尤其是空间上的延伸；另一方面，国际经济作为一个整体，随着经济全球化的发展，又有着自身内在的联系与规律，这一内在规律很大程度上产生于商品和生产要素在国内的自由流动以及国际上的不完全流动。因而产生了一般经济规律的特殊表现，形成了国际经济运动的特有规律，以及国际贸易、国际金融、国际投资等方面的特有理论。

三、国内经济与国际经济的异同

国内经济与国际经济的发展、运行既有联系，又有区别。

（一）在经济运行主体方面

无论是在国内还是在国际经济的环境中，个人、企业、国家和国家集团在从事不同层次的经济活动，它们是经济运行的主体，是经济产出的供给者与消费者。它们的经济活动主要集中于商品、服务、劳动力和信息等产出的交流上，而且它们的经济活动场所是商品、服务、劳动力和信息的市场，即在国内或国际经济活动中，这些经济主体运行的主要基础是市场。从这一点来看，国际经济与国内经济的相同之处可能会多一些，尽管在某些方面的特点上会存在较大的差异，如在国家集团之间的经济活动本身就是一种国际经济的活动。

（二）在经济运行目的方面

个人、企业、国家和国家集团是在追求经济福利的增长，以有限的资源耗费获取最大的经济福利，以有限的收入获得最大的经济效用，这是国内、国际经济运行的长期目的。除了生产过程以外，对已有经济福利的分配、再分配，在经济运行的主体间也要符合一定的原则。从总体上考察，国际经济中还存在个别经济体或国际经济集团的利益与世界经济总体利益之间的差异，以及效率与公平之间的区别，但这种差异不是根本性的不同。

（三）在经济运行范围方面

国际经济是国内经济跨越国界的延伸，一般经济学研究的是国内经济的运行，国际经济学研究的是国家与国家之间的经济关系与活动，经济运行的范围明显不同，国际经济运行的范围超越了一国国内经济。在经济全球化的当下，由于经济活动是在一个更为广阔的国际背景下进行的，同时由于国际经济关系在很大程度上因经济全球化的出现，而成为一个经济体发展的重要因素，因此国际经济学研究内容的重要性日益凸显，并受到人们的普遍关注。

（四）在经济运行机制方面

资源可以在一国范围内自由流动，但在国际间却不能完全自由流动；经济在国内与国际上运行的条件差异很大，为了达成既定的经济目标，就必须适应不同的经济运行条件；国内与国际间使用的货币不同，需要进行汇兑，这比仅在国内进行经济活动要复杂些；在一国国内，经济调节手段具有很强的执行力，但在国际经济运行中，经济协调执行力较弱，国际经济政策的协调结果大多是各国妥协的产物。

（五）在经济交流场所方面

在国际经济中，经济资源、经济产出的交流，通常在市场条件下进行。而国内经济在这方面，按照市场进行资源交流、配置实现时可能受到其他因素的干扰，也就是说，在国际经济中，市场机制将更容易得到贯彻，市场的竞争性体现得更为完全。

四、国际经济学与其他相关学科的异同

（一）国际经济学与西方经济学

▶ 1. 国际经济学与西方经济学的联系

国际经济学是从西方经济学中发展出来的一个分支学科，这一点决定了两者之间必然存在密切联系。西方经济学在学科体系上分为两大部分，即微观经济学与宏观经济学。而国际经济学在学科体系上也分为两大部分，即微观部分——国际贸易理论和宏观部分——国际金融理论。国际经济学的研究内容与西方经济学的研究内容也有密切联系。国际经济学的微观部分，国际贸易理论所研究的稀缺资源的配置问题实际上属于西方经济学中微观经济学的范围；而国际经济学的宏观部分，国际金融理论所研究的货币机制、国际货币关

系以及宏观经济调控等问题也基本上属于西方经济学中宏观经济学的范围。此外，西方经济学中的基本观点和分析方法同样适用于国际经济学。

▶ 2. 国际经济学与西方经济学的区别

国际经济学是一门相对独立的理论经济学科，这决定了它必然与西方经济学存在显著的区别。众所周知，西方经济学是一门研究稀缺资源在各种可供选择的用途中进行合理配置的理论经济学，而国际经济学则是一门研究国际经济关系的理论经济学，在研究对象和研究范围上两者也存在很大的差异。西方经济学中的微观经济学部分是以单个经济单位作为考察对象，从数量方面研究单个生产者、单个消费者的经济活动，研究单个行业、单个市场的经济状况的变化；而国际经济学的微观部分国际贸易理论部分则主要研究的是国际贸易的起因与利益，以及国际贸易政策的影响及依据，它所涉及的主要内容包括贸易纯理论、贸易政策及贸易与经济增长之间的关系等。西方经济学中的宏观经济学部分是以整个国民经济活动作为独立的考察对象，研究其社会就业量、物价水平、经济增长速度、经济周期波动、经济中各个有关总量的变化以及它们之间的相互制约关系等全局性问题；而国际经济学中的宏观部分国际金融理论则主要研究国际经济活动中商品、劳务和资本的国际流动在各国国民收入决定中的作用，以及各种国内经济活动、经济一体化的发展对国际经济关系的影响等问题。两者在研究范围上也存在很大差别。

（二）国际经济学与世界经济学

国际经济学与世界经济学是两门既有联系又有区别的理论经济学科。

▶ 1. 国际经济学与世界经济学的联系

国际经济学与世界经济学均属于理论经济学，都是从西方经济学中发展起来的分支学科。国际分工、世界市场以及国际贸易的形成与发展是国际经济学与世界经济学两门学科产生和发展的共同历史前提。例如，国际经济学研究的是国际经济关系，这种国际关系形成的基础是国际贸易活动与国际金融活动；而世界经济学虽然研究的是国际生产关系，但这种关系产生的基础也是国际关系与国际金融关系、世界经济一体化、区域经济一体化、国际货币制度、国际金融机构与国际贸易机构等问题，在世界经济学中这些内容也要加以研究。世界经济学中运用的研究方法和揭示的国际生产关系运动的特点及其规律，同样也在一定程度上适用于国际经济学。

▶ 2. 国际经济学与世界经济学的区别

国际经济学与世界经济学是两门相对独立的经济学科，因此必然存在明显差别。在研究对象上，国际经济学的研究对象是国际间的国际经济关系，而世界经济学的研究对象是国际生产关系；在研究内容上，国际经济学研究的内容主要涉及国际贸易理论与国际金融理论两大部分，而世界经济学除了上述内容外，还涉及更宏观的问题，如世界市场问题、国别地区经济问题、经济一体化与金融一体化问题，以及世界能源的利用和世界生态资源保护问题等。在研究方法上，两门学科均要采用抽象法，但是，在世界经济学的研究中采用的宏观经济的抽象层次要比国际经济学中更高。国际经济学所揭示的是较为具体的国际经济关系的传导机制及其发展规律，而世界经济学所揭示的是整个世界范围内的广义的国际生产关系及其运动规律。

第二节　国际经济学的研究对象和方法

一、国际经济学的研究对象

国际经济学是经济学的一个重要分支学科，但却是经济学领域中发展最快、影响最大的分支学科。国际经济学是西方经济学中的一个以国际经济关系为研究对象的分支学科。它的研究目的是通过对国家之间的经济关系、经济活动以及经济现象的分析，揭示各个国家或地区之间经济联系的传导机制及其发展规律。一般来说，国际经济关系是指一国同其他国家的经济联系，是世界范围内超越于国家界限的国家间的诸经济关系总和。在国际经济关系中从事经济活动的行为主体是国家，国与国之间的经济活动形式主要是相互之间的贸易、投资、劳务与资金的转移等，即国家之间的经济关系是由国家之间的经济活动引起的。国际之间的经济活动有三种形式。

（1）国际贸易形式的活动，主要包括国与国之间的商品交易与劳务交换，以及这些商业活动对世界经济及其有关国家的影响，这部分主要涉及与国际贸易密切相关的国际分工、国际商品流通、国际劳动力流动、对外贸易利益、贸易条件、贸易结构、各国生产专业化、关税及限额等贸易保护主义措施与政策。

（2）国际金融形式的经济活动，主要包括国与国之间的直接投资与证券投资所引起的资本流动，以及与国际贸易和国际融资活动有关的国际结算、国际汇兑、国际收支、汇率制度、国际货币体系、外汇管制及金融限制等政策。

（3）国际投资形式的经济活动，主要包括厂商如何在全球范围内分配投资、追求全球利益最大化，以及各国对跨国公司的态度和政策。

因此，国际经济学所要研究的是各国间的国际贸易、国际金融和国际投资这三种形式的经济关系活动所引起的国际经济关系。

二、国际经济学的研究方法

国际经济学的研究对象决定了国际经济学要用到以下研究方法。

▶ **1. 宏观和微观的分析方法**

国际经济学是由国际贸易理论、国际金融理论和国际投资理论三大部分组成。国际贸易理论和国际投资理论在研究方法上主要以微观经济分析为基本工具，属于实物层面研究。国际金融理论则以宏观经济分析为基本工具，属于货币层面研究。因此，在国际经济学研究中，我们首先必须坚持宏观和微观分析的研究方法。

▶ **2. 综合分析方法**

国际经济学研究的对象涉及国际关系的方方面面，为了在研究中抓住事物的本质，我们必须从马克思的辩证唯物主义的立场和观点出发，详尽占有资料，充分应用综合分析法，通过去粗取精、去伪存真、由此及彼、由表及里地分析，揭示国际经济学的传导机制以及运动规律。

▶ **3. 历史与逻辑的分析方法**

为了研究国际经济关系的产生和发展过程，揭示国际间国际经济关系的传导机制及其运动规律，就必须采用历史的方法与逻辑的方法来展开分析。采用历史的方法，就是从历史的角度分析说明国际经济关系的形成与发展过程；采用逻辑的方法，就是从逻辑学的角度来研究和设计国际经济学学科体系。在研究中，我们只有将历史的发展与逻辑的发展统一起来，才能构建一个科学的、逻辑严谨的国际经济学体系。

▶ 4. 实事求是的方法

在国际经济学研究中，我们必须从辩证唯物主义的立场与观点出发，坚持实事求是的方法。对于西方国际经济学理论研究成果，我们要从实际出发，去其糟粕，取其精华，批判地加以吸收，既不能一概加以排斥、否定，也不能一概加以肯定、照搬。我们要以实践为检验真理的唯一标准，来正确评价西方国际经济学理论。

▶ 5. 理论联系实际的方法

在国际经济学研究中，我们要避免形而上学的、空洞的、脱离国内实际的方法，坚持洋为中用、古为今用和研究为现实服务、理论必须联系实际的方法。

▶ 6. 定量与定性的分析方法

在国际经济学理论研究中，必须坚持定量与定性分析的方法。定量分析注重对数量关系变化进行考察，需要应用数学原理公式，形成一定的数量模型来说明所研究的国际经济关系的方方面面及其各有关的经济变量之间的依存关系。定性分析强调的是用逻辑推理方法叙述事物性质与发展趋势，目的在于揭示事物和过程的质的、结构性的联系。定量分析与定性分析的方法缺一不可，必要时，两种方法可以同时进行，这也是建立和不断完善国际经济学理论学科体系的重要条件。

第三节 国际经济学的研究内容和意义

一、国际经济学研究内容

国际经济学主要通过对国际经济学理论框架的介绍，总结国际经济学研究的意义与作用。国际经济学的研究内容主要包括国际贸易理论政策、国际金融理论与全球经济一体化两大部分。

（一）国际贸易理论政策

(1) 古典贸易理论。本章主要涉及重商主义贸易理论、亚当·斯密的绝对利益理论和大卫·李嘉图的比较利益理论。

(2) 国际交换价格的确定，包括相互需求理论和贸易提供曲线法分析。

(3) 要素禀赋论，主要包括赫克歇尔-俄林模型、要素禀赋论的进一步发展和里昂惕夫之谜。

(4) 动态国际贸易理论，主要介绍罗布津斯基定理、贫困化增长理论和产品生命周期理论。

(5) 新贸易理论，主要包括产业内贸易理论、规模经济贸易理论、重叠需求贸易理论、战略性贸易理论。

(6) 国际贸易政策工具分析，主要介绍关税分析、配额分析、补贴分析、倾销分析和技术性分析。

(7) 国际贸易政策的实践，主要介绍国际贸易政策分析、发达国家的贸易政策实践和发展中国家的贸易政策实践。

（二）国际金融理论与全球经济一体化

（1）国际收支，主要包括国际收支的含义与国际收支平衡表、国际收支的平衡与失衡。

（2）汇率与汇率制，主要包括外汇与汇率基本概念及兑换方法、汇率制度。

（3）汇率理论，主要包括铸币平价理论、购买力平价理论、利率平价理论、弹性价格理论、黏性价格理论和资产组合分析理论。

（4）国际收支调节理论，主要介绍价格-铸币调节理论、弹性调节理论、吸收调节理论、货币分析理论和资产分析理论。

（5）国际货币体系，主要包括国际金本位体系、布雷顿森林体系、牙买加体系、欧洲货币体系、国际金融危机。

（6）开放条件下的宏观经济政策，主要介绍内外平衡下的政策协调、固定汇率下的宏观经济政策、浮动汇率下的宏观经济政策。

（7）国际经济一体化，主要介绍国际经济一体化形式、国际经济一体化理论和国际经济一体化实践。

（8）国际经济组织的发展，主要包括国际贸易组织、国际性金融组织和区域性国际金融组织。

二、国际经济学的研究意义

（一）有利于各国生产因素的优化配置和合理利用

经济全球化可以实现以最有利的条件来进行生产，以最有利的市场来进行销售，达到世界经济发展的最优状态，提高经济效率，使商品更符合消费者的需要。

（二）促进了经济结构的合理化和生产力的提高

由于经济全球化带来科学技术的世界性流动，使各国尤其是发展中国家可以进口世界上自己需要的先进科学技术，借助"后发优势"，促进科技进步、经济结构的优化和经济发展。

（三）促进国际分工的发展和国际竞争力的提高

国际经济学实践的研究促进了世界市场的不断扩大和区域统一，使国际分工更加深化，各国可以充分发挥自身优势，生产自己具有比较优势的产品，扩大生产规模，实现规模效益。

另外，国际经济学的研究还可以促进经济发展模式的创新，促进国际利益的融合和国际体系的转变。

相关案例

国际货币基金组织（International Monetary Fund，IMF）于1946年3月正式成立。1947年3月1日开始工作，1947年11月15日成为联合国的专门机构，在经营上有其独立性。总部设在华盛顿。

该组织宗旨是通过一个常设机构来促进国际货币合作，为国际货币问题的磋商和协作提供方法；通过国际贸易的扩大和平衡发展，把促进和保持成员国的就业、生产资源的发展、实际收入的高水平，作为经济政策的首要目标；稳定国际汇率，在成员国之间保持有秩序的汇价安排，避免竞争性的汇价贬值；协助成员国建立经常性交易的多边支付制度，消除妨碍世界贸易的外汇管制；在有适当保证的条件下，基金组织向成员国临时提供普通资金，使其有信心利用此机会纠正国际收支的失调，而不采取危害本国或国际繁荣的措施；按照以上目的，缩短成员国国际收支不平衡的时间，减轻不平衡的程度等。

IFM 的主要职能包括制定成员国间的汇率政策和经常项目的支付以及货币兑换性方面的规则，并进行监督；对发生国际收支困难的成员国在必要时提供紧急资金融通，避免其他国家受其影响；为成员国提供有关国际货币合作与协商等会议场所；促进国际间的金融与货币领域的合作；促进国际经济一体化的步伐；维护国际间的汇率秩序；协助成员国之间建立经常性多边支付体系等。

国际货币基金组织援助使命是为陷入严重经济困境的国家提供协助。对于严重财政赤字的国家，基金可能提出资金援助，甚至协助管理国家财政。

资料来源：360 百科. 国际货币基金组织.

本 章 小 结

本章主要介绍了国际经济学的产生和发展、国际经济学的研究对象和方法，以及国际经济学的研究内容和意义。"二战"以后，世界经济的迅速发展及其发展中出现的重大变化，推动了当代国际经济关系的不断发展，同时也为当代国际经济学理论的形成和发展提供了重要条件。国际经济学是以国际经济关系为研究对象，其研究方法主要包括宏观和微观的分析方法、综合分析方法、历史与逻辑的分析方法、实事求是的方法、理论联系实际的方法和定量与定性的分析方法。国际经济学的研究内容主要涉及国际贸易理论政策、国际金融理论与全球经济一体化两大部分内容。

本 章 关 键 词

国际经济关系　研究方法　研究内容

本 章 思 考 题

1. 什么是国际经济关系？
2. 国际经济学的研究对象是什么？
3. 国际经济学的研究方法有哪些？
4. 国际经济学的研究内容包括哪些内容？

第二章 古典贸易理论

古典贸易理论以劳动价值论为基础，说明国际贸易产生的原因、国际贸易本身的利益、国际贸易利益的分配、国际贸易格局和国际贸易的基本模式等问题。本章内容主要包括重商主义贸易理论、斯密绝对利益理论和李嘉图比较利益理论的主要内容及其评价。

>>> **重点问题**
1. 绝对利益理论的基本内容
2. 比较利益理论的基本内容

第一节 重商主义的贸易理论

重商主义是代表着西欧封建制度向资本主义制度过渡时期商业资产阶级的经济思想及其政策，是前资本主义国际贸易理论的集中反映。重商主义是古典贸易理论的基础，以下从重商主义产生的背景、基本思想、政策主张及其评价等方面进行阐释。

一、重商主义产生的背景

15世纪至17世纪中叶，是西欧封建社会土崩瓦解的时期，商品货币关系日益发展，封建经济趋向崩溃的边缘，资本主义生产方式逐渐成长，这就是重商主义所处的时代。由于新大陆和新航线的发现，商业活动范围空前扩大。欧洲商业资产阶级通过对美洲、非洲、亚洲的殖民掠夺，正在逐渐完成资本原始积累，促进了封建经济的解体和商品经济的发展。社会财富的重心由土地转向金银货币，货币成为全社会追求的目标。封建领主迫切需要将实物形态的贡赋变为货币形式，以便购买来自海外的奢侈品；农民需要货币交纳地租，购买生活必需品；手工业者需要货币实现价值增值；皇室需要货币维持宫廷和整个统治机构的开支。在此种情况下，金银货币成了财富的唯一象征，全社会掀起了拜金主义热潮。

二、重商主义的基本思想

一般来说,重商主义分为早期重商主义和晚期重商主义两个阶段。早期重商主义以"货币差额论"作为其核心思想,代表人物是英国的威廉·斯塔福。晚期重商主义以"贸易差额论"为中心,代表人物是托马斯·孟。但无论是早期重商主义还是晚期重商主义,都认为财富和货币是绝对统一的,金银是社会财富的唯一形态,也是衡量国家富裕程度的唯一标准。重商主义者认为获取大量金银是资产阶级国家经济政策和一切经济活动的目的,他们认为剩余价值只能在流通领域中产生,强调对外贸易的作用,只有发展对外贸易才能增加国民财富。

在增加货币财富的方法和手段上,早、晚期重商主义的观点有所不同。早期重商主义认为应该把得到的货币以储存的方式积累起来,主张国家采取行政措施,禁止货币输出,同时保持对外贸易中每笔交易的顺差。马克思把这种"货币差额论"称为"货币主义";同时,恩格斯也指出,早期重商主义者"就像守财奴一样,双手抱住他心爱的钱袋,用妒忌和猜疑的目光打量着自己的邻居"。他们还鼓励吸收国外货币,各国都有法令规定外国商人必须将出售商品所得全部用于购买本地商品,而本国商人输出的商品必须换回金银。

晚期重商主义活动处于16世纪末至18世纪初,资本原始积累已经接近完成,商业资本也逐渐强盛,并且开始向产业资本转化。他们认为把货币储藏起来不会自行增值,只有把货币投入流通领域,才能实现财富增长,因此主张多买多卖;国家不应禁止金银输出,而应鼓励让金银出口,以便在国外大量购买商品。购买外国商品的货币总额不能多于出售本国商品所获得的货币总额,即可实现贸易顺差,增加国家财富。他们分析了西班牙由盛转衰的原因,就在于不善于利用金银货币发展对外贸易。

三、重商主义的政策主张

(一) 货币政策

早期的货币差额论主张通过立法禁止金银输出;晚期的贸易差额论政策有所放宽,主张通过追求贸易顺差来增加货币财富。同时重商主义主张吸引国外货币留在本国,例如,英国政府曾规定,外国商人必须将出售货物所得的全部收入用于购买当地货物。

(二) 奖出限入政策

在进口方面,重商主义者反对输入昂贵的奢侈品,对一般制成品的进口也采取严格的限制;在进口方面,重商主义者鼓励制成品的大量出口,同时阻止原料或半成品的输出。在他们看来,出口廉价原材料和进口高级制成品是不明智的行为,并用现金奖励在国外市场上出售本国商品的商人。

(三) 保护关税政策

关税制度在重商主义之前已经存在,当时主要目的是通过征税增加财政收入。到了重商主义时期,关税被用来为保护贸易政策服务。该措施是对进口的制成品课以重税,对进口的原材料实行免税,对出口的制成品减免关税。

(四) 发展本国工业

为了实现贸易顺差,必须多卖出商品,这必然要求大力发展本国工业。因此,各国都制定了鼓励发展工业的政策措施,比如鼓励人口增长,提供充足的劳动力;实行低工资政策来降低工业成本;向工场手工业者发放贷款并提供各种优惠条件;高薪聘请外国工匠;

禁止熟练工人外流和机器设备输出等措施。

四、重商主义贸易理论的评价

重商主义尤其是后期重商主义的贸易差额论的政策措施，在历史上曾起过积极作用，有力地促进了资本的原始积累，推动了资本主义生产方式的发展进程。但总体来说，重商主义关于国际贸易的看法是不科学的，主要体现在以下几个方面。

（一）关于财富形态和财富源泉

无论是早期还是晚期重商主义，都认为金银货币是社会财富的唯一形态，货币多寡是衡量国家财富的唯一标准，财富来源于流通领域，特别强调通过"奖入限出"的对外贸易来增加国家的金银货币数量。重商主义反映了当时拜金主义狂潮下商业资产阶级对积累原始货币资本的渴求，它曲解了货币的本质及其与金银的关系。马克思认为："金银天然不是货币，货币天然是金银。"说明金银和其他普通商品一样，并非天生就是货币，只是在一定历史条件和一定生产关系下才成为货币；金银货币只是社会财富的一种形态，是财富的一般形态，而不是财富的唯一形态。重商主义由于所处的历史阶段的局限性，认为社会财富来源于流通领域，是不正确的，社会财富是在生产过程中创造出来的，流通过程并不能创造财富，而在于实现商品的价值，商业利润是产业资本家对商业资本家的剩余价值的让渡。

（二）关于国际贸易的性质

重商主义者从贸易利益角度来分析国际贸易问题，而没有涉及国际贸易产生的原因。同时，重商主义者关于国际贸易利益分配的观点也不明晰，它没有从国家利益、商人利益、生产者利益和国民利益的区别来分别进行考察。虽然托马斯·孟在这方面有所改进，把贸易利益分为国家利益、国王利益和商人利益，但不承认生产者利益和国民利益。

（三）关于贸易政策

重商主义者主张国家干预主义和保护贸易政策，要求政府严格控制经济活动，鼓吹经济民族主义，主张采用保护关税、奖入限出等政策干预对外贸易活动，以期实现贸易顺差并积累金银货币。直到今天，重商主义者的国家干预思想对国家垄断资本主义有着重大的影响，它与WTO倡导的多边自由贸易的精神是完全不相符的。

第二节 绝对利益理论

英国古典经济学家亚当·斯密的绝对利益理论认为，国际贸易的基础是各国之间生产技术的绝对差异。1776年，斯密在其代表作《国民财富的性质和原因的研究》一书中，首次提出了绝对优势（绝对利益），认为各国间存在的生产技术上的差异，以及由此造成的劳动生产率和生产成本的绝对差别，是国际贸易和国际分工的基础。各国应该集中生产并出口具有"绝对优势"的产品，进口其不具有"绝对优势"的产品，其结果比自己生产所有产品更有利。作为劳动价值论的倡导者，亚当·斯密认为，绝对优势应当通过商品生产所投入的劳动成本加以衡量，因此，绝对优势（利益）理论又称为绝对成本理论。

斯密在《国富论》中提出了绝对利益理论，用以解释国际分工的方式和效果。斯密对国际贸易的贡献有很多方面，主要包括国际分工和绝对成本说、国际贸易的利益和影响、自由贸易与独占、关税和输出入奖励政策、贸易差额、国际汇总和商品分类等，而其中国际分工和绝对成本说影响最大。

一、绝对利益理论的建立基础

亚当·斯密的绝对利益理论是建立在对重商主义贸易理论批判的基础上的，其内容包括以下三点。

▶ 1. 关于财富的内涵

斯密认为重商主义者把金银财富和真实财富相混淆了，一国的真实财富是以生产的商品和劳务来衡量的，货币除了购买商品之外，没有其他用途。因此，一个国家应该通过扩大对外贸易来实现经济繁荣，而不是限制贸易储藏金银。

▶ 2. 关于重商主义增加国家力量的论点

重商主义者认为，为了增强国家实力，必须对经济实施管制。而斯密指出，政府必须减少干预，才能实现经济的迅速发展，因为在自由放任的经济环境下，个人各自追求自身利益最大化，必然最终实现社会利益的最大化。

▶ 3. 关于重商主义者的持续积累金银货币的政策

斯密根据货币流量调节机制说明，如果一国长期积累金银货币，当国内的商品供应量一定时，商品与货币之间的比例关系将受到破坏，价格趋于上涨，本国商品在国外市场上的竞争力将会下降；与此同时，外国商品在本国的价格相对便宜，因此进口增加，导致本国的贸易顺差减少，甚至出现逆差，这时要用金银来补偿差额，这必将导致金银流出。因此，重商主义者企图通过保持贸易顺差为本国积累金银的做法是徒劳无益的。

二、斯密的国际贸易理论

（一）交换与分工思想

人们可以从交换中得到绝对利益，人类的交换倾向产生了社会分工，劳动生产率的大大提高也是分工的结果。斯密以当时的制针业为例来说明分工的重要作用，制针共有18道工序，在没有分工的情况下，一个劳动力每天最多制造20枚；如果分工后，每人只完成一道工序，则每人每天生产4800枚针，劳动生产率由于分工而大大提高了。斯密由此推论，分工既然可以提高劳动生产率，那么每个人专门从事于某种物品的生产，然后彼此进行交换则对每个人都是有利的。斯密采用由个人和家庭推及整个国家的论证方法指出，对每个人看来是合算的事情对整个国家来说也不可能是不合理的。

（二）国际分工思想

斯密从绝对利益出发，主张把社会分工从国内扩大到国际，国际分工应该建立在一个国家所拥有的先天自然优势或后天的技术优势基础之上。每个国家都有适宜于生产某些特定产品的绝对有利的生产条件，如果每一个国家都按照这种条件进行专业化生产，然后彼此进行交换，则对参与交换的各方都是有利的。由于各国都按照自己的有利条件分工和交换，使各国的资源、劳动力以及资本都得到了最好的利用，并提高了劳动生产率、增加了社会财富。鉴于斯密强调根据各国自然资源最有利的条件，形成各自对本国最有利的"自然分工"，因而斯密的国际分工思想又称为"地域分工论"。

(三)主张自由贸易

亚当·斯密在经济上倡导自由放任,要求国家减少行政干预,让市场发挥其作用,从而实现经济人的利益最大化。他还主张实行自由贸易政策,认为自由贸易能够有效地促进生产的发展和产量的增加。他反对重商主义的保护贸易政策,指出一切限制自由化的措施都会影响国际分工的发展,并降低社会劳动生产率和国民福利。

三、绝对利益理论图形说明

绝对利益理论分析是建立在以下假设条件之上的:①只有两个国家,两种商品;②自由贸易;③只有劳动力这一种要素投入,且在一国可以自由流动,而在国家之间无劳动力流动;④生产成本固定;⑤没有运输成本;⑥没有技术革新。

假设世界上有两个国家 A 和 B,A 是一个小国,B 是一个大国。A 在商品 X 的生产上具有绝对优势,B 在商品 M 的生产上具有绝对优势,用参数 l 表示生产单位商品所需要的劳动力数量,则有 $l_{XA} < l_{XB}$,$l_{MB} < l_{MA}$ 成立。

(一)封闭经济中的均衡

我们首先来讨论 A 国在封闭经济条件下的转换曲线、社会无差异曲线及一般均衡。

假设 A 国可利用的劳动力数量为 L,那么当所有的劳动力都用于生产商品 X 时,X 的产量为 L/l_X。但如果 A 把全部劳动力都用于生产商品 M,则 M 的产量为 L/l_M。如图 2-1 所示,横轴代表商品 X 产量,纵轴代表商品 M 产量,则 L/l_X 与 L/l_M 的连线就是 A 国的转换曲线(生产可能性曲线),用于生产 X 和 M 的所有配置方式都落在这条直线上。

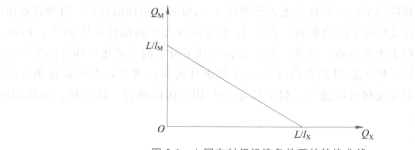

图 2-1 A 国在封闭经济条件下的转换曲线

从微观经济学可以知道,均衡是由供给因素和需求因素共同作用的结果。供给可以用已经建立的转换曲线代表,我们假设需求因素用无差异曲线的所有一般特征的一条社会无差异曲线来代表。社会无差异曲线表示整个社会对于生产出来的、由转换曲线所标示的供给总需求,由于个人无差异曲线只是描述个人的需求,因此需要把所有个人的需求加总成一个总量的社会无差异曲线。在以一般均衡方法为一个经济社会的产出确定均衡价格时,它是普遍适用的加总工具。但是,用一条表示正常行为的社会无差异曲线描述人们整体偏好的假设会遇到很多问题,基本问题是当 M 的数量下降一个单位时,需要用于保持每个消费者的效用不变的 X 的增量依赖于消费者之间的收入分配。为了解决这一问题,假设人们的偏好是相同的且确定的,边际替代率是独立于消费水平的。但是在现实生活中,人们的偏好肯定是不相同的。于是我们进一步假设社会收入分配保持不变,或假设进行最优化调整,经过这种处理之后,就可以得到一条光滑的社会无差异曲线。如图 2-2 所示,转换曲线(供给曲线)与社会无差异曲线 I_0 相交于点 R,则 R 点为 A 国封闭经济的均衡点。

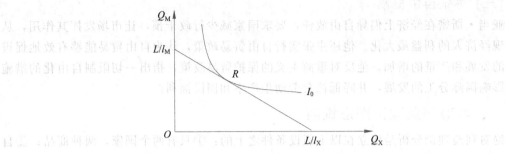

图 2-2　A 国在封闭经济条件下的一般均衡

（二）开放经济中的均衡

现在分析 B 国的情况，其转换曲线仍然是一条直线，斜率为 l_X/l_M。由于已经假设 $l_{XA}<l_{XB}$ 且 $l_{MA}>l_{MB}$ 的绝对利益存在，因此可以得到 $(l_{XB}/l_{MB})>(l_{XA}/l_{MA})$，也就是说，B 国的转换曲线更加陡峭。由于 B 国转换曲线斜率代表了该国产品的相对价格，同时又假设 A 为效果，存在自由贸易且运输成本为零，因此商品的国际价格将由 B 国的生产条件决定。

只需要考察 A 国按照 B 国的生产成本所决定的固定贸易条件进行交易，那么 A 国进行对外贸易带来的影响及结果就很清楚了。贸易条件由一个负斜率表示，比较陡峭的直线表示比较令人满意的贸易条件，即出口商品的相对价格较高。如图 2-3 所示，在具有绝对优势的条件下，A 国将集中力量生产商品 X，并按 PC 所决定的较高相对价格进行对外贸易。这种分工和贸易的结果是，在社会无差异曲线 I_1 与贸易线相切的点 C，消费者效用达到最大化，C 代表开放经济下的均衡点。由于 I_1 所处位置高于封闭经济中的 I_0，因此 A 国从国际贸易中获得了绝对利益。再者，由于 A 国实现了分工的专业化，即专门生产商品 X，不再生产任何 M，对商品 M 的需求（CJ），全部来自从 B 国进口，A 国通过出口相当于 JP 部分的 X 产品来支付这些进口，剩下部分（OJ）用于国内消费。这时候，贸易均衡，进口值等于出口值。

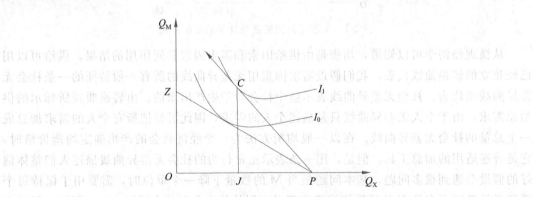

图 2-3　A 国在开放经济条件下的一般均衡

四、绝对利益理论的评价

斯密的绝对利益理论揭示了在自由市场经济条件下，国际贸易产生的原因在于两国之间劳动生产率的绝对差异，按照绝对利益理论的原则进行国际分工，贸易的参与国与整个世界会因此而获得利益。这一理论在一定程度上反映了国际贸易中的一些规律，为产业资本的发展提供了相应的理论支撑，具有重要的实践和理论意义。但是斯密的国际贸易理论，由于经济发展水平和人们对于国际经济运动认识的局限性，存在一些理论与实践方面的缺陷和不足，使理论适用不具有普遍性。

（一）从国际贸易实际出发进行评价

斯密的绝对利益理论在实践中运用有一个重要假设，就是一个国家国际分工应该建立在一个国家所拥有的先天自然优势或后天的技术优势基础之上。每个国家都有适宜于生产某些特定产品的绝对有利的生产条件，如果每一个国家都按照这种条件进行专业化生产，然后彼此进行交换，则对参与交换的各方都是有利的。在这一点上，该理论过于绝对，在实践中也不符合实际情况，一些国家很多种产品生产都不具备绝对有利的条件，但仍然进行国际贸易，参与国际分工，从中获益。

（二）从劳动价值论出发的评价

斯密的理论基本反映了18世纪资产阶级通过国际贸易进行经济扩张的要求，但是在劳动价值论的坚持方面，却无法说明 X、Y 两种产品进行国际交换的内在等价要求是什么，在国际间进行交易的价值基础是什么。

第三节 比较利益理论

一、李嘉图比较利益理论的基本内容

依据亚当·斯密的绝对利益理论观点，如果一个国家在所有产品生产方面都不具有绝对优势，则这个国家就不能参与国际贸易，并从中获利。但在国际实践中情况并不是这样，多种产品生产具有绝对劣势的国家仍然参与国际分工，进行国际贸易，并从国际贸易中获益。从这个角度来分析，斯密的绝对利益理论存在缺陷，也给李嘉图比较优势利益理论研究带来新的课题。比较优势理论很好地解决了国际贸易实践中这一难题，国际贸易发生的原因不在于贸易中绝对利益的存在，而在于比较利益的存在。

（一）李嘉图比较利益理论的假设前提

大卫·李嘉图是古典政治经济学的集大成者。1799年，他看到斯密的《国富论》后，开始研究政治经济学，并于1817年出版了著名的《政治经济学及赋税原理》一书。该书完善了托伦斯提出的"比较成本"概念，发展了比较利益理论，是西方国家主流派国际贸易学说的基石。比较利益理论主要是为了解决斯密绝对利益学说中存在的矛盾，将国际贸易的基础从绝对利益发展成为比较利益，克服一国在不具备绝对利益时无法参与国际贸易的绝对利益假设。

比较利益理论建立的假设前提如下。

（1）两个国家、两种产品、一种生产因素。即假设有 A、B 两个国家，每个国家都从事 X、Y 两种产品的生产，只有劳动力这一种生产因素投入使用。

（2）要素市场和商品市场是完全竞争类型的，A、B 两个国家都实行自由贸易政策，

不存在任何贸易限制。

（3）劳动力这种生产要素在一国内可以自由流动，在两个国家之间不能自由流动。

（4）由劳动时间决定商品的价值，且劳动力在本国国内是同质的，劳动充分就业，且劳动报酬相同。

（5）两国生产的劳动力成本不变，无规模收益，无运输成本等支出。

（6）收入分配不受贸易的影响。

（二）李嘉图比较利益理论的内容

李嘉图的比较利益理论是建立在劳动价值论基础上的。他认为，商品的价值是由生产该商品所需要的劳动量决定的，生产某一商品所需劳动量增加时，其价值就会提高；反之，则降低。生产商品所需要的劳动量的多少与劳动生产率高低密切相关。各个国家的劳动生产率是有差异的，一国即使不能生产出成本绝对低的产品，也能生产出成本比较低的产品，并同其他国家交换，这对参与贸易的各国都是有利的。

比较利益理论与绝对利益理论的区别在于：在绝对成本情况下，一国只生产具有绝对优势的商品，而不生产具有绝对劣势的商品。在比较利益理论下，一国在两种商品生产上虽然都处于绝对优势地位，但优势程度不同。另一个国家在两种商品生产上都处于绝对劣势地位，但劣势程度也不同。在这种情况下，每个国家应集中力量生产那些有利程度较大或不利程度较小的商品，然后通过国际贸易进行交换，在资本和劳动力不能自由流动的情况下，生产总量将会增加，对贸易双方都有利，这就是"两利取其重，两劣取其轻"的分工和贸易原则。

（三）李嘉图比较利益理论内容的说明

假设有 A、B 两个国家生产 X、Y 两种产品，在进行国际分工前，两国生产情况如表 2-1 所示。

表 2-1　A、B 两国生产分工

	X 产品（1 单位）	Y 产品（1 单位）
A 国	100 人	110 人
B 国	85 人	70 人

通过表 2-1 分析我们发现，B 国与 A 国之间 X、Y 两种产品的相对成本分别是 85/100＝0.85 和 70/110＝0.64。

B 国在 X、Y 两种产品生产上，相对成本都低于 A 国，X 产品成本为 A 国的 85%，Y 产品成本为 A 国的 64%，均处于优势地位。但进一步分析可知，Y 产品相对成本更低，优势更大，因而 B 国应该集中力量生产 Y 产品，交换 A 国的 X 产品。反之，A 国在 X、Y 两种产品生产中都处于劣势地位。但 X 产品的不利程度较轻，可以集中生产 X 产品，换取 B 国的 Y 产品。

假设 A、B 两个国家在 X、Y 两种产品的生产实现了国际分工，则有 A 国生产 X 产品的产量是(100＋110)/100＝2.1（单位），B 国生产 Y 产品的产量是(85＋70)/70＝2.2（单位）。两个国家两种产品分工前后产品生产情况如表 2-2 所示。

表 2-2　A、B 两国分工前后产品生产情况

		A 国	B 国	产　量
分工前	X 产品	100 人	85 人	2 单位
	Y 产品	110 人	70 人	2 单位
分工后	X 产品	210 人	—	2.1 单位
	Y 产品	—	155 人	2.2 单位

从表 2-2 可以分析出分工后两个国家投入的劳动量都发生改变，商品的价值也未增加，但是产出产品数量增加了。对于 B 国而言，以 1 单位的 Y 产品交换 1 单位 X 产品，等于以 70 人的劳动量换取 85 人的劳动量，节约了 15 个劳动量，可以多生产 0.2 个单位的 Y 产品。对于 A 国而言，以 1 单位的 X 产品交换 1 单位 Y 产品，等于以 110 人的劳动量换取 100 人的劳动量，节约了 10 个劳动量，可以多生产 0.1 个单位的 X 产品。通过分析可以看到，按照比较优势理论进行国际分工和国际贸易，对于 A、B 两个国家都是有利的。

二、李嘉图比较利益理论的图形说明

（一）封闭条件下的均衡

在一个封闭的经济体中，如果各种生产因素在国内可以自由流动，商品在国内市场中可以自由买卖，则会达成封闭条件下相应的均衡。在相应的图形中可以找到既定的生产可能性曲线、社会无差异曲线以及它们公共的切线，如图 2-4 所示。

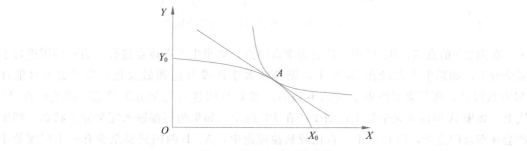

图 2-4　封闭条件下的均衡

如果我们假设，Q 为一个经济体的总产出量，P 为价格，X、Y 为两种产品的产量，下标 X、Y 分别代表 X 和 Y 两种产品，因此总产出为：

$$Q = P_X \cdot X + P_Y \cdot Y$$

对其求导得：$dQ = dP_X \cdot X + P_X \cdot dX + dP_Y \cdot Y + P_Y \cdot dY$

由于 P_X、P_Y 都为常数，故 dP_X、dP_Y 必然为 0，这时有：

$$dQ = P_X \cdot dX + P_Y \cdot dY$$

令 $dQ = 0$，则达到均衡点，有：

$$-P_X \cdot dX = P_Y \cdot dY$$

$$\frac{P_X}{P_Y} = \frac{-dY}{dX}$$

从经济学的角度来看，在一个封闭的经济体中，上述公式等号左边是两种商品价格之比，为相对价格，等号右侧为斜率，既是生产可能性曲线的斜率，又是社会无差异曲线的斜率，是共有斜率。在这一均衡点上，由于社会无差异曲线与生产可能性曲线相切，它既是生产点又是消费点，因此资源得到有效利用，社会福利达到最大化。但是在有国际贸易的情况下，我们将看到一个经济体的生产点与消费点发生分离，它们分离的经济意义是在资源既定的条件下，社会福利因为国际贸易的发生而得到提高。

（二）世界生产可能性曲线与李嘉图点

假设世界是由 A、B 两个国家组成，那么世界生产可能性曲线则应该由 A、B 两国的生产可能性曲线叠加而成。A、B 两国间的分工是完全分工。在图 2-5 中，世界生产可能性曲线被分解为 A 国的生产可能性曲线和 B 国的生产可能性曲线。B 国的生产以 D 点为原点，BC 是它的生产可能性曲线，A 国的生产以 F 点为原点，AC 是它的生产可能性曲线，世界的生产可能性曲线由 A、B 两个国家的生产可能性曲线合成，为 ACB，两国生产可能性曲线的交点 C 便是李嘉图点，它意味着完全分工的情况。

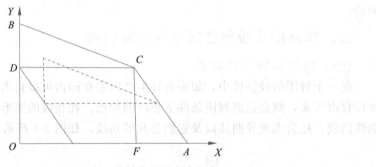

图 2-5　世界生产可能性曲线与李嘉图点

在图 2-5 的点 A、B、C 中，C 点为李嘉图点，如果生产在该点进行，表示两国进行了完全分工，如果生产点没在 ACB 上，则意味着生产没有达到最大化，生产也不可能在 ACB 线以外，那是资源约束下所达不到的。如果 B 国进入完全分工状态，则生产在 AC 线上，如果 A 国进入完全分工，则生产在 BC 线上，如果两国都进入完全分工状态，则生产会在李嘉图点上，即 C 点上。在比较利益理论中，A、B 两国只要至少有一个国家处于完全分工状态，世界的产出就会增加，福利就会提高。

（三）李嘉图比较利益理论的图形说明

有 A、B 两个国家，X、Y 两种产品，一种生产要素——劳动力，为了使分析更接近国际贸易实际，我们用不完全分工的国际贸易模型。因此 A、B 两个国家在进行国际分工后仍然各自都生产 X、Y 产品，与分工前相比较，只是资源发生重新配置，X 和 Y 产品的数量比率发生了变化。B 国将沿着生产更多的 X 产品而较少地生产 Y 产品的方向组织生产，而 A 国将沿着生产更多的 Y 产品而较少地生产 X 产品的方向组织生产，其具体情况如图 2-6 所示。

从图 2-6 中可以看出，同样的资源，A 国的优势在于生产 Y 产品，B 国的优势在于生产 X 产品，原国内交换比率分别为 T_A、T_B（A、B 点的切线），分工前国内生产组合、消费组合点分别为 A、B，按照比较优势进行专业化分工，A 国表现为从 A 点上移至 A' 点，

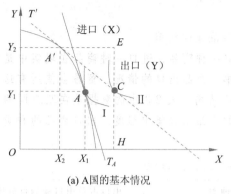
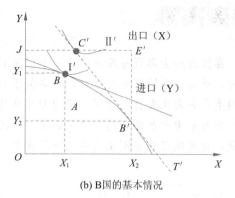

(a) A国的基本情况   (b) B国的基本情况

图 2-6 李嘉图比较利益理论的说明

放弃部分的 X 产品生产而增加 Y 产品的生产，B 国表现为从 B 点下移至 B'，放弃部分的 Y 产品生产而增加 X 产品的生产。在 A'、B' 点上，两国的国内均衡价格 dX/dY 是相等的。按照 1:1 的交换比例进行国际贸易，A 国分工后生产组合点为 A'，即生产 $OX_2 = Y_2A'$ 的 X 产品和 $OY_2 = A'X_2$ 的 Y 产品，用 CE 的 Y 产品换 EA' 的 X 产品，共消费 CH 的 Y 产品和 $Y_2A' + A'E$ 的 X 产品，消费点为 C。B 国分工后的生产组合点为 B'，即生产 $OX_2 = Y_2A'$ 的 X 产品和 $OY_2 = A'X_2$ 的 Y 产品用 $C'E'$ 的 X 产品换 $E'B'$ 的 Y 产品，共消费 $C'J$ 的 X 产品和 $E'B' + B'X_2$，消费点在 C'。A 国 X 产品的消费中 Y_2A' 为本国生产，$A'E$ 为进口，CE 为出口。B 国的 Y 产品消费中，X_2B' 为本国生产，$E'B'$ 为进口，$C'E'$ 为出口，在 1:1 的交换比例下，有 $E'C' = B'E'$。同时可以看到社会无差异曲线也都有提高，即 Ⅱ 高于 Ⅰ，Ⅱ' 高于 Ⅰ'，表示总体福利水平的提高。

三、李嘉图比较利益理论的评价

(一) 积极作用

李嘉图比较利益理论认为每一个国家都根据自己的比较优势参与国际分工，进行国际贸易，并从中获利，因此说该理论的立足点和基本分析方法是合理的。该理论在历史上起到积极作用，大大促进了资本的原始积累和资本主义生产力的发展。比较优势理论的分析方法不仅适用于劳动这一因素，也适用于加入其他生产要素进行分析。

(二) 不完善之处

(1) 该理论模型是建立在严格假设基础之上的，把多变的经济状况抽象为静态的、凝固的状态，其分析方法已经不能全面解释国际贸易领域的许多新情况。

(2) 李嘉图认为各国都有按照比较优势原则进行国际分工和贸易的趋势，参与国际分工与贸易的国家利益是一致的。但事实上是自由贸易表面上的平等掩盖了事实上的不平等，落后国家在交换中处于不利地位，国际贸易只是对先进国家最有利。

(3) 在劳动价值论方面，李嘉图把不等量劳动的国际贸易现象看成不等量价值交换，没有科学地区分个别劳动与社会劳动、个别劳动时间与社会必要劳动时间、国别价值与国际价值的概念，因而不能正确解释国际贸易中的不等量劳动交换。

(4) 李嘉图在国际贸易是否改变一国价值量和是否提高一国普通利润率问题上存在不足。他把国内价值规律片面地运用到国际贸易领域，反对斯密关于国际贸易能够提高一国普遍利润率的观点。

相关案例

某些国家的出口商品集中程度

在探讨的古典贸易理论中,一个国家只出口一种商品、进口一种商品在现实中是不可能的。然而一些国家笼统地看,却类似于这种单一商品出口的情况。贸易会使所有这些国家的生产转向比在自给经济下更为专业化的生产结构。表2-3中的数据是在联合国的标准国际贸易分类中最综合的几类商品上一些国家的商品出口集中程度。出口商品的种类各不相同,这反映了这些国家内在的比较优势。

表2-3 一些国家的出口商品集中程度

国 家	年 份	出口种类	出口占总出口额的百分比
阿根廷	1994	粮食和生禽	35.3%
		初级制成品	18.1%
哥伦比亚	1994	粮食和生禽	35.6%
		矿物燃料等	20.1%
科特迪瓦	1989	粮食和生禽	59.7%
		原材料,不包括燃料	13.5%
古巴	1989	粮食和生禽	80.1%
		原材料,不包括燃料	9.7%
冰岛	1994	粮食和生禽	76.6%
		初级制成品	13.7%
日本	1994	机器设备、运输设备	71.9%
		初级制成品	10.8%
韩国	1994	机器设备、运输设备	49.3%
		初级制成品	24.3%
新西兰	1994	粮食和生禽	42.2%
		原材料,不包括燃料	19.0%
沙特阿拉伯	1992	矿物燃料等	92.5%
		化工产品和相关产品	4.5%
美国	1994	机器设备、交通设备	49.7%
		多种制成品	11.1%

在这个例子中,出口集中度说明了发展中国家一般在粮食(阿根廷、哥伦比亚、科特迪瓦、古巴)或者自然资源产品(沙特阿拉伯)的生产上具有比较优势,而发达国家(日本和美国)则在专业化生产机器设备和运输设备(资本品)的生产上具有比较优势。但也有例外,韩国被认为是新兴工业化国家,出口资本品,而冰岛和新西兰(通常被认为是发达国家)却集中生产粮食。

资料来源:李天德.国际经济学[M].成都:四川大学出版社,2007.

本 章 小 结

　　重商主义是代表着西欧封建制度向资本主义制度过渡时期商业资产阶级的经济思想及其政策，也是前资本主义国际贸易理论的集中反映。但无论是早期重商主义，还是晚期重商主义，都认为财富和货币是绝对统一的，金银是社会财富的唯一形态，是衡量国家富裕程度的唯一标准。重商主义者认为获取大量金银是资产阶级国家经济政策和一切经济活动的目的，他们认为剩余价值只能在流通领域中产生，强调对外贸易的作用，只有发展对外贸易才能增加国民财富。

　　绝对利益理论的代表人物是亚当·斯密，他认为人们可以从交换中得到绝对利益，人类的交换倾向产生了社会分工，劳动生产率的大大提高也是分工的结果。他主张把社会分工从国内扩大到国际，国际分工应该建立在一个国家所拥有的先天自然优势或后天的技术优势基础之上。每个国家都有适宜于生产某些特定产品的绝对有利的生产条件，如果每一个国家都按照这种条件进行专业化生产，然后彼此进行交换，则对参与交换的各方都是有利的。他还主张自由贸易，要求国家减少行政干预，让市场发挥其作用，从而实现经济人的利益最大化。这一理论在一定程度上反映了国际贸易中的一些规律，为产业资本的发展提供了相应的理论支撑，具有重要的实践和理论意义。但是斯密的国际贸易理论，由于经济发展水平和人们对于国际经济运动认识的局限性，存在一些理论与实践方面的缺陷和不足，使理论适用不具有普遍性。

　　比较利益理论是大卫·李嘉图在批判继承前人的基础上提出来的，是建立在劳动价值论基础上的。他认为商品的价值是由生产该商品所需的劳动量决定的，生产某一商品所需劳动量增加时，其价值就会提高；反之，则降低。生产商品所需要的劳动量的多少与劳动生产率高低密切相关。各个国家的劳动生产率是有差异的，一国即使不能生产出成本绝对低的产品，也能生产出成本比较低的产品，并同其他国家交换，这对参与贸易的各国都是有利的。该理论的核心思想是"两利取其重，两劣取其轻"，其立足点和基本分析方法是合理的。该理论在历史上起到积极作用，大大促进了资本的原始积累和资本主义生产力的发展。比较优势理论的分析方法不仅适用于劳动这一因素，也适用于加入其他生产要素进行分析。但也有不完善之处，如假设基础太绝对，参与国际分工与贸易的国家利益是否一致方面，在不等量劳动的国际贸易现象看成不等量价值交换方面，在国际贸易是否改变一国价值量和是否提高一国普通利润率问题上均存在不足。

本 章 关 键 词

　　生产可能性曲线　社会无差异曲线　绝对利益　比较利益　国际分工　劳动价值论

本章思考题

1. 简述早期重商主义和晚期重商主义的区别。
2. 绝对利益理论的主要内容是什么?
3. 李嘉图的比较利益理论的核心思想是什么?并对该理论进行评价。
4. 试用图形说明李嘉图的比较利益理论。

第三章 国际交换价格的确定
Chapter 3

本章通过分析价格区域图解和国际贸易分配图解说明国际贸易价格的确定是相互需求共同作用的结果，同时还进行了加入其他因素后的相互需求分析。在贸易无差异理论曲线分析中首先明确贸易无差异曲线含义，进而通过提供曲线图形进行了解释说明，再次探讨了国际均衡价格的一般均衡模式，最后从提供曲线提出的三个条件、价格的自动恢复机制和一般均衡理论三个方面对该理论进行评价。

>>> **重点问题**

1. 相互需求理论及内容
2. 提供曲线
3. 国际价格的确定

第一节 相互需求理论

在微观经济学中认为，价格是由供给因素和需求因素共同决定的，是由供给曲线与需求曲线的交点决定的，这一交点表示供给与需求相等。在国际贸易中，尽管国际价格的决定也是由供求决定的，但因为有出口国和进口国的参与，交易又分为进口与出口，所以价格的决定因素也会有很多。

一、相互需求理论的提出及基本内容

在李嘉图的比较利益理论中，他分析了贸易的发生与互利性，却没有说明贸易条件是如何确定的。因为单纯从比较利益学说的角度分析，该理论并没有从需求方面进行论述的过程，因此也就找不到由供求曲线交点所决定的价格。

（一）价格区域图解和国际贸易分配图解

假如有 A、B 两个国家，X、Y 两种产品，只有劳动力这一种生产要素投入。我们用

交易模型来说明,李嘉图的比较利益理论在价格方面,给出的是一个价格区域而不是一个交换比率,如表3-1所示。

表3-1 价格区域矩阵

国家\产品	X产品	Y产品
A国家	10	15
B国家	10	20

在表3-1中,我们用单位劳动可以生产的X产品和Y产品的数量,代替过去李嘉图模型中单位使用的劳动量。从表3-1中可以看出,A国的比较优势在于生产X产品而B国的比较优势在于生产Y产品。因此A国在贸易中用X产品交换Y产品,B国在贸易中用Y产品交换X产品。在A国,国内交换比率为10X:15Y,B国国内交换比率为20Y:10X,这意味着,若A国在国际市场上能够用10X换取多于15单位的Y产品,即国际的交换比率优于国内的交换比率,A国便会进入国际市场;反之,B国若能以少于20单位的Y,换取10单位的X产品,国际交换比率优于国内的交换比率,B国也会进入国际市场。因此,A、B两个国家国内的交换比率,就是A、B两个国家进入国际市场进行交换的上、下限,现实的国际商品交换只能在这一交换比率的上下限之间进行,超出上下限,必然会有一个国家退出实际交易,如图3-1所示。

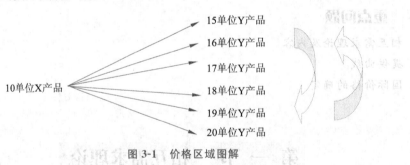

图3-1 价格区域图解

对于A国,如果能够用10单位X产品换回多于15单位的Y产品,A国在国际贸易中就有利可图。而对于B国而言,只要能够用少于20单位的Y产品换回10个单位X产品,B国便会进入国际市场,因此10:15和10:20是A国和B国的国内交换比率,也是两国进入国际市场的"门槛"。从图3-1中可以明确看出,对于A国,它的交易利益应该是自上而下得到提高的,国际交换比率越贴近B国国内的交换比率,A国获得的利益越大。对于B国,它得到的交换利益应该是自下而上提高的,即国际交换比率越贴近A国国内的交换比率,B国获得的利益就越大,反之则小。

将以上说明的情况用图形进行解释,如图3-2所示。

实际交换比率将处于由两国国内交换比率界定的两国交换区内,超出该区域必然有一个国家会退出交易,即如果交易处于A国国内交换比率的右方,则A国退出交易;如果交易处于B国国内交换比率的左方,则B国退出交易。交易只会处于两条国内交换比率之间的区域中,然而具体的交换比率研究应该在哪条射线上,即dY/dX的斜率,仅从供给

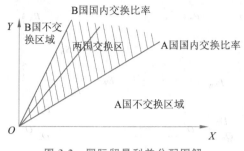

图 3-2　国际贸易利益分配图解

方面是无法说明的。

（二）国际贸易利益分配图解不足

比较利益理论只能确定两国商品交换比率的区域，而非一个确定的比率。因此，我们必须运用新的理论来予以说明，相互需求理论就是说明国际价格确定的最为基本的一个学说。在图 3-2 中，我们可以找到国际交换价格的上、下限，作为 A 国，10 单位的 X 产品能够交换的 B 国产品越多则越有利，因此它的利益从 10X：15Y 到 10X：20Y 越来越大。B 国则相反，在国际市场中要用少于 20 单位的 Y 能够换回同量 10 单位的 X，它的利益趋势是从 20Y：10X 到 15Y：10X。我们发现，从原点射出的射线代表着 X 产品与 Y 产品的价格比率，即贸易条件，这条线离哪个国家的国内价格比率线接近，则该国在国际贸易中获得的利益越小；离该国的国内价格线越远，则该国进入国际贸易就越能够获得更多的贸易利益。然而这一确定的比率是在图 3-2 中无法确定的。

二、相互需求理论的解释

相互需求理论是由英国经济学家约翰·穆勒提出来的。按照他在《政治经济学原理》一书中的论述，相互需求理论无非是要表明：现实的国际贸易条件是使双方出口的总收入恰好应该能够支付双方的总进口时形成的价格。当我们对于对方商品的需求强度提高，在价格不变的情况下希望进口更多的商品，这时我方对于对方商品的需求强度便增大，对方的贸易条件得到改善，我方的贸易条件与过去相比就会恶化，如果需求强度的变化方向相反，则我方的贸易条件会得到改善，获得更多的贸易利益。双方的相互需求强度，基本取决于双方对于商品的偏好，以及双方各自收入的实际情况。

三、相互需求理论及其分析

（一）相互需求决定价格的图形解释

相互需求强度的均衡，从全球实践角度来看，中长期的供求是恒等的（在短期中则相互需求强度可能是不平衡的，会出现贸易的失衡），国际贸易价格是双方供求正好相等时形成的价格，如图 3-3 所示。

A 国出口 X 产品，B 国进口 X 产品，在 X 产品相对价格高于均衡水平时，A 国的 X 产品出口将超过 B 国 X 产品进口需求量，X 产品的相对价格将降到均衡价格水平。另外，情况若相反，则 X 的进口量将超过 X 的出口量，价格将升回均衡水平。相互需求理论从供求角度说明了价格的变化，以及均衡的条件，实际上解释了价格是怎样因供求变化而波动的。

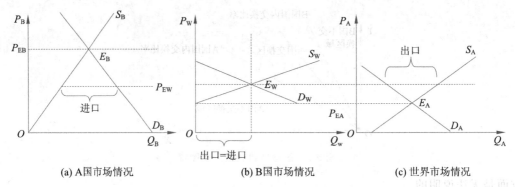

(a) A国市场情况　　　　　(b) B国市场情况　　　　　(c) 世界市场情况

图 3-3　贸易均衡相对商品价格的局部均衡分析

图 3-3 中，世界市场价格的上限、下限正好是 A 国、B 国国内的交换比率 P_{EA}、P_{EB}，即国内的均衡价格，如果考虑一个国家对外收支平衡因素的话（即它的进口付汇必须用出口创汇支付），某种产品真正的世界市场价格是由 A 国、B 国出口恰好补偿进口决定的。图 3-3 中，A 国出口的 X 产品必须是 B 国所需要进口的 X 产品，数量必须正好吻合。

（二）加入其他因素的相互需求

图 3-3 中所给出的贸易决定价格的情况，即便加入诸如双方货币的价值比率因素，国际收支必须平衡的因素等，价格仍然要由双方产品的供求来决定，图 3-4 对此进行了说明。图 3-4(b) 和 (d) 表明的是交易的条件，图 3-4(b) 反映的是两个国家货币币值的比率，即汇率。图 3-4(d) 反映的是在国际贸易中，如果从长远来看，进口必然恒等于出口的情况，即进口要用出口来支付的事实。

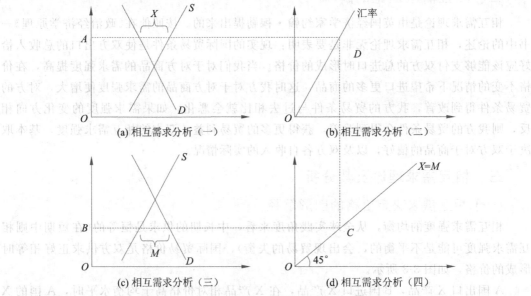

(a) 相互需求分析（一）　　　　　(b) 相互需求分析（二）

(c) 相互需求分析（三）　　　　　(d) 相互需求分析（四）

图 3-4　加入其他因素的相互需求分析图解

图 3-4(c) 中，横轴表示的是进口恒等于出口的情况，而图 3-4(d) 中的斜线则反映的是两国货币值的比率。由于贸易在两个国家之间是自由进行的，因此，随着产品的交易，它仍然是由双方的供求决定的，尽管在分析中加入了一些其他的因素。

第二节　贸易提供曲线法分析

提供曲线是由英国经济学家马歇尔等人提出的，它的实质就是相互需求曲线，表明一个国家为了进口一定量的商品，必须向其他国家出口一定量商品的情况，因此提供曲线就是对应某一进口量愿意提供的出口量的轨迹的集合，两个国家提供曲线的交汇点所决定的价格，就是国际商品的均衡交换价格。当然，它的基础仍然是供需，是以供求相等来决定价格的理论。

一、贸易无差异曲线

画出提供曲线的目的在于比较准确地找出国际商品交换的比率，而提供曲线的画出是从根据生产可能性曲线和社会无差异曲线得出的贸易无差异曲线入手的。贸易无差异曲线的经济含义是：在福利水平保持不变的情况下，反映进出口组合的情况。下面将考察社会无差异曲线的情况。在图3-5中，不同的社会无差异曲线Ⅰ、Ⅱ表示不同的福利水平，但同一社会无差异曲线表示的福利水平却是相同的，即作为两种或两组不同商品消费水平所产生的相同的福利水平表示。

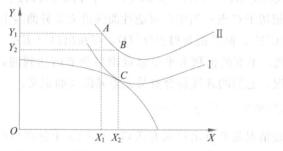

图3-5　开放条件下社会无差异曲线图解

图3-5中，X、Y两种或两组产品的消费组合，在同一条社会无差异曲线上可以有无数种，我们假设有两种消费组合，由于消费组合A、B两点都在同一条社会无差异曲线上，因此两种消费的福利水平一样高，但消费的X产品与Y产品的数量的组合却不一样：A点代表消费较多的Y产品和较少的X产品，B点代表消费较少的Y产品和较多的X产品。然而，在一个经济体生产函数不变，又没有开放的情况下，这种状态在理论上可能存在，在实践中却无法存在。因为当生产函数不变时，生产可能性曲线是不变的，它与社会无差异曲线只能有一个切点，不可能产生两种消费组合，但如果存在进出口时，情况便会发生变化。加入进出口后的图形告诉我们，如果生产力水平不变，无差异曲线上各点所代表的福利水平的不变，即无差异曲线上不同消费组合点的存在，是可以通过进出口调整达到的，这一过程可以通过图3-6予以解释。

为了方便起见，图3-6生产可能性曲线与无差异曲线从第一象限翻转到第二象限，始终使两条曲线保持相切，生产可能性曲线沿社会无差异曲线平滑移动，原点移动留下的轨迹便是贸易无差异曲线。

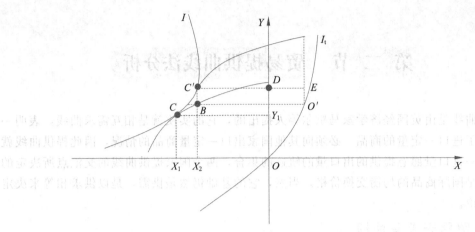

图 3-6　A 国贸易无差异曲线的推导（一）

贸易无差异曲线是该国在福利水平不变的情况下，无数进出口组合点的轨迹。将生产可能性曲线与社会无差异曲线相切，使生产可能性曲线沿着无差异曲线相切、平滑上移，其中，X 产品的生产大于消费，剩余部分为出口；Y 产品则为生产少于消费，差额部分为进口。由此可以看出，福利水平的不变，是靠进出口来调节的，原点能够反映出这一过程，其轨迹为贸易无差异曲线。

图 3-6 中，该国的 X、Y 两种产品的生产，在初始的状态下为 X_1、Y_1，生产可能性曲线与无差异曲线相切于 C 点；当生产可能性曲线沿无差异曲线上移，C 点移到 C' 点，这时 X 产品生产得多（$C'E$），但是消费少（$C'D$），存在出口（DE），而 Y 产品正好相反，存在进口（BX_2）。因此，不变的福利水平是靠进出口调节而达到的，原点 O 与新原点 O' 反映的是进出口的情况，它们的连线符合贸易无差异曲线的定义。

二、提供曲线的作图及说明

我们探讨上述情况是既有出口又有进口，一国关于进出口（需求与供给）的两条曲线，只有当进口等于出口时才会有交点，反之也只有这样的点才同时表示进口、出口，无数这样点的连线，因符合提供曲线的经济含义，也可以简要地画出我们所需要的贸易提供曲线。下面我们采用其他的作图方法。

按照上面画出的贸易无差异曲线的方法，对于图中的每一条社会无差异曲线，我们均可以找出一条生产可能性曲线与之相切，也都可以使生产可能性曲线沿社会无差异曲线移动，从而得出一族贸易无差异曲线 I_1、I_2、I_3 等。同时按照同样的方法，我们可以在第四象限画出无数的社会无差异曲线和无数的生产可能性曲线，并使之一一对应相切，并在相切中使生产可能性曲线沿社会无差异曲线移动，最终将原点的轨迹画出连线，得出一族贸易无差异曲线 I_1'、I_2'、I_3' 等，如图 3-7 所示。图 3-7 中，社会无差异曲线为 I_1、I_2、I_3 和 I_1'、I_2'、I_3' 等，生产可能性曲线为 PPF_1、PPF_2、PPF_3 以及 PPF_1'、PPF_2'、PPF_3' 等，通过画图得出贸易无差异曲线为 I_{t1}、I_{t2}、I_{t3} 以及 I_{t1}'、I_{t2}'、I_{t3}' 等（为了图形的清晰，一些字母和曲线未在图中标出）。

用作图的方法，人们可以在第一象限和第四象限同样画出一族贸易无差异曲线，两族贸易无差异曲线的方向正好相反。这样一来，两族贸易无差异曲线的经济含义，便是针对

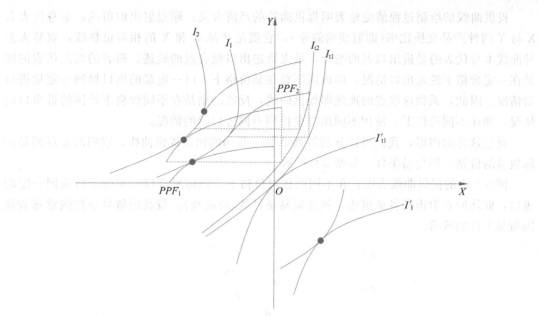

图 3-7 A 国贸易无差异曲线的推导(二)

不同的福利水平的进出口的组合情况。

参照图 3-7 画出的一族贸易无差异曲线，以坐标原点为起点，画出射线 W_1、W_2 等，使每条射线必须同一条相应的贸易无差异曲线相切，然后用一条平滑的曲线将这些切点和原点连接起来，得出的曲线就是该国的提供曲线。同样的方法我们可以得到另外一个国家的提供曲线，只是提供曲线的方向与上面国家的那一条相反，如图 3-8 所示。

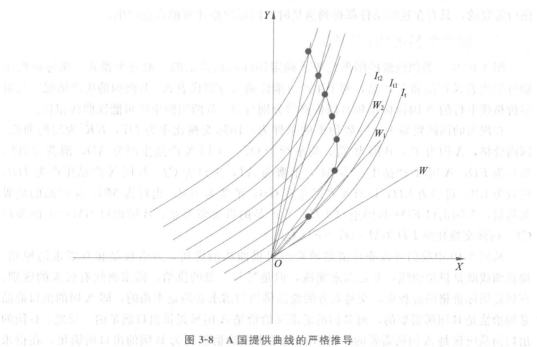

图 3-8 A 国提供曲线的严格推导

提供曲线的绘制过程清楚地表明提供曲线的经济含义：原点射出的射线，本身代表着 X 与 Y 两种产品交换比率（即射线的斜率），它就是产品 X 和 Y 的相对价格线，贸易无差异曲线本身代表的是进出口点的组合，是无数进出口组合点的轨迹。两者的切点代表的则是在一定价格下的进出口情况，即该国愿意在某价格下，以一定量的出口换回一定量进口的情况。因此，无数这些点的连线即提供曲线，反映的则是在不同价格下该国的进出口的情况，即在不同价格下，使用不同出口量换回不同进口量的情况。

通过这样的图形，我们可以分别得到 A 国、B 国的两条提供曲线，它们的交点便是国际贸易的价格，即贸易条件，如图 3-9 所示。

图 3-9 中的提供曲线表明，在不同的相对价格下，该国愿意以一定的出口换回一定的进口，而从原点射出的各条射线，就是贸易条件线（价格线）。较高的贸易条件线意味着该国贸易条件的改善。

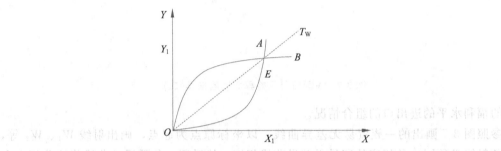

图 3-9　贸易均衡的相对商品价格

国际均衡价格是由不同国家的提供曲线的交点决定的，这时 A 国出口的 X 产品 OX_1 恰恰是 B 国所需要进口的，而 B 国为了进口 X 产品，必须出口 Y 产品 OY_1，而这又是 A 国所需要的，只有在这些条件都得到满足时，国际价格才可能真正产生。

三、国际贸易的均衡价格

图 3-10 中，类似蝴蝶的图形代表了确定国际均衡价格的一般均衡模式：坐标的两个轴分别代表 X 产品和 Y 产品，两个生产可能性曲线分别代表 A、B 两国的生产情况，与世界价格线平行的 A 国价格线和 B 国价格线分别与 A、B 两国的生产可能性曲线相切。

在现实的国际贸易中，一般均衡的条件为：国际交换比率为 OT，KK' 为契约曲线，国内价格，A 国为 T_a，B 国为 T_b，均平行于 OT。A 国 X 产品生产为 AD，消费为 AF，出口为 FD；A 国 Y 产品生产为 AC，消费为 AJ，进口为 CJ。B 国 X 产品生产为 HB，消费为 LB，进口为 LH；B 国 Y 产品生产为 GB，消费为 BM，出口为 MG。X 产品的世界贸易量：A 国出口 $FD=$B 国进口 LH；Y 产品的世界贸易量：B 国出口 $GM=$A 国进口 CJ。国际交换比率 $LH/GM=OT=FD/CJ$。

从图 3-10 中我们可以非常清楚地看出提供曲线的性质，或者说是相互需求的原则。提供曲线既是供给曲线，又是需求曲线，但是又与一般的供给、需求曲线有较大的区别。在确定国际价格的过程中，交易双方的商品供给与需求必须是平衡的，即 A 国的出口商品必须恰恰是 B 国所需要的，而 B 国的需求又恰恰是 A 国所提供出口满足的。反之，B 国的出口商品应该是 A 国所需要的，而 A 国的需求又恰恰能够为 B 国的出口所满足，在供求方面不存在过剩与短缺。交易双方的国际收支必须是平衡的，即交易双方都是恰好使用自

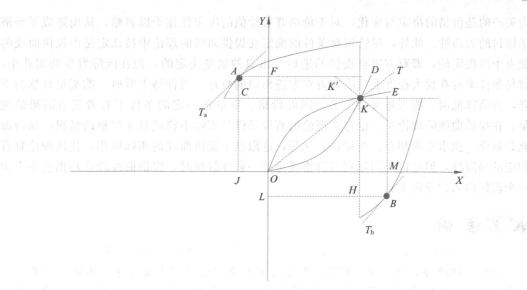

图 3-10　一般均衡贸易模型

己的出口收入支付自己的进口支出，不存在贸易的盈余或赤字，在图形中也就是两个国家提供曲线的交汇点。在供给方面，交易双方的生产应该是在现有的资源条件下的最大产出状况，在图形中表现为生产点必须在生产可能性曲线上。只有双方的生产与消费以及交易具备上述条件，均衡价格才可以顺利生产。

四、对提供曲线的评价

(一) 提供曲线理论的三个条件

(1) 国际贸易价格总是在提供曲线的交点上，而该点需要满足国际收支平衡，即参与贸易国家的进出口价值相等。

(2) 同时要求各国商品需求平衡，即一国生产的商品恰恰是另一国家需要的，相互需求的数量应该正好相等。

(3) 生产必须在生产可能性曲线上和实现最大的福利水平。

这样的三个条件表明，国际贸易价格的确定在提供曲线的理论范围内仍然贯彻的是均衡论，即供求决定价格是该理论的核心内容。

(二) 提供曲线提供了价格的自动恢复机制分析

如果不能满足上述三个条件，则会有自动调节机制使之恢复均衡。当一国的供给大于另一国的需求时，出口国的出口商品价格会下降，而另一国的出口价格便会相对上升，进出口再次平衡，最终会恢复均衡；而当一国的供给小于另一国的需求，则价格上升，使出口增加，而贸易对手国的出口价格则相对下降，最终再次恢复平衡。

(三) 提供曲线的理论基础是一般均衡理论

相互需求以及提供曲线的理论核心是由供求的变化决定价格和价格变化，是建立在边际效用理论基础之上的，按照马克思主义经济学的分析，这一理论从本质上来分析是价格决定而非价值决定，其他教材都做了详细解释，这里不再重复。在国际贸易实践中，国际价格的决定是多种因素决定的，供求是其中最重要的因素之一，供大于求则价格下降，供不应求则价格上升，这是一般经济实践中的常识，作为国际贸易的参与者在很大程度上更为关心的是价格的决定与变化,对于价格背后价值的决定往往予以忽略,从而造成了经济学探讨的表面性。此外,尽管贸易条件的确定在提供曲线的理论中被认定是由提供曲线的交点予以决定的,即双方愿意提供的进口与出口的数量决定的,但在国际贸易的实践中,贸易条件本身在很大程度上又决定着双方进出口的数量。当价格上升时,购买量显然会下降,价格降低时,购买量又会上升,因此价格、数量在一定的条件下有着互为因果的现象。在提供曲线的理论中,也存在理论的假设条件与实际不符或过于严格的情况,如资源充分就业、供求要求相符、产量最大化等,这限制了提供曲线的实际应用,使该理论具有相应的局限性,但在进行国际贸易价格理论的一般性解释时,提供曲线理论却仍然不失为一个较好的入门分析工具。

相关案例

1980—1995 年,肯尼亚、韩国、巴基斯坦和委内瑞拉的贸易条件

1980—1995 年,肯尼亚、韩国、巴基斯坦和委内瑞拉四个发展中国家的贸易条件的变化情况如图 3-11 所示。从图 3-11 中可以看出,发展中国家作为一个整体在这些年间普遍地经历了贸易条件恶化,但非石油出口的发展中国家作为一个整体,却没有多大的总体变动,只是石油出口国的贸易条件有显著的恶化。尽管如此,各个国家的经历还是极不相同的。实际上,增长与贸易条件间的相互作用是错综复杂的,这种变化在图 3-11 中得到体现。韩国出口多元化的制成品,经济增长迅速(1980—1990 年,其 GDP 的年均增长率为 9.4%,1990—1994 年为 6.6%),其贸易条件得到了逐步的改善。作为重要的石油输出国,委内瑞拉的贸易条件经历了各种不同的变动,但有显著的下降趋势,年均 GDP 增长速度缓慢(1980—1990 年为 1.1%,1990—1994 年为 3.2%)。肯尼亚的 GDP 在 1980—1990 年间以年均 4.2% 的比率增长,1980—1990 年其贸易条件急剧恶化,但此后又得到了

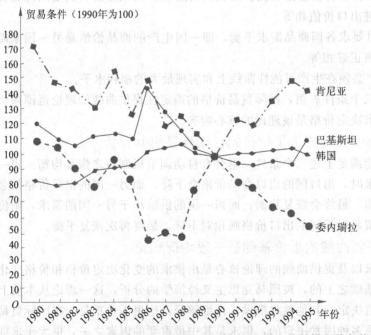

图 3-11 1980—1995 年,肯尼亚、韩国、巴基斯坦和委内瑞拉的贸易条件

改善，1990—1994 年为 0.9%。巴基斯坦的贸易条件也有一些变动，但只呈现出微小的下降趋势，它的 GDP 增长率在 1980—1990 年间为 6.3%，而在 1990—1994 年间则为 4.2%。

资料来源：李天德. 国际经济学[M]. 成都：四川大学出版社，2007.

本 章 小 结

在微观经济学中认为，价格是由供给因素和需求因素共同决定的，是由供给曲线与需求曲线的交点决定的，这一交点表示供给与需求相等。在国际贸易中，尽管国际价格的决定也是由供求决定的，但因为有出口国和进口国的参与，交易又分为进口与出口，所以价格的决定因素也会有很多。

现实的国际贸易条件是使双方出口的总收入恰好应该能够支付双方的总进口时形成的价格。当我们对于对方商品的需求强度提高，在价格不变的情况下希望进口更多的商品，这时我方对于对方商品的需求强度便增大，对方的贸易条件得到改善，我方的贸易条件与过去相比就会恶化；如果需求强度的变化方向相反，则我方的贸易条件会得到改善，获得更多的贸易利益。双方的相互需求强度，基本取决于双方对于商品的偏好，以及双方各自收入的实际情况。

相互需求强度的均衡，从全球实践角度来看，中长期的供求是恒等的，短期中的相互需求强度可能是不平衡的，会出现贸易的失衡，国际贸易价格是双方供求正好相等时形成的价格。

提供曲线是由英国经济学家马歇尔等人提出的，它的实质就是相互需求曲线，表明一个国家为了进口一定量的商品，必须向其他国家出口一定量商品的情况，因此提供曲线就是对应某一进口量愿意提供的出口量的轨迹的集合，两个国家提供曲线的交汇点所决定的价格，就是国际商品的均衡交换价格。当然，它的基础仍然是供需，是以供求相等来决定价格的理论。

提供曲线的三个条件表明，国际贸易价格的确定在提供曲线的理论范围内仍然贯彻的是均衡论，即供求决定价格是该理论的核心内容。

当一国的供给大于另一国的需求时，出口国的出口商品价格会下降，而另一国的出口价格便会相对上升，进出口再次平衡，最终会恢复均衡；而当一国的供给小于另一国的需求，则价格上升，使出口增加，而贸易对手国的出口价格则相对下降，最终再次恢复平衡。

在提供曲线的理论中，也存在理论的假设条件与实际不符或过于严格的情况，如资源充分就业、供求要求相符、产量最大化等，这限制了提供曲线的实际应用，使该理论具有相应的局限性，但在进行国际贸易价格理论的一般性解释时，提供曲线理论却有着积极作用。

本章关键词

供给与需求　贸易条件　提供曲线　贸易无差异曲线　均衡价格

本章思考题

1. 论述相互需求理论的基本内容。
2. 如何确定国际贸易价格?
3. 用图形说明国际均衡价格的形成过程。
4. 用图形说明贸易无差异曲线并进行相应的推导。
5. 对提供曲线理论进行评价。

第四章 要素禀赋论
Chapter 4

在古典贸易理论里面，亚当·斯密和大卫·李嘉图主要是从劳动生产率的差异角度介绍国际贸易产生的原因。本章，瑞典经济学家赫克谢尔和俄林从一个全新的角度——一国的要素资源禀赋的角度分析国家从事国际贸易的原因，提出了要素禀赋论，标志着国际贸易理论进入了现代贸易理论时代。后来，俄裔美籍经济学家里昂惕夫在对要素禀赋利用美国贸易数据验证时，得出了美国实际贸易数据与要素禀赋的结论相矛盾，发现了"里昂惕夫之谜"。经济学界从劳动的非同质性、要素密集度逆转、要素需求逆转、自然资源和关税结构等角度给予了解释。

>>> **重点问题**
1. 要素禀赋论
2. 里昂惕夫之谜
3. 对里昂惕夫之谜的解释

第一节 要素禀赋论概述

前面我们介绍了亚当·斯密和大卫·李嘉图的国际贸易理论都是建立在国际贸易商品生产的贸易各国劳动力劳动生产率的不同之上，是以古典劳动价值论作为理论基础的，分别分析了不同贸易国家同一商品生产上劳动生产率的绝对和相对差异。约翰·穆勒的相互需求理论沿用了劳动生产率的差异，但是他在解释商品在贸易交换中的价值时，认为商品的交换价值取决于两国间的相互需求。本节的要素禀赋论则认为国际贸易的差异源自要素禀赋而形成的生产要素成本的差异。

要素禀赋论，又称赫克歇尔-俄林模型，简称 H-O 理论，也称为生产要素禀赋论，是瑞典经济学家埃里·赫克歇尔和贝蒂·俄林共同提出来的。1919 年，赫克歇尔发表了《对外贸易对收入分配的影响》一文，第一次从要素禀赋的角度解释了国际贸易。1933 年，赫克歇尔的学生、著名经济学家俄林出版了《地区间贸易与国际贸易》一书，书中较为详细地提出了要素禀赋论的国际贸易论。由于俄林的思想是对赫克歇尔思想的继承和发展，人们便用他们两个的名字共同命名了该模型。

一、基本概念介绍

(一) 要素禀赋

要素禀赋即一个国家两种生产要素的相对比例，也称要素富裕度。它与该国生产要素的绝对数量无关，是一个相对的概念。通常，有两种方法来定义要素的禀赋。

▶ 1. 实物定义

假设 A 国拥有资本和劳动两种生产要素，资本总量和劳动总量分别为 K_A 和 L_A，那么 K_A/L_A 就是 A 国的要素禀赋。如果 B 国的资本和劳动总量分别为 K_B 和 L_B，则 B 国的要素禀赋为 K_B/L_B。如果 $K_A/L_A > K_B/L_B$ 则 A 国称为资本要素禀赋丰富的国家，它具有资本丰富的资源禀赋优势；相应地，B 国则被称为劳动要素禀赋丰富的国家，它具有劳动丰富的资源禀赋优势。

▶ 2. 价格定义

除了实物定义以外，还有一种相对价格的定义方法。假设 A 国的资本价格（利息率）为 R_A，劳动的价格（工资）为 W_A；B 国的资本价格和劳动的价格分别为 R_B、W_B，则两个国家的要素相对价格分别为 R_A/W_A 和 R_B/W_B。如果 $R_A/W_A < R_B/W_B$，则说明 A 国的资本价格相对便宜，是资本禀赋丰富的国家；B 国的劳动价格相对便宜，是劳动禀赋丰富的国家。

在理解要素禀赋的时候，需要注意的是，它是一个相对差异。一国是属于资本密集型国家还是属于劳动密集型国家，取决于它的比较对象。例如，中国的人均资本存量低于美国，所以相对于美国而言，中国属于劳动密集型国家，但是相对于越南和非洲国家而言，中国则属于资本密集型的国家。同时，一个国家的要素禀赋也是动态的不断变化的，所以比较的时候，要注意到所比较的两个国家要素禀赋的动态变化。

一般情况下，一国的生产可能性曲线与其要素禀赋有着密切的关系。如图 4-1 所示，我们假设 X 产品为资本密集型产品，Y 为劳动密集型产品，A 国为资本相对富裕的国家，B 国为劳动相对富裕的国家。A 国通常会选择多生产使用资本较多的 X 产品，减少生产过多使用劳动生产要素生产的 Y 产品，所以它的生产可能性曲线为 AA' 状。相反，B 国的生产可能性曲线为 BB' 状。

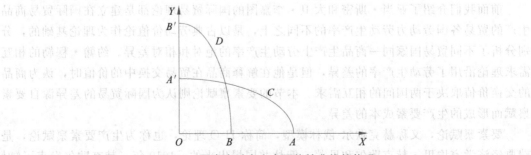

图 4-1 要素禀赋在生产可能性曲线的体现

（二）要素密集度

要素密集度，即在产品的生产中所投入的两种生产要素的相对比例。同上面的要素禀赋一样，这里的要素密集度也是一个相对的概念，与决定投入量无关。假设 A 国生产单位产品 X、Y 所需要的资本和劳动投入量为 K_X、L_X、K_Y、L_Y，则 K_X/L_X 和 K_Y/L_Y 分别为该国 X 和 Y 两种产品生产的要素密集度。如果前者大于后者，则 X 产品为资本密集型产品，Y 产品为劳动密集型产品。

如图 4-2 所示，生产单位 X 产品需要更多的资本和较少的劳动，所以该产品属于资本密集型产品；由于生产单位 Y 产品需要更少的资本和更多的劳动，所以该产品属于劳动密集型产品。一个产品属于资本密集型还是劳动密集型一般是相对的，我们可以通过这两个产品的 OX、OY 的斜率来判断。OX、OY 的斜率反映的是生产中资本与劳动的比率，由于 OX 的斜率大于 OY 的斜率，所以 X 产品为资本密集型产品、Y 产品为劳动密集型产品。

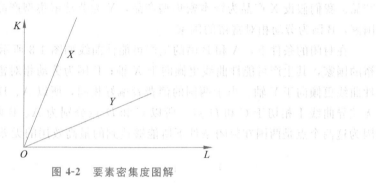

图 4-2 要素密集度图解

二、要素禀赋论模型的基本假设

要素禀赋论模型有以下基本假设。

（1）2×2×2 模型，即两个国家、两种产品、两种生产要素的模型。

（2）两种商品的要素密集度不同，即一种商品是劳动密集型，另一种是资本密集型。也就是说，两种商品生产的要素结构比例上不同，且同一种商品的要素密集度是相同的，无要素密集度逆转现象。

（3）两个国家的技术水平相同，即两个国家拥有相同的生产函数。

（4）不存在规模经济，即生产过程中企业生产规模的大小对企业生产的效率没有影响。

（5）两国的产品市场和要素市场都处于完全竞争市场条件下，要素在国内流动不存在任何障碍，但是要素不能在国与国之间自由流动。

（6）两国的需求偏好相同。

（7）两国的资源都得到了充分利用。

（8）两个国家自由贸易，且无交通运输、保险等相关的交易费用。

（9）贸易平衡假设。两国国家都不存在贸易的顺差和逆差，各国的总出口额等于其进口额。

三、要素禀赋论模型的内容

(一) 文字表述

一国应该利用自己的资源禀赋优势，出口自己相对丰富和便宜的要素密集型产品，进口自己国家相对稀缺和昂贵的要素密集型产品。该理论的内在逻辑认为，国际贸易产生的基础是两国产品相对的价格差异，产品相对价格的差异则源自生产成本的差异。在解释生产成本差异时，该理论认为，生产成本的差异是由生产要素的价格差异决定的，生产要素的价格差异取决于生产要素存量之比率，生产要素的存量之比率取决于该国的要素禀赋的差异。

(二) 图形说明

由于要素禀赋论认为，劳动力丰富的国家应该出口劳动密集型产品，资本丰富的国家应该出口资本密集型的产品，而彼此都应该进口本国相对稀缺和昂贵的生产要素所生产的产品。我们假设 X 产品为资本密集型产品，Y 为劳动密集型产品，A 国为资本相对富裕的国家，B 国为劳动相对富裕的国家。

在封闭的条件下，A 和 B 国的生产可能性曲线如图 4-3 所示。由于 A 国为资本相对富裕的国家，其生产可能性曲线更倾向于 X 轴；B 国为劳动相对富裕的国家，所以生产可能性曲线更倾向于 Y 轴。由于两国的消费者偏好相同，所以 A、B 两国的生产可能性曲线与无差异曲线 I 相切于 C 和 D 点。所以 C 和 D 点分别为 A、B 两国生产和消费的均衡点，因为这两个点是两国在封闭条件下所能够达到的最高效用的无差异曲线上的点。

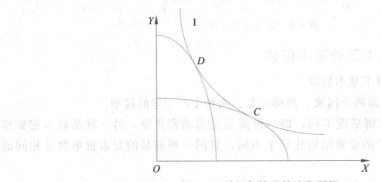

图 4-3 封闭条件下的均衡图解

在自由贸易的条件下，A、B 两国可以通过专业化的生产来提高本国的福利水平。A 国选择比封闭条件下更多的 X 产品的生产，即 G 点，B 国选择比封闭条件下更多的 Y 产品的生产，即 F 点，因为这样可以发挥自己的优势，将自己多余的有优势的产品超出国内需求部分用于与它国交换回自己没有生产优势的产品，而这在封闭条件下是无法实现的。这样，两个国家的福利都得到了改善，福利水平都由无差异曲线 I 上升到无差异曲线 II，如图 4-4 所示。

(三) 数学证明

我们假设 X 产品为资本密集型产品，Y 为劳动密集型产品，L 为劳动投入系数，K 为资本投入系数，W 为工资率，R 为利息率。A 国为资本相对富裕的国家，B 国为劳动相对富裕的国家。

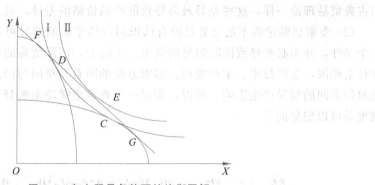

图 4-4 自由贸易条件下的均衡图解

进一步假设 k_X 为 X 产品的资本-劳动比,即 $k_X=K_X/L_X$,Y 产品的资本-劳动比 $k_Y=K_Y/L_Y$,A 国的劳动-资本价格比 $P_A=W_A/R_A$,B 国的劳动-资本价格比为 $P_B=W_B/R_B$,由此得到 A 国 X 产品和 Y 产品的价格为:

$$P_{AX}=L_X \cdot W_A+K_X \cdot R_A \tag{4-1}$$

$$P_{AY}=L_Y \cdot W_A+K_Y \cdot R_A \tag{4-2}$$

B 国 X 产品和 Y 产品的价格为:

$$P_{BX}=L_X \cdot W_B+K_X \cdot R_B \tag{4-3}$$

$$P_{BY}=L_Y \cdot W_B+K_Y \cdot R_B \tag{4-4}$$

从(4-1)~(4-4)式中提取右边第一项,并将 $k_X=K_X/L_X$、$k_Y=K_Y/L_Y$、$P_A=W_A/R_A$、$P_B=W_B/R_B$ 代入相关式子进行替换,依次得到:

$$P_{AX}=L_X \cdot W_A(1+k_X/P_A) \tag{4-5}$$

$$P_{AY}=L_Y \cdot W_A(1+k_Y/P_A) \tag{4-6}$$

$$P_{BX}=L_X \cdot W_B(1+k_X/P_B) \tag{4-7}$$

$$P_{BY}=L_Y \cdot W_B(1+k_Y/P_B) \tag{4-8}$$

由于国际贸易的前提是两个 X 和 Y 价格的相对差异,即 $P_{AX}/P_{AY}-P_{BX}/P_{BY} \neq 0$ 将(4-5)(4-6)(4-7)(4-8)代入,得到:

$$\frac{L_X \cdot W_A(1+k_X/P_A)}{L_Y \cdot W_A(1+k_Y/P_A)}-\frac{L_X \cdot W_B(1+k_X/P_B)}{L_Y \cdot W_B(1+k_Y/P_B)} \neq 0$$

经相应的化简整理后得:

$$P_{AX}/P_{AY}-P_{BX}/P_{BY}=\frac{L_X \cdot (P_A-P_B)(k_Y-k_X)}{L_Y \cdot (P_A+k_Y)(P_B+k_Y)} \neq 0 \tag{4-9}$$

由于我们假设 A 国资本相对丰富,B 国劳动力丰富,所以 A 国的利息率 R_A 较低,工资水平 W_A 较高,B 国的利息率 R_B 较高,工资水平 W_B 较低,得到 $W_A/R_A-W_B/R_B>0$ 结合前面的劳动资本价格公式可得 $P_A-P_B \neq 0$;同样的道理,可得 $k_Y-k_X \neq 0$,所以(4-9)式不为零,两国 X 和 Y 之间存在价格差,国际贸易可以开展。

四、要素禀赋论模型评价

(1)要素禀赋论是对亚当·斯密绝对利益理论和大卫·李嘉图相对利益理论的进一步发展。要素禀赋论的两种生产要素的投入相对于古典贸易理论的一种生产要素的假设,更接近于现实。要素禀赋论对要素禀赋的差异强调实际上也是一种贸易国比较利益的体现,和古典贸易理论一样,这些差异最终导致的产品价格的差异,成了各国贸易的基础。

(2) 要素禀赋论的不足之处是没有认识到自然禀赋的差异可能仅仅是国际贸易发生的一个条件,并不必然导致国际贸易的发生。实际上,国际贸易的发生有着较为复杂的经济和社会原因,生产技术、生产规模、需求方面的因素乃至国与国之间的政治、经济关系都会对国家间的贸易产生影响。所以,要以一个要素禀赋论来解释复杂的国际贸易现象,其难度是可以想象的。

第二节 要素禀赋论的进一步发展

赫克歇尔和俄林提出了要素禀赋论以后,许多学者试图对该理论进行数据上的支持。其中最为著名的就是1973年诺贝尔经济学奖获得者、俄裔美国经济学家瓦西里·里昂惕夫教授进行的检验。经济学界将这次进行称为"里昂惕夫之谜"。

一、里昂惕夫之谜

1953年,里昂惕夫在美国《经济学与统计学杂志》上发表了自己的实证文章。在文中,他运用了投入-产出分析方法对美国的进出口贸易资料进行分析。其分析的结果是美国1947年的投入-产出情况是:在出口产品中,资本的含量为2 550 780美元,劳动的投入量为182年劳动工时;在进口替代产品中,资本的含量为3 091 339美元,劳动的投入量为170年劳动工时。所以,美国每百万美元出口商品的资本-劳动比例为14 010美元/人,每百万美元进口商品的资本-劳动比例为18 180美元/人。通过这两个值的比较可以看出,出口商品的资本-劳动比例小于进口商品的资本-劳动比例,美国出口的是劳动密集型的产品,进口的是资本密集型产品。这个结果显然是与要素禀赋论的结论-美国应该出口资本密集型产品,进口劳动密集型产品的结论相矛盾。

后来,里昂惕夫在1956年又用同样的方法分别对美国1951年和1958年的数据进行了分析。1951年,美国的投入-产出情况是:出口产品中资本的含量为2 256 800美元,劳动的投入量为174年劳动工时;进口替代品资本的含量为2 303 400美元,劳动的投入量为168年劳动工时。每百万美元出口商品的资本-劳动比例为12 977美元/人,每百万美元进口商品的资本-劳动比例为13 726美元/人。1958年的投入-产出情况是:出口产品中资本的含量为1 876 000美元,劳动的投入量为131年劳动工时;进口替代品资本的含量为2 132 000美元,劳动的投入量为119年劳动工时。每百万美元出口商品的资本-劳动比例为14 200美元/人,每百万美元进口商品的资本-劳动比例为18 000美元/人。这些结果与上面1947年的结果虽然有着数值上的差异,但结果却是相同的:美国出口的是劳动密集型的产品,进口的是资本密集型产品,与要素禀赋论的结论相矛盾。

由于里昂惕夫的论证不存在技术上的问题,但是又无法与人们所认为的理所当然的要素禀赋论的结论相一致,所以经济学上将其称为"里昂惕夫之谜",也称为"里昂惕夫悖论"。

里昂惕夫的论证引发了国际经济学界关于要素禀赋论论证的巨大反响。许多经济学家试图解开"里昂惕夫之谜",并利用一些国家的相关数据进行分析,对赫克谢尔和俄林的要素禀赋论进行验证。

1959年,日本经济学家建元正弘和石村真一对日本20世纪50年代对外贸易的分析认为,就外贸的整体上而言,结论支持里昂惕夫的结论,但就日美双边贸易而言,支持赫克谢尔和俄林要素禀赋论的结论。美国经济学家鲍德温的检验结果表明,有2/3的生产要素在不到70%的情况下符合要素禀赋论的预测,贸易中存在里昂惕夫之谜。1961年,加拿大经济学家沃尔对加拿大20世纪50年代与美国的外贸数据分析也支持了里昂惕夫的结论。德国经济学家斯托尔帕和劳斯坎普对原东德的研究结论支持要素禀赋论。印度经济学家巴哈德瓦奇分析印度的贸易结构,印度与美国的贸易证实了里昂惕夫之谜的存在,与其他国家的贸易则证明了要素禀赋论的存在。

二、对里昂惕夫之谜的解释

里昂惕夫的研究引发的国际上对要素禀赋论的数据论证,既有支持里昂惕夫结论的,也有支持要素禀赋论的。实际上,我们认为,国际贸易是一个复杂的经济现象,一种甚至两种以上的贸易理论也未必能够解释得了国际贸易现象。不同的国家、不同的经济和情况、不同的贸易结构等各方面的复杂性会导致某些理论的适用或失灵。对国际贸易理论,更应该持一种开放的态度。在这种情况下,经济学界以包容的心态对里昂惕夫之谜进行了解释。

▶ 1. 劳动的非同质性

在里昂惕夫看来,要素禀赋论是在劳动同质的这个隐性假定的条件之下的,即美国和贸易国的工人具有相同的生产效率。但是,由于美国的工人具有比贸易国更高的生产效率,里昂惕夫认为美国的工人是贸易国工人的3倍,所以两国的劳动是不同质的。在考虑了工人生产效率之后,应该给美国的工人劳动量乘以3,才是美国真正的劳动投入量。这样,在原来美国劳动投入量的基础上乘以3倍以后,美国就变成了一个劳动相对丰富的国家。这样,按照要素禀赋论,美国的贸易现象就可以解释了。

▶ 2. 要素密集度逆转

具有这种观点的人认为,产生里昂惕夫之谜的原因在于贸易国要素密集度相同的假设。要素密集度相同意味着两个国家在生产某种产品中投入的要素比例是相同的,但是在现实中,生产中所投入的生产要素比例在一定范围内是可以变化的,即出现一定范围内的要素替代。这样同样一种产品在一个国家可能由于劳动力丰富属于劳动密集型,而在另一个国家可能由于资本丰富而属于资本密集型。

▶ 3. 要素需求逆转

该理论认为,出现里昂惕夫之谜是因为要素禀赋论只考虑了要素禀赋的差异,即贸易商品供给方面的分析,忽视了需求方面的因素,即两国消费者对两种商品需求偏好的差异。如果两国消费者对两种商品的需求偏好存在差异,贸易的状况就会发生变化。假设两国各自对自己要素禀赋优势的产品有着过度的爱好,当这种爱好达到一定程度就会导致国内具有要素禀赋优势的产品的相对比价高于没有要素禀赋优势的商品,各国出口自己没有禀赋优势的产品由于商品国际间的价格差产生了,而不是按照要素禀赋论的结论开展国际贸易。

▶ **4. 自然资源因素**

该理论根源于里昂惕夫 1956 年的提法,他曾经指出,没有考虑自然资源的影响可能是出现里昂惕夫之谜的原因。由于将许多自然资源的因素归入资本密集型的产品中,所以过分夸大了资本的数量,导致资本-劳动比率增大。

▶ **5. 关税结构学说**

这种理论认为要素禀赋论是建立在国际间自由贸易的基础之上的,不存在贸易壁垒。在现实经济生活中,国与国之间的贸易存在大量的关税和非关税壁垒,都是在要素禀赋论中没有考虑的。如果考虑到这些因素,实际贸易的价格就会存在人为的扭曲,不能真正地反映本国的生产优势。

相关案例

稀土,又称稀土元素或稀土金属,素有"工业维生素"之美誉,广泛应用于电子、石化、冶金、机械等领域,是当今社会较为重要的战略资源。我国是世界上稀土资源最为丰富的国家之一。

前瞻产业研究院发布的《中国稀土产业市场前瞻与投资战略规划分析报告》资料显示,根据 2012 年中国工信部在《中国的稀土状况与政策》中披露的数据,中国稀土储量目前约占全球储量的 23%,但中国的稀土资源却承担了世界 90% 以上的市场供应。

中国的稀土出口主要从 20 世纪 70 年代开始。1990 年以前,整个稀土国际市场被美国、欧洲、俄罗斯所垄断;90 年代初,随着中国出口放开,大量企业开始从事稀土出口贸易。随着出口竞争的加剧,带来的后果之一是欧美国家的稀土失去竞争力,中国稀土开始成为国际稀土市场"老大"。到 2011 年年底,中国稀土供应量超过世界需求的 90%。

稀土是很多重要高科技产品不可或缺的原材料,同时也属于不可再生资源。稀土资源的过度开发,不仅直接导致未来资源总量的减少,同时也造成生态环境破坏等突出问题。

1998 年,中国开始实施稀土出口配额许可证制度,并把稀土原料列入了加工贸易禁止类商品目录。据统计,2012 年稀土出口配额 34 674 吨,2013 年稀土出口配额进一步减少,为 30 294 吨,较 2006 年下降了 32.67%,稀土出口配额呈现逐年下降趋势。

据不完全统计,过去多数年份出口配额均有不少剩余,以 2013 年为例,截至 10 月底,中国累计出口稀土 17 911 吨,仅占全年出口配额总量的 57.8%,一些出口配额没有使用。

资料来源:360 百科. 稀土.

本 章 小 结

本章内容主要介绍了赫克歇尔—俄林的要素资源禀赋论和里昂惕夫之谜。要素禀赋论的核心观点就是一国在国际贸易中出口本国资源要素禀赋丰富的要素所生产的产品,进口本国资源要素禀赋欠缺的要素生产的产品,从而达到扬长避短的目的。

在试图对要素禀赋论进行实证检验后,里昂惕夫发现美国在国际贸易中的实际情况不是资源要素禀赋论的"扬长避短",而是出口本国资源欠缺的劳动密集型产品,进口本国资源丰富的资本密集型产品。之后,经济学家从要素密集度逆转、关税结构等方面给予了解释。

本章关键词

要素禀赋　要素密集度　要素密集度逆转　赫克歇尔-俄林模型　里昂惕夫之谜

本章思考题

1. 什么是要素的密集度、要素禀赋?
2. 简要叙述赫克歇尔-俄林模型的主要内容。
3. 结合赫克歇尔-俄林模型分析我国在国际贸易中应该如何"扬长避短"。
4. 什么是里昂惕夫之谜,有哪些解释?

第五章 动态国际贸易理论

传统贸易理论一般以均衡的静态分析为主，为了克服国际贸易理论动态研究的不足，自20世纪40年代以来产生了许多采用新观点、新方法的国际贸易理论的动态化研究理论，本章将对这些理论加以介绍。

> **重点问题**
> 1. 罗伯津斯基定理
> 2. 贫困化增长
> 3. 产品生命周期理论

第一节 罗布津斯基定理

赫克歇尔和俄林的要素禀赋论视一国的生产要素的禀赋是固定的，但是一个国家所拥有的资源数量是不断变化的。从长期来看，随着经济的增长，一个国家的资源数量会不断增加，国与国之间的比较优势会发生变化，下面的罗布津斯基定理就是分析这个问题的。

罗布津斯基定理是由英籍波兰经济学家塔德乌什·罗布津斯基1955年11月在《经济学期刊》上发表的《要素禀赋与商品相对价格》中提出来的。该定理研究的是，各国的要素禀赋如果发生变化，出现生产要素的增长不同时，这种要素禀赋增长差异对国际贸易的影响。

一、罗布津斯基定理的假设条件

罗布津斯基定理是建立在一系列严格的假设条件之上的，如下所示。

(1) 生产要素只有资本和劳动两种，要素价格不变且可以在生产部门之间自由流动，并得到充分利用。

(2) 生产部门两个，分别生产资本密集型和劳动密集型产品，且资本-劳动比率不变。

(3) 商品的价格不变。

二、罗布津斯基定理的内容

在上面的假定的基础之上，罗布津斯基定理认为，如果一种生产要素增加，就会导致密集使用该种生产要素的产品的产量的增加，同时另一种产品的产量的减少。这是因为当一种生产要素增加时，为了使该种生产要素得到充分的使用，必须从另一个部门释放出一定的另一种生产要素所产生的必然结果，另一个部门由于部分生产要素的流出导致产量的减少。如果增加的是本国相对稀缺的生产要素的供给，则该国的国际贸易条件相对改善；如果增加的是本国相对富有的生产要素的供给，则该国的贸易条件相对恶化。

罗布津斯基定理的表述如图 5-1 所示，X 产品为资本密集型产品，Y 为劳动密集型产品。在资本生产要素增长前，生产可能性曲线和两种产品价格比线的切点 E_1 决定了本国通过贸易后生产的两种产品数量分别为 X_1、Y_1。在资本生产要素增长、X 和 Y 产品的价格比不变之后，该国新的生产可能性曲线与价格比线相切于 E_2 点，即该国生产 X_2 单位的 X 产品和 Y_2 单位的 Y 产品，X 产品与变化前相比出现了大幅度地增加，Y 产品则出现了减少。资本的增加和从 Y 产品生产中转移出来的劳动使得 X 增加、Y 减少。

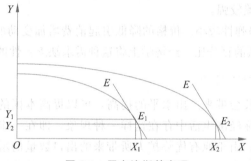

图 5-1 罗布津斯基定理

罗布津斯基定理也可以以公式的形式加以表达：

$$k_X = \frac{K_X}{L_X} = \frac{K_X + \Delta K + \Delta K_Y}{L_X + \Delta L_Y} \tag{5-1}$$

$$k_Y = \frac{K_Y}{L_Y} = \frac{K_Y - \Delta K_Y}{L_Y - \Delta L_Y} \tag{5-2}$$

在商品相对价格不变的条件下，资本供给增加了 ΔK，资本密集型产品 X 在资本增加的同时也需要增加相应的劳动力与其匹配，以达到资源的充分利用。由于各种资源在之前都得到了充分利用，所以新增的劳动力 ΔL_Y 只能来自劳动密集型产品 Y。Y 产品在释放出一部分劳动力的同时会释放出一部分资本 ΔK_Y，因为 ΔL_Y 劳动力的流失使相应的资本缺乏劳动力的配合生产难以进行。所以公式(5-1)表示的就是资本密集型产品 X 资本增加 ΔK、ΔK_Y，劳动力增加 ΔL_Y 的情况，公式(5-2)表示的就是劳动密集型产品 Y 资本流失 ΔK_Y，劳动力流失 ΔL_Y 的情况。同样地反映出了资本增加后，资本密集型产品 X 增加，劳动密集型产品 Y 减少的结果。

第二节 贫困化增长理论

在罗布津斯基定理中,生产可能性曲线扩张前后两种产品的价格比没有发生变化,及该国的贸易条件没有发生变化。本节中的贫困化增长理论则反映了国际贸易中的另一种现象——一国生产可能性曲线的向外推进则有可能出现不仅没有提高该国的福利水平,反而可能因为出口的增加而使本国的福利水平有所恶化。

一、贫困化增长的条件

出口的贫困化增长只是国际贸易中一国生产能力扩张后的一种可能性结果,而非必然的现象。出口的贫困化增长也不是一种普遍的现象,它的发生需要具备以下的条件。

(1)出口国是国际市场上的大国。这里的大国与国家的大小无关,主要是指该国在某种商品的国际市场上拥有较大的市场份额,其出口的任何变化都可能引起国际市场上该种商品价格的变化。

(2)该国一般属于发展中国家。国民经济对出口以来较强,且出口商品结构单一,对单种商品的出口创汇依赖较强。

(3)该商品需求价格弹性较小。价格的降低引起消费增加变动的幅度较小,即消费量增加的百分比小于价格降低的百分比。经济学上将这种需求缺乏弹性的商品也称为必需品。

二、贫困化增长的内容

一般认为,经济增长会带来产出水平的提高,可以提高本国的福利水平,但是国际经济学的研究表明:在国际经济生活中存在这样一种现象,即在一定的条件下,一国生产规模沿着原有优势的推进,由于原有优势扩大所带来的出口数量的增加导致的贸易条件的恶化而引起的本国福利的下降,经济学上把这种现象称为出口的贫困增长。这一问题的根源在于大量出口所导致的贸易条件的恶化。由于贸易条件的恶化,虽然出口数量出现了增长,但是出口的收入却出现了下降,本国的福利出现了降低。

图 5-2 中,在生产能力扩张之后,某国的生产可能性曲线由 PPC_1 向外扩张为 PPC_2。由于该国在国际市场上属于大国,出口的扩张引起商品价格的变化,这时商品 X 和 Y 的交换比价由 TW_1 变为 TW_2,对应的生产点由 A_1 变为 A_2。该国的福利水平则由 I 降为 II,即消费点从 C_1 下降到 C_2。

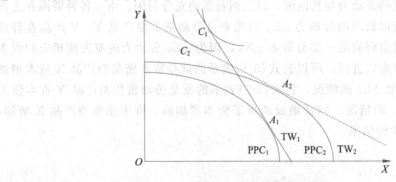

图 5-2 出口的贫困化增长

贫困化增长产生的根本原因在于本国生产能力扩张引起的生产商品在国际交易中价格条件的恶化，当这种恶化超过一定程度后就形成了贫困化增长而导致本国福利下降的后果。如果本国生产能力扩张之后，国际交换的比价斜率大于或等于 TW_1 的，甚至在斜率小于 TW_1 的一定范围内，本国的福利依然是改善的。所以我们得出的结论是不是出口国生产能力的扩大必然会引起贫困化增长，只要将影响本国商品的交换比价的恶化控制在一定幅度范围内，是不会发生贫困化增长的。

第三节 产品生命周期理论

1966 年，美国经济学家弗农在他发表的《产品周期中的国际投资与国际贸易》一文中提出了产品生命周期理论。他认为，新产品在生产中存在一个产品创新阶段、产品成熟阶段和产品标准化阶段所构成的产品的生命周期。在此基础上，弗农提出了制成品生命周期理论来解释国际贸易中制成品的流向问题。梅吉和罗宾斯则用于原料贸易的分析，提出了原料生命周期理论。一般将这三个理论统称为产品生命周期理论。

一、产品生命周期理论

弗农认为，一个产品的生命周期包括依次经历的三个不同阶段。

▶ 1. 新产品阶段

新产品阶段是产品的开发和研制阶段。由于技术上处于发明阶段，所需的主要资源是大量的研究开发费用和较高的知识投入，并且存在较高的投资风险，所以这一类的发明通常发生在拥有较为强大的科研力量、创新人才较多、有相当充足的科研经费的国家。同时这一类的国家社会生活水平较高，有着追求新产品的这样一种需求。这样就为新产品的发明和研制创造了必要的条件。

所以新产品阶段主要发生在先进的发达国家，因为这些国家的收入水平和社会发展水平较高，并且也比较接近。

▶ 2. 技术成熟阶段

通过新产品阶段的探索和试制产品的生命周期进入了技术成熟阶段。这一阶段产品生产的技术已经成熟定型，大量的生产成为这一时期的主要目标。出口的增加，生产技术的扩散，拥有资本和熟练工人的国家开始逐渐取代发明国成为主要生产国和出口国。产品的生产也从知识密集型转变为资本密集型。由于大量的生产，参加竞争的厂商数量较多，产品价格的下降也成为这一阶段的特征。

▶ 3. 标准化阶段

产品经过了技术成熟阶段后就完成了技术的生命周期，进入了标准化阶段，也就是成熟阶段。这一时期原材料和工资成为最重要的成本，发明国和发达国家不具有生产优势，主要生产国家变为发展中国家尤其是相当工业化的发展中国家，产品主要由这些发展中国家向发达国家出口。

二、制成品生命周期理论

在产品生命周期理论的基础上,弗农等人分析了制成品的贸易流向,提出了制成品生命周期理论。

1. 创新阶段

发明国生产全部的新产品,并且拥有生产技术的垄断权。随着生产规模的扩大,新产品的生产能力不断地扩张,销售市场也逐渐从发明国国内开始向发达国家扩展。

2. 成熟阶段

发达国家开始生产新产品,但是发明国仍旧控制着新产品市场。技术差距在发明国和发达国家之间的差距逐步缩小,由于生产的进一步扩张,发明国为了增强竞争能力开始了对外直接投资,并向发展中国家出口新产品。

3. 发达国向第三国出口阶段

在这一阶段,发达国家的技术已经成熟,新产品在满足本国的需求之后,开始成为新产品的出口国,发明国在这一时期丧失了技术优势,发达国开始控制发展中国家市场。

4. 新产品标准化阶段

在前一阶段的基础上,发展中国家由于新产品的进口刺激了本国的需求,发展中国家开始在本国贸易保护的条件下开始新产品的生产。发达国家成为主要的新产品供给国,发明国则成为净进口国。

5. 发展中国家出口阶段

发展中国家经过模仿后成功掌握了新产品的生产技术,并且凭借自身的资源和劳动力优势降低成本,扩大生产规模,逐渐成为新产品的净出口国。这样,制成品的生命周期就完成了从发明国的生产经过发达国的生产最后到发展中国家生产的完整周期。

三、原料生命周期理论

1978 年,梅吉和罗宾斯在产品生命周期理论的基础上提出了原料生命周期理论解释原料产品贸易格局的变化。该理论认为,与制成品正好相反,原料产品生命周期的变化是从发展中国家到发达国家。

1. 派生需求上涨阶段

在此阶段,由于某种产品的生产的大量增加引起原料需求的迅速增长,进而导致原料价格的大幅上涨。

2. 需求和供给来源的替代阶段

原料的大幅度上涨导致世界上天然原料供给的增加和原料被相对便宜的替代品所取代。这样一来,原料的价格上升速度减缓,甚至出现价格的下降。

3. 人工合成与研究开发阶段

发达国家通过研究开发出节约原料的技术或者开发出原料的人工替代品,原料进入生命周期的末期。

这样一来,整个原料的生命周期就完成了从最初的由发展中国家供应天然原料到最后由发达国家供应人工合成原料的转换。

四、产品生命周期理论的评价

产品生命周期理论以国际技术的转移为研究工具解释了国际贸易发生的原因。在新产品时期,产品是技术密集型的,主要依赖的是具有垄断技术优势的科学家、工程师和高技术工人。在成熟期,它成了资本密集型产品,资本扩大的生产规模优势就是产品的竞争优势。进入衰退期,技术过时了,资本的规模优势也不存在了,低工资的劳动成为比较优势的关键。由此揭示了产品生产从发明国到发展中国家的转移。

相关案例
日本轮胎企业加速开发橡胶替代原料

现代高性能轮胎是由众多原材料和添加剂复合制成的,其中一大类是天然橡胶、植物纤维等非化工天然材料(一般占轮胎总重量的40%左右),另一大类是合成橡胶、合成纤维等化工材料(一般占轮胎总重量的60%左右)。据2015年9月24日《日本工业新闻》报道,为了降低对特定资源的依赖程度,回避其价格高涨、资源枯竭等风险,日本几大轮胎企业正在加速开发天然橡胶及合成橡胶的替代原料,以便在将来建立高性能轮胎的稳定原料供给体系。日本住友橡胶公司最近开始与美国一家创新型企业Kultevat(位于美国密苏里州)展开一项合作研究,用可以在温带栽培的多年生俄罗斯蒲公英(根的部分含有橡胶成分)代替只能生长在热带的"橡胶树"(亚洲资源约占世界九成)作为天然橡胶原料。另外,住友橡胶公司于2000年开始,开展降低轮胎原材料中化工类原料含量的研究(如用改性天然橡胶替代合成橡胶等)。2013年11月,推出了100%使用非化工类天然材料的高性能乘用车轮胎产品ENASAVE100。日本最大的轮胎制造商普利司通早在2012年就已开始用"俄罗斯蒲公英"作为橡胶替代原料的研究。并于2014年9月在美国设立了专业研究所,开始进行用低矮灌木植物"银胶菊Guayule"作为橡胶替代原料的研究,预计将于2020年实现"银菊胶"天然橡胶的实用化。日本横滨橡胶分别于2015年7月和9月发布消息称,已经成功实现了用生物原料制造丁二烯和聚异戊二烯的目标。过去,这两种用于制造合成橡胶的基础化工材料,一般来源于石油精炼过程或石脑油的生产过程。这次采用生物原料替代新技术后,能够降低对石油的依赖程度。

资料来源:日本轮胎企业加速开发橡胶替代原料[N]. 科技日报,2015-12-07(010).

本章小结

本章的核心内容是罗布津斯基定理、贫困化增长理论和产品生命周期理论三个动态国际贸易理论的学习。罗布津斯基定理强调了一种生产要素增加,带来的密集使用该生产要素的产品的增加,而密集使用另一种生产要素生产产品的减少。

贫困化增长理论则是作为生产大国的出口国生产能力的扩张到足以使国际交换比价发生变化,这种变化导致该国在国际贸易出口量增加后国家的福利状况反而出现恶化的结果。

产品的生命周期理论是以产品的开发到消亡的产品的生命历程来解释国际贸易过程中的技术贸易,包括产品的生命周期理论和该理论应用于制成品和原料的制成品生命周期理论和原料生命周期理论。

本章关键词

罗布津斯基定理　贫困化增长理论　生命周期理论　制成品生命周期理论　原材料生命周期理论

本章思考题

1. 简要叙述罗布津斯基定理。
2. 一国资源变动会对国际贸易产生什么样的影响？
3. 什么是贫困化增长，如何避免出现贫困化增长？
4. 制成品生命周期理论与原料生命周期有什么区别？
5. 生命周期模型对我国发展有什么启示？

第六章 新贸易理论
Chapter 6

20世纪中期的科技革命使国际贸易出现了一些新的现象，在对这些现象进行解释的基础上，产生了产业内贸易理论、规模经济贸易理论、重叠需求贸易理论、战略性贸易理论。这些理论从不同的角度对出现的新的贸易现象进行了解释。

>>> **重点问题**

1. 产业内贸易理论
2. 规模经济贸易理论
3. 重叠需求贸易理论
4. 战略性贸易理论

20世纪的第三次科技革命带动了生产力和国际贸易的飞速发展，国际分工的广度和深度也得到了空前的发展。国际贸易出现了大量的传统国际贸易理论不能解释的现象：大量的贸易发生在产业内和发展水平相近的国家，尤其是发达国家之间。这些现象说明以比较优势理论为核心的传统理论已经不能解释这些国际贸易的新现象。于是更具有解释力的新国际贸易理论产生了，其代表人物以美国经济学家保罗·克鲁格曼为典型代表。

第一节 产业内贸易理论

传统的国际贸易理论主要研究的是不同发展水平国家之间不同产业间的贸易，无法解释相同产业内的贸易理论。对于相同产业内贸易的解释产生了新的贸易理论，即产业内贸易理论。产业内贸易理论经历了三个阶段：第一阶段是经验分析阶段，以佛得恩、小岛清为代表；第二阶段是理论研究阶段，以格鲁贝尔和劳埃德为代表；第三阶段是丰富发展阶段，以迪克西特、斯蒂格利茨、克鲁格曼和布兰德为代表。

一、产业内贸易的定义与分类

产业内贸易是产业内国际贸易的简称，是指一个国家或地区在一段时间内、在同一产业内既进口又出口的国际贸易现象。因为产业内贸易是双向流动的,所以又叫双向贸易。它与传统的产业间贸易的区别是:传统的产业间贸易是同一产业产品的单项流动(出口或者进口),产业内贸易则是同一产业产品的双向流动(出口和进口同时发生)。

根据美国学者格鲁贝尔和澳大利亚学者劳埃德的研究,产业内贸易一般分为同质性产品的产业内贸易和异质性产品的产业内贸易。同质性产品是指可以相互完全替代的产品,它们的贸易一般发生在产业间,但是由于运输成本、季节性等因素,实际上存在相同产品间的贸易;异质性产品是指产品相似但又不完全相同的产品,它们之间可以在一定程度上相互替代,但又不能完全替代的。大多数产业内贸易产品属于此类。

(一)同质性产品的产业内贸易

同质性产品的产业内贸易一般包含以下几种情况。

▶ 1. 大宗原材料国际贸易

这类产品的典型特征就是运输成本较高导致的贸易半径较小,如水泥、沙子、木材等重量大或体积大的产品。由于贸易半径较小,这类产品的需求国就会从最近的地方(包括国外)购入,以节约长途运输的巨额成本。我国水泥行业就是典型的此类大宗原材料贸易的代表。

▶ 2. 转口贸易

转口贸易是指国际贸易中进出口产品不是在生产国与消费国之间直接进行,而是通过第三国易手进行的买卖。这种贸易对中转国来说即是转口贸易,也称中转贸易或再输出贸易。贸易的产品在经过第三国时,既反映在第三国的进口项目下,又反映在出口项目下。我国香港地区就是典型的中转贸易地。

▶ 3. 季节性贸易

此类产品的贸易主要是源于产品生产的季节性差异。人们为了调节消费者需求与生产的季节性中间的差异出现的"在生产相对过剩时出口,生产相对不足时进口"的贸易行为。

▶ 4. 跨国公司的内部贸易

当前,跨国公司已经成为国际贸易中的重要力量。它们在世界范围内的各国分支机构综合安排企业的生产经营活动,降低成本,有效配置资源。这样一来,跨国公司内部协作引起的同种产品零部件的出口和进口,就会在国际收支表上形成产业内贸易。

▶ 5. 经济合作产生的产业内贸易

这种产业内贸易产生的原因在于国际经济合作产生的国家之间的相互开放,如中美之间的金融业的相互开放。虽然中美两国各自都有大量的金融机构,但是相互还在对方国家进行了大量的金融业投资。

(二)异质性产品的产业内贸易

异质性产品的产业内贸易主要有三种。

▶ 1. 水平差异

水平差异是指同类产品相同属性的不同组合所产生的差异,典型代表如烟草、服装等。这类贸易源于生产者和消费者两个方面的因素。生产者为了赢得市场,不断推陈出新,出现了大量有特色的产品;消费者需求偏好的多样性,同类产品在款式、品牌、包装、服务等各方面存在差异。因此,为了解决生产的规模经济和消费的多样性要求,一些国家就进口自己国家偏好但又产量不大或不生产的产品，出口本国相对产量过大但又偏好不足的产品。

2. 技术差异

技术差异是指技术水平的变化所带来的差异，一般而言，产品在不同的国家处于不同的生命周期阶段而形成同类产品之间的贸易。在高新技术日新月异的时代，发达国家出口技术水平高、难度大的高端产品，如各种高端电视，进口低端电视；发展中国家则出口标准化的、技术成熟的普通电视，进口高端电视。

3. 垂直差异

垂直差异是指产品质量方面的差异。由于收入和消费的差异，有人追求高价格高品质，有人则追求低价格低品质。消费者方面需求的差异导致厂商生产中有着多种层次的产品供给，一般发达国家出口高品质的产品，进口低品质的产品；发展中国家出口低品质的产品，进口高品质的产品，如乐器和汽车。

二、产业内贸易指数

为了衡量产业内贸易的发展状况，人们发明了产业内贸易指数。所谓产业内贸易指数就是用来测度一个产业的产业内贸易程度的指数，指同产业中双方国家互有不同质的贸易往来，表示一个国家的同一类同时存在进口和出口的商品数额。国际上通用的产业内贸易指数主要有沃顿指数、巴拉萨指数和格鲁贝尔-劳埃德指数。

1. 沃顿指数

1960 年，沃顿提出的一个衡量产业内贸易的指标。他用某一行业产品组的出口与进口的比例检验贸易的变化。当其接近于 1 时，贸易结构就是产业内贸易；否则就是产业间贸易。

2. 巴拉萨指数

1966 年，巴拉萨提出计算贸易相关度的一种产业内贸易的衡量方法，用出口减去进口的绝对价值量比上进出口的价值总量，其计算公式为：

$$A_j = |X_j - M_j|/(X_j + M_j)$$

其中，$0 \leqslant A_j \leqslant 1$，当进出口其中一项为零时，该数值为 1，表明进出口之间无重叠性，为产业间贸易；当进出口相等时，该指数为零，表明进出口之间完全重叠，为产业内贸易。

3. 格鲁贝尔-劳埃德指数

1975 年，格鲁贝尔-劳埃德指数首次出现在他们的著作《产业内贸易》中。此后，该指数在实践研究中获得了人们较多的青睐。该指数用进出口总额减去净出口的绝对值（出口减去进口的绝对值）再除以进出口额，最后乘以 100 得到，也可以简单地说，格鲁贝尔-劳埃德指数就是 1 减去巴拉萨指数乘以 100。

三、产业内贸易理论的评价

产业内贸易理论源于对欧共体一体化的评价，传统的贸易理论适合解释产业间的贸易问题，是对欧洲经济共同体之间大幅增长的同一产业内部商品交换的解释。产业内贸易是基于欧共体成员之间国际贸易经济事实基础上的对传统贸易理论的进一步修正和发展，其对传统理论中不存在规模经济和完全竞争市场结构的突破，为新贸易理论的发展提供了重要的线索和思路。

第二节 规模经济贸易理论

一、规模经济的含义

规模经济是指企业在扩大生产规模后产出增加的倍数高于生产要素投入增加的倍数。简单地说，就是如果生产要素投入都增加 N 倍，产出将增加超过 N 倍。赫克歇尔-俄林的要素禀赋论中一个重要的假设是两个国家在生产两种产品时不存在规模经济，但是现实中往往却是存在的，即更多地存在规模收益递增的情况。

在分析规模经济时，主要依据对于企业是内部性还是外部性分为内部规模经济和外部规模经济。内部规模经济是指企业在规模扩张时有自身内部因素引起的企业收益的增加，内部规模经济产生的原因在于固定成本的分摊到更多的产出、机器的专业化生产、人的专业化分工和一些工程学方面的原因；外部规模经济是指整个行业规模扩大后使企业收益的增加，外部规模经济产生的原因来自产业聚集的效应、专业化的市场服务和一些正的外部性的溢出效应。

二、规模经济贸易的内容

1985 年，美国著名经济学家保罗·克鲁格曼在与海尔普曼·艾汉南合著的《市场结构与对外贸易》一书中提出了规模经济贸易理论。该理论的核心观点是从规模收益递增的角度阐述了国际贸易产生的原因。在存在规模经济的条件下，企业生产规模的扩大会导致边际成本的减少，获得竞争的成本优势，专业化生产和出口该产品符合企业的利益。如果两个存在具有不同产品规模优势的企业，则双方可以通过开展贸易来达到增进双方企业和国家的利益，从而以规模报酬递增的角度解释了国际贸易产生的原因。

假设有 A 和 B 两个国家，这两个国家在各个方面（包括相同的生产函数、相同的需求函数、相同的要素存量比等），这样两国就具有完全相同的生产可能性曲线和社会无差异曲线。如图 6-1 所示，由于存在规模经济，两国的生产可能性曲线凸向原点。在分工前，两国分别生产 OA 的 X 产品和 OB 的 Y 产品，由于无国际贸易，所以生产可能性曲线和社会无差异曲线 I 的切点 C，既是这两个国家的生产点，又是这两个国家的消费点。

由于假设这两个国家在生产函数、需求函数和要素存量比等各方面相同，所以这里两个国家不是基于某种优势，而是完全随意和偶然的。这里假设基于偶然的原因 A 国完全分工生产 X 产品，B 国完全分工生产 Y 产品。分工后，A 国生产的 X 产品数量为 OA'，X 产品数量增加了 AA'；B 国生产的 Y 产品数量为 OB'，Y 产品数量增加了 BB'。两个国家专业化分工生产的规模大于分工前规模。

因为 A、B 两国分别完全分工生产 X 和 Y 两种产品，各自国家的产品需求又是 X 和 Y 两种产品，所以两个国家必须通过国际贸易来解决本国的需求问题：A 国出口本国剩余的 X 产品，B 国出口本国剩余的 Y，两个国家通过本国剩余产品的交换，满足了各自国家对两种产品的需求。此时，两个国家的消费点均由低效用水平的社会无差异曲线 I 上的 C

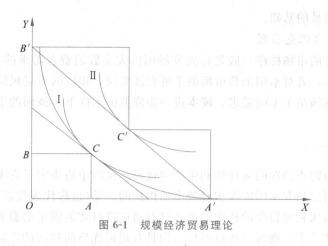

图 6-1 规模经济贸易理论

点移向效用水平更高的社会无差异曲线Ⅱ上的 C'。两个国家的效用水平都由于分工后规模扩大而带来的成本的降低和交换获得的利益有所提高。

三、规模经济贸易理论的评价

规模经济理论对于解释国际经济贸易中的因规模差异而产生的贸易具有较强的解释作用，有一定的说服力，是对传统国际贸易的有益补充和发展。但是对于规模经济不明显和完全竞争的市场条件下的国际贸易解释有限。

第三节 重叠需求贸易理论

传统贸易理论解决的是产业间贸易的问题。针对产业内贸易，经济学家认为贸易国同时进出口同一行业产品的动因是重叠需求，即贸易国的需求存在偏好相似。为了揭示这种发达国家间产业内贸易的动因，瑞典经济学家林德尔于 1961 年在《论贸易和转变》一书中提出了重叠需求理论，即需求偏好相似论，从需求角度解释了发达国家产业内贸易形成的原因。

一、假定条件

▶ 1. 需求结构由收入水平决定，不同的收入水平有不同的消费需求

一般情况下，一个平均收入较高的国家，对高档产品的需求量也较大、较多。由于一国的收入水平不可能是完全平均的，所以居民对产品的需求也可以分为不同的档次，人均收入较高的，对产品的需求档次也相对较高。当然收入水平较低的家庭，对产品的需求档次就相对较低。这些不同的需求综合表现为一个国家对产品不同档次的多样需求。

▶ 2. 贸易国需求重叠

该假定认为，如果贸易国的平均收入相近，则双方由收入决定的消费需求的结构的相似程度就越高，即需求出现重叠就越多；相反，如果贸易国的平均收入差距越大，他们由收入决定的消费需求的结构的相似程度就越低，即需求出现重叠就越少。贸易国需求重叠

是两国开展国际贸易的基础。

▶ 3. 市场国内优先原则

一国的生产者的市场排序一般是首先发展国内大多数消费者需求的那种档次的产品，这是因为一国的生产者对本国消费市场的了解程度要深，相应的市场风险也较小。随着生产规模的扩大，在满足了本国需求，成本进一步降低的条件下，该国的生产者才会选择向国外出口。

二、主要内容

由于一国消费需求档次的多样性和生产的规模经济的矛盾决定了它不可能生产各个档次的同一产品，所以只有本国需求相对较多的档次的产品（也称代表性需求）才能得到生产的满足，而本国需求相对较少的档次的产品只有通过进口才能满足消费者的需要。如果两国有着共同的消费需求，则可以通过出口本国具有规模优势的档次的产品与对方交换，得到贸易的好处。

假设有 A 和 B 两个国家，A 国的人均收入水平高于 B 国，所以 A 国的需求结构肯定要高于 B 国。如图 6-2 所示，横轴为两个国家的人均收入 Y，纵轴 Q 表示某种产品的品质档次（注意不是商品数量）。收入水平越高，所需求的产品品质档次越高。由于 A 国的人均收入高于 B 国，所以该国消费的品质档次处于 $Q_2 \sim Q_6$ 之间，B 国消费的产品品质档次处于 $Q_1 \sim Q_5$ 之间。

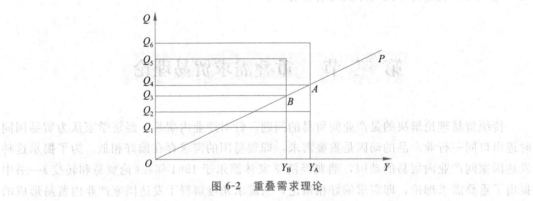

图 6-2 重叠需求理论

图 6-2 中，$Q_2 \sim Q_5$ 之间的产品品质档次在两国都有需求，构成了重叠需求，形成了两国贸易的基础。处于这一范围的产品，两个国家均可以进口或出口。由于一国先满足本国需求相对较多的档次的产品，所以 A 国集中生产品质档次为 Q_4 的产品，才能实现规模优势，B 国集中生产品质档次为 Q_3 的产品。然后两国通过贸易来完成 Q_3 和 Q_4 两种不同品质档次产品的交换满足两国不同品质档次的产品的需求。

通过以上的专业分工，A 国集中生产品质档次为 Q_4 的产品的规模扩大到 A 和 B 两个国家的市场，进一步实现了生产的规模优势，B 国集中生产品质档次为 Q_3 的产品的规模扩大到 A 和 B 两个国家的市场，也实现了规模优势。

三、意义

重叠需求贸易理论从需求角度研究了发展水平相近的国家之间的贸易，对于解释第二次世界大战以来迅速发展的发达国家之间的贸易有着极其重要的意义。虽然这一理论是针对研究差异产品贸易的,但是对于收入水平相近、需求水平重叠、相似的国家间的国际贸易是一个重要的贡献。

第四节 战略性贸易理论

战略性贸易理论是 20 世纪 80 年代以来由詹姆斯·布朗德、巴巴拉·斯潘塞等人为代表的西方经济学家新提出的贸易理论。1985 年,美国著名经济学家克鲁格曼在《美国经济评论》上发表了《工业国家间贸易新理论》,提出应对国际贸易理论的分析框架进行更新的主张,并于 1985 年在与赫尔普曼合著的《市场结构与对外贸易》一书中,建立了以规模经济和产品差别化为基础的不完全竞争贸易理论模型,即战略贸易理论。

所谓战略性贸易理论,是指政府在"不完全竞争"市场中,积极运用补贴或出口鼓励等措施对那些被认为存在规模经济、外部经济的产业予以扶持,增强本国厂商的国际市场竞争力,把超额利润从外国厂商转移给本国厂商的贸易理论。

一、假定条件

▶ 1. 生产的规模经济假定

在规模经济下,企业可以通过大规模地扩大生产来分摊固定费用,利用专业化的分工和技术,有效降低企业的单位生产成本,提高企业的国际竞争力。

▶ 2. 市场的非完全性假定

在传统的国际贸易里,市场是一个完全竞争的市场结构。但是,如果存在生产的规模经济,那么不同的厂商就会拥有不同的市场势力,厂商就会执行不同的价格和利润策略,市场结构也就会成为非完全性竞争的市场结构:垄断竞争市场、寡头市场和可竞争市场。

二、主要内容

在规模经济的思路下,扩大厂商的生产规模便是增强其竞争力的有效途径成为战略性贸易国政府的共识。由于在非完全竞争的国际贸易市场不同的市场势力具有不同的垄断利润,规模的大小便决定了厂商获得不同的利润水平。如果政府不加干预,厂商遵循自然的发展,厂商的发展较慢,在国际贸易市场中竞争能力较弱;如果政府给予厂商相应的补贴和政策性扶持,有利于厂商以规模经济的优势获得较高的市场份额,提高本国厂商的国际竞争力。贸易国政府采取生产补贴、出口补贴、研发补贴和关税等手段实施战略性贸易政策。

在实施战略性贸易时,政府要全程掌握本国企业的信息,以便及时对企业的生产经营活动进行强有力的干预,突破企业自身在规模扩张过程中的资金、时空方面的限制。通常来看,政府实行的战略性贸易政策理论主要有以下内容。

▶ 1. 战略性出口政策

政府通过补贴本国厂商达到把外国生产者的垄断利润转移到国内生产者手中,增加本国福利的目的。

▶ 2. 战略性进口政策

该政策是当外国出口寡头垄断厂商和本国厂商在本国市场竞争的情况下,政府应采用进口关税政策以抽取外国垄断厂商的垄断租金以提高本国福利。其政策目的是抽取外国厂商利润令外国垄断厂商利润下降，提高本国福利、限制外国产品进入，实质是"新幼稚产业保护理论"。

▶ 3. 进口保护促进出口政策

1985年，保罗·克鲁格曼通过对东亚经济快速增长的分析，提出了进口保护促进出口的政策，其核心内容是政府通过贸易保护，全部或部分阻止国外产品进入本国市场，使国外竞争者市场规模缩小，促使其成本上升；而本国的尚未获得规模经济的厂商因此得以快速扩大市场规模，达到规模经济，从而降低边际成本增强国际市场的竞争力的目的。

▶ 4. 外部经济理论

所谓外部经济理论，指一个经济单位的活动不仅能使自身收益，而且还能够对自身以外的其他经济单位产生有利的影响，而又未从其他经济单位获得相应的报酬。这类厂商由于收益的部分外部化使其成本与收益不匹配，从而挫伤厂商的积极性，例如高新技术类的新兴企业和产业，如计算机、电子等，这类新兴产业往往就是具有这种特征的产业。

外部经济在国际贸易领域主要有三种类型的外溢效应，即企业技术创新知识随产品出口流向国外企业的外溢、中间产品出口引起的其经济技术知识的外溢和战略性产业对其他产业的产业外溢。为了防止这类产业发展的市场失灵问题的产生，贸易国政府必须对这些产业给予补贴，以促进该产业的发展，实现多方的共赢。

三、模型评价

战略性贸易理论从不完全竞争的国际贸易市场结构和规模经济的实际出发，从政府干预经济的角度揭示了一些国际贸易现象背后的经济利益和国际关系，对于理解和解释一些国际贸易现象很有裨益。但是该理论在现实中也存在如下问题。

（1）一个实行战略性贸易的扶植政策很有可能遭遇到对手"以牙还牙，以眼还眼"的报复，从而出现"囚徒困境"的尴尬局面。

（2）由于在战略实施中需要政府对企业信息的完全掌握，但是现实中存在政府和企业的信息不对称问题，可能导致企业利用信息优势获得过度补贴。

（3）战略性贸易实施中，庞大的补贴开支会对财政不宽裕的国家形成一定的压力，从而影响到本国其他工业的发展。

相关案例

重叠需求理论的中韩贸易

世界各国经济发展的经验表明，经济发展水平越高的国家，人均汽车保有量越高。在经济发展的低级阶段，人均汽车保有量较低，汽车需求主要体现在交通运输部门，主要是对货车的需求。随着经济发展和人民生活水平的提高，对汽车的需求也发生了变化。进入20世纪90年代，由于人均收入的大幅度提高，私人用车也逐渐增加，逐渐成为汽车消费的热点。

一、中国汽车消费及进出口情况

自1978年以来，我国经济以年增长率9.3%左右的速度增长，城乡居民的人均收入也不断增加。经济的快速增长和收入水平的提高刺激了各类交通运输的发展和人们对汽车需求的增加。

2003年我国进口整车171 710辆，同比增长34.7%；进口整车总金额527 592万美元，平均单价是3.1万美元，比2002年的2.5万美元有较大幅度上升。2004年上半年，我国汽车进口96 335辆，同期国产汽车销售255万辆，进口量占总需求量的3.77%。进口的汽车集中在1.5升以上排量的中高级轿车。进口车价格普遍高于国产车，但价差已大幅度缩小，在10%～25%。说明进口车型的经营范围正在朝着高档化方向发展。主要进口国为日本、德国、美国、韩国及瑞典等国家。

2003年我国出口汽车整车45 777辆，同比增长108.5%，出口整车总金额37 191万美元，平均金额为0.812万美元，出口产品为中低档产品，以向东南亚和海湾国家出口为主。2003年我国汽车生产总量为4 443 744辆，汽车的出口量占总产量的1%；汽车进口金额和出口金额的差额为490 401万美元，贸易逆差巨大。尽管我国汽车的出口已经有了增长，但是，无论从进口与出口的数量，还是从金额相比，出口的份额都是相当小的。这说明我国汽车产品基本上属于内销产品，在国际市场上所占份额微乎其微。

二、韩国汽车消费及进出口情况

据韩方统计，2012年5月，韩外贸总额为918.21亿美元，同比减少0.9%。其中，出口470.52亿美元，同比减少0.59%，进口447.69亿美元，同比减少1.08%。贸易收支为22.56亿美元顺差。1～5月，韩外贸总额为4 502.91亿美元，同比增长2.3%。其中，出口2 280.36亿美元，同比增长0.5%，进口2 222.55亿美元，同比增长4.1%。贸易收支为57.81亿美元顺差。

中国加入WTO以后，中国市场正迅速地同国际相接轨，开放的程度也有所加深，这在汽车产业的外资进入方面表现得尤为明显，这是因为中国汽车市场存在的需求很大，而且有十分优惠的外资政策；另外，韩国汽车产业囿于国内市场的饱和，向国外伸展自己的触角，通过在国外建厂等来实现自身的发展，在这种情况下，韩国汽车产业进入中国市场成为必然的趋势。

在对世界上具有代表性的20个国家长达70年的考察期内，呈现出汽车拥有量随人均收入水平上升而上升的普遍趋势，这一趋势一直持续到汽车保有率达到每千人500辆左右时才有所减慢或回落，而汽车保有率在达到每千人700辆之后还在上升。按照千人销售的汽车数量，发达国家普遍为40多辆，一些发展中国家为10辆左右。说明作为发展中国家的中国和韩国市场需求还有很大的潜力，私人购车需求不断增加，这就决定了我国和韩国之间进行汽车贸易的是国际贸易所具有的条件所决定的。经验表明，人均收入水平越高，汽车的普及率越高，人们对汽车的有效需求也就不断地扩大。

林德认为一种产品是否生产，取决于国内市场的有效需求，而若要出口，还需有来自国外市场的有效需求。当场上决定生产什么产品时，完全要看他所能获得利润的多少，要是生产有利可图，则先决条件是这种产品首先在国内有市场。随着两国经济发展水平的不断提高，两国居民的人均收入也在持续增加。

对中国和韩国来说，两国之间的需求结构相似，则对任意一个国家的厂商来说，他会发现对汽车的需求，除了来自国内之外，还来自国外，那么两国通过贸易出口来扩大其对汽车的有效需求，获取更多的利润，是一种自然的选择。一国的人均收入水平决定了消费者所需各种商品的品质等级，所需的商品越高档，其品质就越高。人均收入水平越高，消费者所需商品的品质等级也就越高，两者的关系就可以明了。中国居民对汽车的消费根据其收入水平，有高有低，韩国同样也是。因此两国在消费水平间就会有相重叠的一部分，表示两国对这个区间价格的汽车都有需求，无论其在国内还是在国外，既然两国都有需求，即所谓的重叠需求，这种重叠需求是两国开展国际贸易的基础，品质处于这一范围内的商品，中国和韩国均可输出或输入。

由上可知，两国的人均收入水平越接近，重叠需求的范围就越大，两国重复需要的水平都有可能成为贸易品。所以，收入水平越接近的国家，互相间的贸易关系也就可能越密切。反之，如果收入水平相差悬殊，则两国之间重复需要的商品就可能很少。

资料来源：王国强．重叠需求理论的中韩贸易．百度文库．

本章小结

本章主要总结了第二次世界大战以来出现的新的国际贸易理论。它们是在传统贸易理论发展的基础上对其条件进行修正和发展。产业内贸易理论、规模经济贸易理论、重叠需求贸易理论、战略性贸易理论构成了其主要内容。

产业内贸易理论主要将产品分为同质性产品和异质性产品，从这两个角度揭示了贸易国为什么在同产业内既进口又出口的原因；规模经济贸易理论在规模经济的基础上研究了国际贸易产生的根源；重叠需求贸易理论注重发展水平相近的国家贸易的研究，由于这些国家需求相近，但又不可能生产所有的产品，所以贸易就成了最好的选择；战略性贸易理论一改传统的自由贸易理论假设，从市场非完全竞争和规模经济的角度引入了政府介入企业的发展，可以使本国企业的国际竞争力增强，为国际贸易中政府的干预提供了强有力的理论支持。

本章关键词

产业内贸易理论　规模经济贸易理论　重叠需求贸易理论　战略性贸易理论　规模经济　同质性产品　异质性产品　规模经济　代表性需求

本章思考题

1. 衡量产业内贸易的指数有哪些，有什么不同？
2. 新贸易理论与传统的国际贸易理论有哪些区别？
3. 什么是战略性贸易理论，为什么会出现战略性贸易理论？

第七章 国际贸易政策工具分析

在前面的内容中,我们系统学习了国际贸易方面的相关理论,重点分析了在国际贸易中的各国利益。本章中,我们基于各国利益的考虑,分析各国采取的干预国际贸易的措施。这些干预国际贸易的措施可以划分为关税和非关税壁垒两大类,下面逐一介绍。

>>> **重点问题**

1. 关税分析
2. 配额分析

第一节 关税分析

关税是国际贸易中最基本的,也是最经常采取的对国际贸易进行限制的工具。我们对国际贸易政策的分析,首先从关税开始。

一、关税的特点和分类

关税是指进出口商品在经过一国的关境时,由海关代表国家征收的一种税赋。海关是一国政府设立在边境上的代表国家执行有关进出口政策的国家行政管理机构。征收关税可以增加一国的财政收入,但是目前关税的主要职能则是为了保护本国的国内市场,所以其中最重要的是进口关税。

(一) 关税的特点

关税是一个国家税收收入的重要组成部分,具有强制性、无偿性和固定性其他税收共同的特征分类。一般一经公布,不能拒绝交纳,不能随意改动,只要国外的出口商交纳了关税就可以出口商品,不存在贸易上的歧视。通常关税的设定是根据国家利益的需要进行调整。

(二) 关税的分类

▶ 1. 根据征收商品的流向分类

根据征收商品的流向,关税一般分为以下几类。

(1) 进口税。进口税是国家海关依据税法对外国输入本国的商品所征收的关税。该税种在外国货物进入关境时进行征收。

(2) 出口税。与进口税相反，出口税是国家海关依据税法对本国产品输往国外时所征收的关税。一般是为了保证本国的市场供应，有些是为了增加本国的财政收入而征收。因为征收出口关税势必会降低本国出口商品的竞争力，所以除少数发展中国家外，大部分国家不再征收出口关税。

(3) 过境税。与进口税和出口税不同，过境税征收的对象货物既不是本国生产，也不在本国消费，只是过境。人们把这种对通过其关境货物所征收的关税称为过境税。19世纪后半期，各国相继取消了过关税。1921年，在西班牙巴塞罗那签订的自由过境公约废除了一些过境税的条款。1947年，GATT第5条也规定了自由过境的原则。第二次世界大战后，大多数国家除了对过境货物收取部分服务管理费外，已经不再征收过境税。

▶ 2. 根据关税征收方式分类

按照关税征收方式进行划分也是常用的关税分类方法。

(1) 从价税。征收关税时，按照进口货物的价值量征收一定比例的关税征收方式，即从价税。关税的高低与货物的价值量有关。

(2) 从量税。征收关税时，按照进口货物的单位数量征收定量的关税，即从量税。它只与进口货物的数量有关，与进口货物的价格无关。这里的量的标准有重量、数量、长度、面积、容积等。

(3) 混合税。征收关税时，在同一税目中有从价税和从量税两种税率，征收时混合使用两种税率计征的征税方式就是混合税。由于从价税和从量税都存在一定的缺陷，混合税则综合了以上两种方法，进行了适度的中和。

二、关税保护程度的分析

对于关税的保护效果，经济学上用关税的有效保护率来衡量。有效保护率是由加拿大的巴伯于1955年首次在《加拿大关税政策》一书中提出的，是一个用征收关税后受保护行业的每单位最终产品附加值增加的百分比来表示的反应关税对本国相关产业保护程度的指标。这里需要注意的是，有效保护率反映的是征收关税后受保护行业真正受到的有效保护的程度。附加值则是最终产品价格减去该商品生产中的中间产品成本后的差额，两者是有严格区别的。

$$有效保护率 = \frac{V - V^*}{V^*} \times 100\%$$

式中，V表示关税保护后的单位最终产品的国内附加值，V^*表示自由贸易下单位最终产品的国内附加值。例如，自由贸易下某商品价值为10 000元，它由进口投入5 000元和国内附加值5 000元构成。若只对该类成品的进口征收30%的关税，则该商品的国内市场价格上涨到13 000元。这时，征收保护关税时的国内附加值V为8 000元，即13 000 − 5 000元。由于自由贸易下的国内附加值V^*为5 000元，所以此时的关税有效保护率为60%。

更为复杂的情况是，该国同时对成品和中间产品都征收关税。假设对成品征收的关税税率高于对中间产品征收的关税税率，成品征收30%的关税，中间产品征收20%的关税，征税后该成品单位附加值为13 000 − 6 000，即7 000元，这时该国关税的有效保护率为

40%；若对成品征收的关税等于对中间品征收的关税，两者均为30%，则征税后该成品单位附加值为13 000－6 500，即6 500元，这时该国关税的有效保护率为30%；若对成品征收的关税低于对中间品征收的关税，前者为30%，后者为40%，则征税后该成品单位附加值为13 000－7 000，即6 000元，这时该国关税的有效保护率为20%。

所以，当成品关税高于中间品关税时，最终产品的有效保护率大于名义关税率；当成品关税等于中间品关税时，最终产品的有效保护率等于名义关税率；当成品关税低于中间品关税时，最终产品的有效保护率低于名义关税率。

三、小国关税经济影响分析

国际经济学中的小国是指该国在国际市场上对价格没有任何影响力，只能接受国际价格的国家，与国家的大小无关，相当于该国在市场结构中处于完全竞争的市场条件下。一国福利的衡量经济学上一般是一个主体的剩余来衡量，一个国家的福利就是一个国家的总剩余，它由这个国家的政府、生产者和消费者三者的剩余构成。我们通过一个国家及其各个主体的福利变化来分析关税所产生的经济影响。

(一) 小国的局部均衡分析

我们先看小国关税的局部均衡分析，如图7-1所示，在封闭条件下，该国的国内均衡价格为P_e，数量为Q_e；在自由贸易的条件下，该国的封闭条件下的均衡价格P_e高于国际价格P_w，会产生国际市场产品的进口，直到国内价格与国际市场相同，即进口CD的产品，这时该国的供给量是Q_1，消费量是Q_2；在征收关税的条件下，由于关税的征收导致国内市场的均衡价格上涨为P_t，介于封闭条件价格和自由贸易条件价格之间，此时该国的进口AB的产品，供给量是Q_3的，消费量是Q_4。

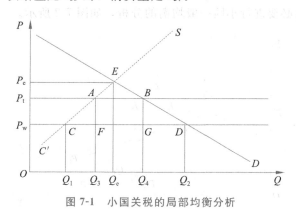

图7-1 小国关税的局部均衡分析

在征收关税之后，该国的相关商品价格和贸易量都发生了一系列变化，导致该国各个不同群体的福利发生了变化。

▶ 1. 消费者剩余的变化

征收关税后，消费者的剩余虽然相对封闭条件下是增加的，但是相对自由贸易条件下则是降低的。具体情况是消费者剩余在封闭条件下是PEP_e三角区域，在开放条件下是PDP_w，在征收关税的条件下是PBP_t。征收关税条件下，消费者剩余比封闭条件下增加梯形P_eEBP_t，比自由贸易条件下减少梯形P_tBDP_w。

2. 生产者剩余的变化

征收关税后,生产者剩余相对封闭条件下是减少的,但是相对自由贸易条件下是增加的。具体情况是生产者剩余在封闭条件下是 $C'EP_e$ 三角区域,在开放条件下是 $C'CP_w$,在征收关税的条件下是 $C'AP_t$。在征收关税的条件下,生产者剩余比封闭条件下减少梯形 P_eEAP_t,比自由贸易条件下增加梯形 P_tACP_w。

3. 政府福利的变化

在封闭条件和自由贸易条件下,政府的税收为零(我们这里只考虑关税,假设不存在其他税收)。在征收关税的条件下,政府的税收收入为关税 $(P_t-P_w)(Q_4-Q_3)$。

4. 进口国福利的变化

进口国的福利由消费者福利、生产者福利和政府福利三个主体构成,以上三种福利的总和构成了本国的福利状况。在封闭条件下和开放条件下不涉及政府,本国的福利分别是 PEC' 三角区域、PDP_w 与 $C'CP_w$ 之和区域。明显的是开放条件下本国总的福利大于封闭条件下。在征收关税条件下,本国的福利变为 PBP_t、P_tAC' 与 $ABGF$ 之和。

5. 贸易和国际收支的影响

在征收关税条件下,进口量由自由贸易时的 Q_1Q_2 降为 Q_3Q_4,本国企业供给的产品增加了 Q_1Q_3,消费减少了 Q_4Q_2。国际收支上因为进口和本国需求的下降,外汇的支付有所下降,其数量为 $P_w(Q_1Q_3+Q_4Q_2)$。

(二)小国的一般均衡分析

小国关税的一般均衡是分析考虑小国关税的福利分析。因为征收关税导致的价格变动会影响到相关商品之间相对价格的变动,从而影响到涉及的商品的生产、贸易、消费和利益的分配。所以,有必要进行小国一般均衡的分析,如图7-2所示。

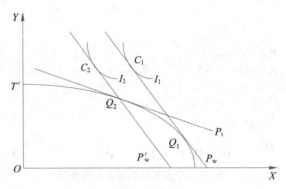

图7-2 小国关税的一般均衡分析

假定在两种产品的生产上,该小国在X产品具有比较优势,在Y产品上具有比较劣势。该国根据自己的比较优势,生产和出口X产品,进口Y产品,TT' 是该国的生产可能性曲线。在自由贸易条件下,小国的生产均衡点为 Q_1,国际交换比价为过 Q 点的切线 P_w 的斜率,即商品X和Y的相对比价,消费均衡点为 C_1,即 P_w 与该国社会无差异曲线的切点。

在假定小国开始对进口商品Y征收从价税,税率为 t,在国际市场商品价格未发生变化的条件下,国内两种商品的相对价格变为 $P_X/P_Y(1+t)$,即 P_t 线的斜率,而不是原来

P_w 的斜率 P_X/P_Y。国际交换比价线在征收关税之后，变得比征收前较为平坦。此时，国内生产的均衡点为 Q_2，消费点为 C_2。

通过以上的对比分析可以看出，征收关税使得原有比较优势的 X 产品的生产规模出现了收缩，Y 产品的进口竞争部门生产规模扩大。虽然世界贸易均衡价格不变，但是国内消费者面对的是本国国内的相对价格，本国消费的下降导致社会无差异曲线从 I_1 降到了 I_2。这表明小国征收进口关税会导致本国福利水平的下降。

四、大国关税经济影响分析

前面分析了小国进口关税的局部均衡和一般均衡，下面分析大国进口关税的局部均衡和一般均衡。大国与小国的差别主要在于大国在国际贸易中的市场份额大、交易量高，能够利用自己的市场势力影响国际商品的价格，并将征收关税的损失向出口商转嫁，而不是全部由进口国的消费者承担。

（一）大国的局部均衡分析

图 7-3 中，该国的需求曲线为 D，在封闭条件下，供给曲线为 S_d；在自由贸易条件下，该国的供给曲线为 S_d+f。在封闭条件下，均衡点为 E，本国的需求来自本国的供给，价格为 P_e，数量为 Q_e；在开放条件下，均衡点为 C 点，本国的供给量 OQ_4，包括本国的供给量 OQ_1 和从国外进口的供给量 Q_1Q_4，价格为 P_w。

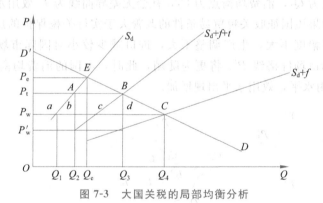

图 7-3　大国关税的局部均衡分析

在对该商品征收税率为 t 的关税后，该国总供给曲线向左上方移动为 S_d+f+t。此时，均衡点为 B。由于征收关税，商品的价格上升为 P_t，即自由贸易条件下的价格加上关税。由于该商品需求富有弹性、供给缺乏弹性，出口商怕失去该国的国内市场，愿意与该国的消费者共同承担关税，降低商品价格至 P'_w。此时，国内对该商品的需求为 OQ_3，本国供应量 OQ_2 和进口量 Q_2Q_3。

在福利方面，贸易大国征收关税后消费者剩余减少 P_tBCP_w，具体即 $a+b+c+d$ 部分，其中 a 部分转化为生产者剩余，b 部分是该国低效率的厂商因为国内价格提高而得以扩大生产所带来的净损失，c 部分是政府的关税税收，d 部分是价格提高、消费量减少给消费者带来的净损失。

因为这里假设该国是大国，该国征收关税带来的价格提高一般不可能完全让外国出口商承担，商品价格的上涨必然导致本国生产增加，导致进口需求的下降。然而，国际市场上该商品的供给不变或缺乏弹性，从而会引起国际市场商品价格的下降，即从 P_w 下降到

P'_w。如果该国出口商品的价格不变,则该国用一单位的本国商品可以换回更多的该进口商品,该国贸易条件改善。

征收的关税构成了政府财政收入的一部分,其中一部分由本国消费者承担,另一部分由外国出口商承担。对本国而言福利是增加的。综合考虑该国的福利变化状况,由于该国成员由消费者、生产者和政府构成,在征收关税后:

大国关税的净福利=消费者剩余净增减量+生产者剩余净增减量+政府收入净增减量=$-(a+b+c+d)+a+(c+e)=e-(b+d)$

所以,该国征收关税最终的福利增减取决于 e 与 b、d 之和的大小。

(二)大国的一般均衡分析

大国的一般均衡分析由于要考虑到大国对国际市场的影响,相对小国而言,较为复杂。大国的关税保护会降低本国的社会福利水平,但是贸易条件的改善又会提高本国的社会福利水平,所以该国整体的福利水平变化情况是不确定的。

如图 7-4 所示,该国自由贸易条件下的生产均衡点为 Q_1,消费均衡点 C_1,社会无差异曲线为 I_1 效用水平。如果征收关税保护的成本大于贸易条件的改善,征收关税后,该国的进口产品的国内价格上升,进口下降导致国外市场供给大于需求出现价格下跌(这是与小国一般均衡的分析的不同之处)。此时国际市场价格线 P'_w 曲线将比征收关税前更为陡峭,生产均衡点为 Q_2,消费均衡点为 C_2,社会无差异曲线为 I_2 效用水平,效用水平出现下降;相反,如果该国征收关税贸易条件的改善大于实行关税保护的成本,则征收关税后进口产品的上涨幅度不大,生产调整不大,进口减少较小对国际市场价格的影响也不大,这样新的国际市场价格线 P'_w 将更为陡峭,此时,本国的消费均衡点为 C_3,社会无差异曲线为 I_3 效用水平,效用水平出现增加。

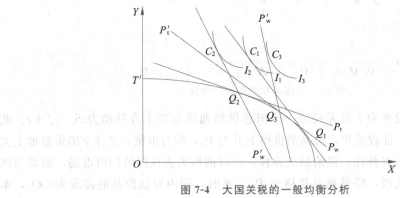

图 7-4 大国关税的一般均衡分析

第二节 进口配额分析

进口配额是一种非关税壁垒的阻碍自由贸易的措施。进口配额是直接对商品的进口进行限制,其作用的效果一般要大于关税,所以进口国,尤其是发展中国家一般愿意采用此类方法保护本国的国内市场。

一、进口配额的定义和分类

进口配额是一国政府在一定时期内对某些商品的进口数量或进口金额加以限制的措施。在规定期限内，配额以内的货物可以进口，超过配额的不准进口或对超额进口部分实行关税配额（惩罚性关税）。

通常，进口配额主要有以下两种。

▶ 1. 绝对配额

绝对配额是在一定时期内对某些商品的进口量或金额规定一个最高数额，超过这个数额的不准进口。绝对配额在实施过程中有两种方式。

（1）全球配额，属于世界范围的绝对配额，对国别没有要求，对于来自任何国家和地区的商品一律适用。主管当局以进口商申请先后或过去某一时期的进口实际额批给一定额度，直至发放完毕后，不准进口。

（2）国别配额，是在总配额内按国别或地区分配给固定的额度，超过规定额度的配额不准进口。一般进口商品必须提交原产地证明书，以便区分不同国家和地区的商品。国别配额的分配通常根据进口国与有关国家和地区的政治经济关系有关。

▶ 2. 关税配额

关税配额与绝对配额不一样的地方是它对商品进口的绝对数额不加限制，而对在一定时期内、在规定配额内的进口商品给予低税、减税或免税待遇，对超过配额的进口商品则征收附加税、较高的关税或罚款。按商品进口的来源，关税配额可分为全球性关税配额和国别关税配额。

二、进口配额影响分析

进口配额分析与关税分析的不同在于它对进口数量的直接限制，而不是通过提高价格的方式来限制进口商品的数量。进口关税的配额分析如图 7-5 所示，假定该国为一小国，D 为该国的需求曲线，S_d 为该国的国内供给曲线，在封闭条件下，该国的均衡点均为 E_1，消费全部由本国供给；在自由贸易的条件下，作为小国，该国只能接受价格 P_w 这个国际价格，该国的均衡点为 E_2，本国的消费 OQ_4，其中本国供给 OQ_1，进口 Q_1Q_4。

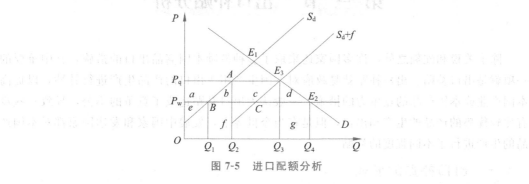

图 7-5 进口配额分析

现在假定该国实行进口配额管理，进口配额为 AE_3。这时该国的商品供给将由封闭条件下的国内供给曲线 S_d 与进口配额量 AE_3 组成，即图中的 S_d+f，此时该国的均衡点为 E_3，同时该国供给量所决定的商品的价格为 P_q。

实行配额管理后,相对于自由贸易条件下,配额对该国的影响在于:消费者的福利减少了 $a+b+c+d$,生产者剩余增加了 a,国际收入减少了 $f+g$,进口商可以获得 c 的国内外差价的配额利润。

该国配额下的福利状况＝消费者剩余净增减量＋生产者剩余净增减量＋进口商配额利润净增减量＝$-(a+b+c+d)+a+c=-(b+d)$

可见,实施配额管理以后,该国的福利状况出现了恶化。

三、进口配额与关税的比较

进口配额与关税都属于对外贸易管理的范畴,虽然都起到了对国外进口的限制作用,但是两者还是有着明显的不同。

▶ 1. 调节机制不同

关税对于进口的调节是通过提高进口商品的价格来实现的,是一种价格调节,它对进口数量的影响不是很确定;进口配额对进口的调节是一种数量调节,即通过确定进口数量,然后以量定价的方式完成整个过程。

▶ 2. 调节效果不同

关税对于进口的调节是通过价格调节的,调节效果取决于进口商品在该国的需求弹性和国外出口商的供给弹性。如果需求弹性小,供给弹性大,则关税调节的效果就比较差;相反,如果需求弹性大,供给弹性小,则关税调节的效果就比较好。进口配额则是直接对进口数量加以限制,政策效果直接、确定。

▶ 3. 调节形成的垄断程度不同

虽然关税提高了进口商品的价格,有利于本国生产者提高竞争力,但是因为关税并没有隔绝本国市场与国外市场的联系,本国商品的价格由国际市场的价格和关税共同决定,国内相关产业无法形成垄断;在实行配额管理的条件下,国内生产者取得了配额外商品的完全垄断供给权,他们依据自身利益的最大化进行决策,不受国际市场的影响。

第三节 出口补贴分析

除了关税和配额之外,许多国家还采取了多种鼓励本国商品出口的措施,其中重要的一项就是出口补贴。出口补贴就是政府对本国生产用于出口的产品生产进行补贴,以提高本国产业或本国产品的竞争力的措施。一般认为出口补贴造成了竞争的不公,导致一些没有比较优势的产品的生产和出口,但是在当今世界上,发展中国家和发达国家都对本国产品的生产进行了不同程度的补贴。

一、出口补贴的形式

▶ 1. 直接补贴

直接补贴就是在商品出口时,政府直接付给出口生产者的现金补贴。政府直接补贴的目的是弥补出口商品国际价格低于国内价格所带来的出口损失或者是变相给予生产者的奖励,以鼓励其出口。

▶ 2. 间接补贴

间接补贴是指商品的出口给予财政上的优惠。间接补贴的方式主要有对出口商品所缴纳的国内税费予以退还或减免、暂时对出口商进口原材料免税、在出口时退还出口商的进口税、免征出口税以及实行出口信贷的方式。除了上面提到的,还有一些国家实行延期付税、减低运费等方式,对本国的商品出口给予鼓励。

二、出口补贴的经济效应分析

根据前面的分析,出口补贴的经济效应分析依然要区分小国和大国不同情况下的不同的经济效应。同时还要注意这里是从净出口的角度,而不是前面净进口的角度进行分析。这是这里与前面分析的不同之处。

(一) 小国的经济效应分析

当出口国为小国时,如图7-6所示,国际市场价格为 P_w,因为国际市场价格高于小国国内价格,所以在自由贸易下会拉动小国的价格上涨至国际价格 P_w。此时,该国生产量为 OQ_3,消费量为 OQ_2,出口量为 Q_2Q_3。为了获得更多的外汇,政府对本国出口商品实行每单位 s 的出口补贴,注意在本国销售的该商品不享受政府的出口补贴,所以生产者在国外销售单位商品可以获得 P_s 的收入,并将国内价格在原来的基础上上推 s 个单位至 P_s。这时该国生产量 OQ_4,消费量 OQ_1,出口量 Q_1Q_4。相比实行出口补贴前,该国出口增加了 Q_1Q_2 与 Q_3Q_4 之和。

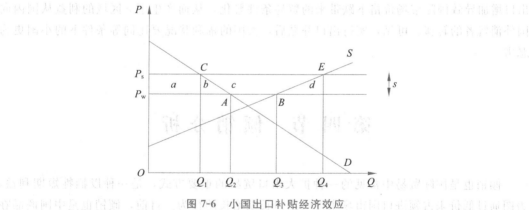

图 7-6 小国出口补贴经济效应

实行出口补贴后,对该小国的福利影响是消费者的福利水平减少了 $a+b$ 区域,生产者剩余增加了 $a+b+c$ 区域,政府出口补贴支出 $b+c+d$ 区域。所以,

该国实行出口补贴下的福利状况=消费者剩余净增减量+生产者剩余净增减量+进口商配额利润净增减量=$-(a+b)+(a+b+c)-(b+c+d)=-(b+d)$。

该结果说明,实行出口补贴后,该小国的福利状况出现了恶化。

(二) 大国的经济效应分析

通过这几节的分析知道,大国和小国的区别在于大国能够影响国际市场上商品的价格。所以图7-7与图7-6的不同之处就是多了一条大国实行出口补贴后导致国际市场商品价格下降到 P'_w 的直线,其他地方均与图7-6相同。

在图 7-7 中，自由贸易条件的国际价格为 P_w，国内价格为 P_s。在实行出口补贴后，该国大量的商品出口导致国际市场价格从原来的 P_w 降为 P'_w。此时，国内市场的价格是国际市场价格 P'_w 与政府补贴的金额 s 之和。

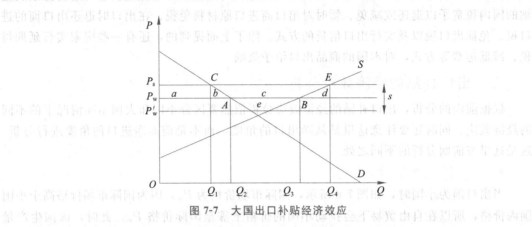

图 7-7 大国出口补贴经济效应

实行出口补贴后对该大国的福利影响是消费者的福利水平减少了 $a+b$ 区域，生产者剩余增加了 $a+b+c$ 区域，政府出口补贴支出 $b+c+d+e$ 区域。所以，

该大国实行出口补贴下的福利状况＝消费者剩余净增减量＋生产者剩余净增减量＋进口商配额利润净增减量＝$-(a+b)+(a+b+c)-(b+c+d+e)=-(b+d+e)$

该结果说明，实行出口补贴后，该大国的福利状况出现了恶化，而且由于出现了因为出口增加导致国际市场价格下跌带来的贸易条件恶化，从而产生了 e 区域的利益从国内向国外消费者的转移。可见，实行出口补贴后，大国的福利状况要比同等条件下的小国更为恶劣。

第四节 倾销分析

倾销也是国际贸易中常见的一种扩大出口贸易的重要方式，是一种以牺牲短期利益，力图通过低价来占领进口国市场来促进出口长期增长的行为。目前，倾销也是中国商品在海外市场碰到的最大的贸易障碍之一。

一、倾销的界定

▶ 1. 倾销的定义

《1994 年关税及贸易总协定》第 6 条所规定的倾销的定义大家较为认可，即出口商以低于正常价值或成本的价格向进口国销售产品，并给进口国相关产业造成损害或产生重大威胁的行为。所谓的正常价值是指以下情况。

(1) 相同产品在出口国的正常情况下的售价。
(2) 或正常贸易情况下向第三国出口的最高可比价格。
(3) 或产品在原产国的成本加上合理的推销费用和利润。

2. 倾销的构成要件

根据倾销的定义，在法律上所指的倾销构成有三个要件。

(1) 产品以低于正常价值或成本的价格销售。

(2) 低价和进口国相关产业的损害。

(3) 低价和进口国相关产业的损害之间存在因果关系。

只有同时具备了上述三个条件，倾销的行为才能成立，才能够采取反倾销措施。所以并不是低价销售就是倾销，只有具备了上述的这三个条件才能构成倾销行为。

二、倾销的分类

1. 偶发性倾销

偶发性倾销的特点是通过低价在国外市场销售国内存货过多或难以销售的"剩余商品"。因为销售季节已过或其他原因，厂商为了加大销售，如果国外市场的需求弹性较大，则可以低价倾销的方式进行抛售处理。由于该类倾销时间较为短暂，一般进口国很少采取反倾销措施。

2. 持续性倾销

持续性倾销的特点是长期以低于国内市场价格的方式在国外市场上销售产品，而在国内实行较高的价格。实行此类价格歧视行为的目的是垄断者为了实现自身利润的最大化。这类企业通常具有以下条件。

(1) 有一定的市场控制能力。

(2) 国内外两个市场商品的需求弹性不一样，且国外市场弹性大，国内市场弹性小。

(3) 能够阻止低价销售的出口商品回流国内。

3. 掠夺性倾销

掠夺性倾销的特点是以低价销售的方式占领国外市场，在获取了市场垄断地位后通过大幅度提高价格来挽回前期低价销售所产生的损失。为了占领国外市场，这类倾销的前期价格低于国内价格，甚至低于企业的生产成本。

三、倾销的危害

倾销的危害一般涉及出口国、进口国和第三方三个主体。

1. 对出口国的影响

企业实行国内外差别定价的价格歧视，这样迫使出口国消费者支付较高的费用，以弥补海外市场倾销的损失，降低了本国消费者的福利水平。所以倾销企业的海外扩张侵害了本国消费者的利益。

通过低价销售的方式，出口企业扩大了其海外市场的份额，但是同时也挤占了出口国其他企业的海外市场份额，是一种不公平的竞争行为。

出口企业的非效率提高的低价倾销行为会引发过度竞争，使企业过度强调价格竞争，忽视商品质量、服务等各方面的提高和改进。为了达到降成本、进行价格大战的目的，企业甚至会以次充好、假冒伪劣商品泛滥，扰乱出口国正常的市场秩序。

2. 对进口国的影响

低价倾销过于低廉的价格吸引了消费者，使进口国同类生产销售企业利润下降，甚至倒闭，进而阻碍进口国相关产业的发展。倾销的价格导致传递错误的价格信号，同时有可能在倾销产品取得市场垄断优势后消费者面临被迫接受垄断高价的可能。所以出口国的倾销扰乱了进口国的市场秩序，抑制和威胁了进口国相关产业的发展。

3. 对第三国的影响

虽然倾销发生在出口国和进口国之间，但是它会导致第三国在进口国的市场份额和利润的减少。由于第三国的消费者不在倾销发生的市场，没有享受到低价的好处，所以倾销使得第三国的利益受损。

四、反倾销的措施

1. 征收反倾销税

倾销是通过以低于进口国市场正常价格的方式在进口国销售商品的行为。虽然该行为可以使进口国的消费者因获得低价的商品而得益，但是它也必然威胁或者损害着进口国生产者和相关群体的利益。同时，进口国还面临着出口国企业在占领本国市场后，出口国企业产品垄断高价的尴尬处境。为了防患于未然，在出现倾销行为时，进口国一般会采取征收反倾销税的方式。通过征收反倾销税，一方面提高了出口商的成本，防止了不利后果的发生；另一方面也增加了本国的财政收入。

2. 出口商承诺

在出现倾销行为后，如果进口国采取征收反倾销税的措施，出口商可能采取一些措施对自己的倾销行为加以改正。如果出口商承诺采取某种行动以消除其倾销行为所产生的不良影响，那么进口国虽然有可能结束进一步的反倾销的相关措施，但是也达到了其反倾销的目的。

第五节　技术性贸易壁垒分析

技术性贸易壁垒是以技术作为条件，通过法律法令的规定建立技术标准、认证制度、卫生检疫检验制度等在商品进口过程中实施贸易管制的一种非关税壁垒行为。通常以维护消费者的安全和健康为理由，达到限制外国商品销售的目的。只有符合了相关规定的标准后，商品才能得以进口。此类保护贸易的措施较为烦琐、隐蔽，所以更难对付。

一、技术性贸易壁垒的类别

技术性贸易壁垒的分类一般是参照世界贸易组织的《技术性贸易壁垒协议》(Agreement on Technical Barriers to Trade，TBT)的分类方法将技术性贸易壁垒分为技术法规、技术标准和合格评定程序。

1. 技术法规

技术法规是规定强制执行的产品特性或其相关工艺和生产方法，包括可适用的管理规定在内的文件，如有关产品、工艺或生产方法的专门术语、符号、包装、标志或标签要求。

2. 技术标准

技术标准是经公认机构批准的、规定非强制执行的、供通用或反复使用的产品或相关工艺和生产方法的规则、指南或特性的文件。可见技术法规与技术标准性质不同，其关键区别是前者具有强制性，而后者是非强制性的。

3. 合格评定程序

合格评定程序是指按照国际标准化组织（International Organization for Standardization，ISO）的规定，依据技术规则和标准，对生产、产品、质量、安全、环境等环节以及对整个保障体系进行全面监督、审查和检验，合格后由国家或国外权威机构授予合格证书或合格标志，以证明某项产品或服务是符合规定的标准和技术规范。合格评定程序包括产品认证和体系认证两个方面：产品认证是指确认产品是否符合技术规定或标准的规定；体系认证是指确认生产或管理体系是否符合相应规定。当代最流行的国际体系认证有ISO9000质量管理体系认证和ISO14000环境管理体系认证。

二、技术性贸易壁垒的内容

技术性贸易壁垒是非关税壁垒的重要组成部分，其主要内容包括以下几个部分。

1. 技术标准与法规

技术标准主要是一些产品或工艺和生产方法的规则、指南或特性的文件。技术法规则是政府部门颁布的命令、决定、条例等。前者无强制力，后者具有强制性。

2. 合格评定程序

合格评定程序一般由认证、认可和相互承认组成。认证是指由授权机构出具的证明，一般由第三方对某一事物、行为或活动的本质或特征，经当事人提出的文件或实物审核后给予的证明，这通常被称为"第三方认证"。认证可以分为产品认证和体系认证。产品认证主要指产品符合技术规定或标准的规定，属于强制认证。相互承认对方的评定认证体系将促进国际贸易的发展。但是由于各国实行多种多样的合格评定认证体系，所以技术壁垒便成为阻碍国际贸易的因素之一。

3. 信息技术壁垒

信息技术是在信息科学的基本原理和方法的指导下扩展人类信息功能的一种技术，一般以电子计算机和现代通信的手段实现信息的获取、加工、传递和利用等功能的技术总和。信息技术壁垒主要和这些年来信息技术的快速发展有关。尤其是在电子商务方面，电子数据交换为电子商务的发展提供了有利的技术支持，也为国际贸易提供了便利。但是由于电子数据交换对计算机软硬件、通信设施、法规和人员的素质有着较高的要求，造成了许多发展中国家难以满足其发展要求，未能执行电子签证系统。发达国家和发展中国家信息技术方面的巨大差距造成了发达国家对发展中国家设置信息技术贸易壁垒的优势。

4. 绿色技术壁垒

绿色技术壁垒是一些发达国家在国际贸易中为了保护环境和人类健康，凭借自身的科技优势，通过制定环保公约、法律法规等方式对国际贸易进行的相关限制。绿色技术壁垒的形式主要有"环境标志"形式的绿色壁垒、"绿色关税"形式的绿色壁垒、"环保包装"形式的绿色壁垒、"绿色保护"形式的绿色壁垒。由于发达国家节能技术和其他科学技术方面的优势，它们在通过设置相对于发展中国家较高的节能碳排放标准、生物卫生检疫检验标准,可以达到限制发展中国家出口的目的。

三、技术性贸易壁垒的影响

技术性贸易壁垒的诞生大都是为了保护本国消费者的消费安全和消费权益,同时技术标准和评估体系的国际推广等措施对国际贸易的发展有一定的推动作用。但是,随着国际贸易竞争的日益激烈,技术性贸易壁垒的国际贸易阻碍作用也日益体现。所以技术性贸易壁垒的影响也有正反两面。

▶ 1. 有利于提高商品质量

发达国家对商品安全和质量方面有着相对较高的要求,例如化肥、农药的残留等方面。不断提高的国际检疫检验标准有利于各国重视本国的动植物疫情的预防和控制,加强世界各国在动植物流行病之间的国际协作,实现世界范围内产品质量和安全的不断提高。

▶ 2. 有利于促进环境保护

经济利益和环境利益的冲突一直是人类社会不断在权衡的一对矛盾。发展中国家较低的生活水平决定了其在经济利益上的重视程度远远大于环境利益。全球范围内绿色壁垒可以迫使广大的发展中国家减少碳排放、减少对环境的污染,采取了绿色的产品生产体系,客观上有助于这些国家实现可持续发展,也有利于全球的环境保护。

▶ 3. 有碍于国际贸易,尤其是发达国家和发展中国家的贸易

技术性贸易壁垒中的各种标准法规、合格评定程序等阻碍着国际贸易的发展,给世界贸易的发展带来了不便。各国遵守着不同的标准法规等给国际统一的大市场的形成带来了困难。发展中国家产品的标准法规通常低于发达国家,不利于两者之间的贸易,影响到市场资源的国际化优化配置。

▶ 4. 不利于发展中国家

在整个技术性贸易壁垒的国际标准体系中,发达国家基本上是标准的制定者,发展中国家只能被动的接受。所以,发达国家利用自身的技术优势和标准制定者的有利地位制定的标准往往是发展中国家难以达到的。发达国家利用这种优势通过设置贸易壁垒主导和控制与发展中国家的贸易,剥夺发展中国家的利益。

相关案例

2015年上半年不锈钢反倾销案例汇总(部分)

一、墨西哥宣布对进口不锈钢焊管进行反倾销调查

墨西哥宣布开始对美国,西班牙和印度进口不锈钢焊管进行反倾销税调查。

此次调查是收到国内钢管商 Tubacero 和 TUBESA 申请,调查期间为 2013 年 4 月 1 日至 2014 年 3 月 31 日。

涉案产品海关编码为 7305.11.01、7305.11.99、7305.12.01、7305.12.99、7305.19.01 和 7305.19.99。

二、太钢应诉泰国不锈钢冷轧产品反倾销胜诉

泰国商业部外贸厅日前发布公告,对产自中国的冷轧不锈钢产品征收反倾销税,所征最高税率达 33.32%。这场历时一年半的不锈钢反倾销案以太钢完胜而告终,太钢成为国内 100 多家出口商中唯一取得零税率的企业。

2012年8月,泰国对来自中国的冷轧不锈钢产品发起反倾销调查。为此,太钢启动应诉程序,多方联动,在做好调查问卷、实地核查、损害抗辩的同时,积极向政府有关部门反映情况,协助中国钢铁工业协会与泰国钢铁行业组织开展对话和磋商。经多方努力,太钢获得了排他性的胜诉,为进一步拓展泰国市场、提高东南亚市场份额奠定了基础。

三、马来西亚对中国和印尼进口热轧卷征收最终反倾销税

据马来西亚官方数据,马来西亚对中国和印尼进口热轧卷征收最终反倾销税。

中国反倾销税为 2.49%~15.6%,印尼为 11.2%~25.4%,将在 2015 年 2 月 14 日—2020 年 2 月 13 日生效。

四、巴西启动对原产于中国的不锈钢餐具反倾销案产品范围的评估

巴西发展工业外贸部发布2015年第8号令,决定启动对原产于中国的不锈钢餐具反倾销案产品范围的评估。涉案产品南共市税号为 8211.10.00、8211.91.00 以及 8215.99.10。2012 年 12 月,巴西对上述产品征收 19.7 美元/公斤的反倾销税,征税期限 5 年。

五、欧盟将对进口自中国不锈钢冷轧板征收反倾销税

据相关人士透露,欧盟将于本月底开始对进口自中国和中国台湾地区的不锈钢冷轧板征收反倾销税。

根据 2014 年 5 月欧洲钢铁联盟(Eurofer)的诉讼请求,欧委会计划对进口自中国和中国台湾地区的不锈钢产品分别征收 25%和 12%的反倾销税。

Eurofer 表示,2013 年中国和中国台湾地区向欧盟输送了价值 6.2 亿欧元(约 4.478 9 亿英镑)的不锈钢冷轧产品,而其中约有 17%的产品存在倾销问题或者说以极低的价格进行出售的问题。

同时,Eurofer 要求欧委会对进口自中国、韩国、日本、俄罗斯以及美国的用于变压器的取向电工钢进行倾销调查,并要求延长对进口自中国的线材的现存税收的征收期限。

2014 年中国钢铁出口总量达到了历史新高的 9 300 万吨,这相当于欧洲钢铁总消费量的 60%,而中国出口至欧盟的钢铁总量高达 450 万吨,这一数值在 2009 年仅为 120 万吨。

Eurofer 认为中国钢铁产业的大幅扩张并非建立在成本优势上,而是建立在国有企业的资金优势以及其他的一些形式的补贴上的。

同时,Eurofer 表示,中国出口的产品已经不仅仅是如热轧之类的基础产品,他还包括高端的涂层板。

另外,由于卢布贬值,俄罗斯经济低迷,Eurofer 对于潜在的俄罗斯生产商的出口增加的可能表示担忧,因此 Eurofer 督促欧委会对进口产品进行紧密关注。

六、印度对华304系列不锈钢热轧平板做出反倾销终裁

印度对华304系列不锈钢热轧平板做出反倾销终裁:自上述国家进口的涉案产品存在倾销,对国内产业造成了实质性损害,且倾销与实质性损害之间存在因果关系,因此建议对上述国家进口的涉案产品征收反倾销税,其中中国企业税率为 309 美元/公吨。在本案中,鞍钢联众不锈钢有限公司应诉。

七、马来西亚对进口冷轧不锈钢发起反倾销调查

2015 年 4 月 28 日,马来西亚贸工部发布公告,称应国内产业的申请,决定对来自中国大陆、芬兰、法国、中国台湾地区、中国香港、日本、印尼、韩国以及越南9个国家或地区的冷轧不锈钢发起反倾销调查(马来西亚海关税则号为 7219.31.000、7219.32.000、

7219.33.000、7219.34.000、7219.35.000、7220.20.130、7220.20.190 和 7220.20.900，厚度不超过 6.5 毫米且宽度不大于 1600 毫米)。利害关系方应在立案公告之日起 15 日内向马来西亚反倾销调查机关索取调查问卷。

八、阿根廷对华不锈钢餐具反倾销复审调查延期

近日，阿根廷经济和公共财政部贸易国务秘书处外贸副国务秘书处照会中国驻阿使馆经商处，通告阿方决定对原产于中国和巴西的不锈钢餐具(税号为 82111000、82119100、82152000 和 82159910)反倾销日落复审调查延期，以便做出最终裁定。

九、中日就不锈钢无缝钢管反倾销案专家组报告提起上诉

2015 年 5 月 20 日，中国就欧盟诉中国对自欧盟进口的高性能不锈钢无缝钢管(HP-SSST)征收反倾销税的措施案(DS460)专家组报告提出上诉申请。同日，日本也就其诉中国对自日本进口的高性能不锈钢无缝钢管征收反倾销税的措施案(DS454)专家组报告提出上诉申请。关于该案上诉申请的进一步消息将随后发布在 WTO 文件 WT/DS460/7 和 WT/DS454/7 中。

2012 年 12 月 20 日，欧盟就中国对自其进口的高性能不锈钢无缝钢管征收反倾销税的做法诉至 WTO；2013 年 6 月 13 日，日本也就中国对自其进口的高性能不锈钢无缝钢管的反倾销措施诉至 WTO。2015 年 2 月 13 日，WTO 就 DS454 和 DS460 案发布专家组报告。

十、澳大利亚对我国热轧钢板进行反倾销免税调查

2015 年 5 月 28 日，应 AmityPacificPtyLtd 的申请，澳大利亚对原产于中国、印尼、日本和韩国的热轧钢板进行反倾销免税调查。此次调查的产品是满足某种特性的热轧钢板，在澳大利亚关税减让名单 TC1413674 下，产品海关编码为 7208.52.00。

2013 年 2 月，澳大利亚对原产于中国、印尼、日本和韩国的热轧钢板进行反倾销立案调查；2013 年 12 月，澳大利亚对此案做出肯定性终裁。

资料来源：2015 年上半年不锈钢反倾销案例汇总．钢为网．

本章小结

前面的章节主要介绍的是国际贸易相关的理论演变，它们为国际贸易的实践提供了理论依据。本章则主要介绍了各国在实践中的贸易保护，主要涉及关税、配额、出口补贴、倾销和技术性贸易壁垒等，并进行了均衡分析。通过这些分析，能够深刻认识到国际贸易现象背后的经济利益关系和国家福利状况的变化。

本章关键词

小国　大国　关税　有效保护率　配额　倾销　出口补贴　技术性贸易壁垒

本章思考题

1. 什么是关税,如何分类?
2. 配额和关税在保护本国产业方面有哪些不同?
3. 如何理解发展中国家在技术性贸易壁垒中居于劣势地位?

第八章 国际贸易政策的实践

本章内容是对国际贸易政策实践的历史回顾与总结，从纵向的角度回顾了发达国家的贸易政策的实践和发展中国家贸易政策的实践。最后对国际贸易政策的历史演变进行了分析，探析其历史演变的经济学逻辑。

> **重点问题**
> 1. 国际贸易政策
> 2. 自由贸易政策
> 3. 保护贸易政策
> 4. 进口替代
> 5. 出口导向

国际贸易是一项涉及国与国之间物质利益分配的经济活动，各个国家或地区的政府都会采取一系列政策和措施增进本国或地区在国际经济活动中的利益。国家的对外贸易政策就是一国政府为了达到某种目的而依据本国的实际情况制定的对进出口经济活动进行管理的一系列措施。

国际贸易政策的实践作为国家干预经济生活的实务性操作，既是国内经济的一部分，更是国际经济的一部分。由于国际和国内经济形势的变化，一个国家通常会不断地调整其国际贸易政策，或者限制贸易，或者自由贸易。自由贸易政策的本质就是国家对进出口贸易不进行干预和限制，让商品自由地进出一个国家的关境。限制贸易，或者干预贸易政策则是政府通过关税或非关税等种种措施干预国际贸易，限制商品和劳务的进出口行为。

在国际贸易政策的实践中，历史证明各国贸易政策的制定最终是倾向于本国的利益的。当一个国家相对强大时往往会采取相对开放的自由贸易政策，当一个国家相对弱小时往往会采取限制贸易的保护性政策。同时，由于一个国家的经济、政治和社会状况是不断发生变化的，所以国际贸易的政策也不是一成不变的，一般会适时动态调整。总体来说，发达国家倾向于自由贸易政策，发展中国家倾向于限制性贸易政策。当然这两种政策一般不是单一的，通常在实行一种政策时，也包含了另一种政策。

第一节 国际贸易政策分析

一、对外贸易政策的种类

通过前面的分析可以得出结论,一个国家的对外贸易政策整体上可以分为两类,即自由贸易政策和保护贸易政策。

▶ 1. 自由贸易政策

自由贸易政策是指国家对商品的进出口不加干预,采取自由放任态度,使商品在国内外市场自由竞争,通过减少或废除对各种商品和劳务的进出口限制,废除出口特权和消除进口限制,达到实行自由竞争的目的。该理论最早产生于 18—19 世纪的资本主义自由竞争时期,代表人物是亚当·斯密和大卫·李嘉图。自由贸易的主要措施如下。

（1）减少关税方面的纳税商品的项目、降低税率简化税法。

（2）WTO 通过制定一系列非关税壁垒协议,消除第二次世界大战后兴起的非关税壁垒。

（3）转变贸易管理机构的职能,由限制贸易转向自由贸易。

（4）通过修订国内法律,缔结国际贸易条约与协定,推进自由贸易。

支持自由贸易政策的观点主要是来自对于关税的成本-收益分析方法得出的自由贸易会消除关税所造成的资源价格的扭曲和效率的损失。同时,自由贸易还能带来规模经济,为本国企业提供国外广阔的市场,有利于提高企业的竞争力。

▶ 2. 保护贸易政策

保护贸易政策是指国家对商品的进出口采取各种干预措施保护国内市场、限制国外商品进口和对本国商品出口予以奖励与优惠的贸易政策。一般发生在国家出口竞争力较弱的发展低级阶段或国际贸易竞争较为激烈时期。保护贸易政策的主要措施如下。

（1）通过提高进口关税、实施歧视性复式税则、频繁征收惩罚性进口附加税等限制进口。

（2）广泛、频繁使用非关税贸易壁垒,并不断出现更新的非关税贸易壁垒对进口进行限制。

（3）对本国的出口商予以支持和资助。

支持保护贸易政策的观点来自关税对本国贸易条件和幼稚产业的相关理论。前者认为,大国的关税可以降低进口产品的价格,达到改善本国贸易条件的目的；后者认为,如果本国的产业属于幼稚产业,则早期的高成本无法与国外低成本的产业进行竞争,但是如果对本国幼稚产业进行保护,则经过保护期后,本国的产业发展壮大后可以与国外相关产业竞争,所以应该保护。

▶ 3. 管理贸易政策

管理贸易政策是指国家通过对内制定一系列的贸易政策、法规,加强对外贸易的管理,实现一个对外贸易的有秩序、健康的发展；对外通过谈判签订双边、区域及多边贸易条约或协定协调与其他贸易伙伴在经济贸易方面的权利与义务。它是 20 世纪 80 年代产生的一种介于自由贸易和保护贸易之间的一种兼顾协调和管理的国际贸易政策,所以也叫协调贸易政策。管理贸易政策是应对国际经济联系日益密切和新贸易保护重新抬头的矛盾的产物,是对外贸易政策的发展方向。

二、制定对外贸易政策的依据

各国制定贸易政策的根本目的是维护本国的利益,帮助本国的生产者提高国内外市场的占有份额,促进本国产业结构的优化和提升,改善本国对外的经济、政治等各方面的关系。为了达到上述目的,国家会不断地根据具体的国内外环境采取不同的贸易政策,一般会考虑以下因素。

▶ 1. 经济发展的相对水平

一个国家经济发展水平越高,技术越先进,产品的竞争能力越强,就越开放,越倾向于推向自由贸易政策,以有利的地位在市场竞争中获得相应的利益;相反,一个国家经济发展水平越低,技术越落后,产品缺乏竞争力,就越保守,越倾向于保护贸易政策,避免在国际市场的损失和维护国内市场的份额。

▶ 2. 经济发展战略

采取外向型经济发展战略的国家一般对外界较为依赖,会较为开放,也就越会采取开放的自由贸易政策;相反,内向型经济发展战略的国家倾向于经济的国内合作,会较为保守,也就越会采取保守的保护贸易政策,并且会采取相应措施保护国内市场。

▶ 3. 国内经济状况和经济政策

一个国家国内经济的发展会呈现周期性的变化,经历复苏、繁荣、衰退、萧条四阶段的交替运行。当国内经济发展势头强劲,企业的国际竞争能力大幅提升的时候,就会在对外贸易政策中采取自由化的去向;当国内经济下行,企业的国际竞争力大幅下降的时候,就会在对外贸易政策中采取保护性的政策,阻碍、排挤对国外商品的进口。

▶ 4. 经济与产业结构

一国经济的发展会依次经历农业社会、工业社会、后工业社会的发展阶段,经济和产业结构也会依次发生变迁。传统落后产业占主导的、缺乏现代工业的国家,一般必须保护本国幼稚产业,采取保护性的贸易政策;现代化产业占主导的国家,经济和产业结构已经得到提升,竞争力较强,一般采取自由贸易政策。

▶ 5. 各种利益集团的力量对比

在不同的国家活跃着不同的利益集团,这些利益集团在凝聚力、行动力和游说能力方面存在不同的差异。不同的贸易政策对这些不同的利益集团会产生不同的影响。从外贸政策的角度来看,这些利益集团分为自由贸易派和保护贸易派,这两股势力此消彼长,各种利益集团的趋利避害的行为的相对差异会影响到政府的外贸政策的决策。

第二节　发达国家的贸易政策实践

由于发达国家目前主要是资本主义国家,发达国家贸易政策演变的实质就是发达资本国家贸易政策的演变。由于经济发展的阶段不同，发达资本主义国家的贸易政策的演变大致经历了几个明显不同的阶段：从注重干预的重商主义到古典的自由贸易，再到进入资本主义垄断时代后的侵略性的保护贸易政策。第二次世界大战后，发达资本主义国家的贸易政策趋向复杂化，呈现出自由贸易与保护贸易的混合、交替的特点。

发达资本主义国家的贸易政策演变如下。

一、重商主义的保护贸易政策

重商主义产生于15世纪，是最早提出政府干预国际经济活动的学派。在当时的历史背景下，欧洲社会面临着从封建社会向资本主义社会过渡，需要原始的资本积累。所以，重视资本的原始积累，大量蓄积金银货币变成了重商主义的显著特征。

重商主义的基本观点是，认为金银是财富的唯一代表，所以一个国家的富裕体现在拥有更多的金银上。因此，他们主张政府应该全面干预经济，通过与他国贸易的多卖少买，保持贸易顺差的办法，来获取更多的金银。

重商主义有着早期重商主义和晚期重商主义两个发展阶段。早期重商主义的代表有英国的约翰·海尔斯和威廉·斯塔夫德、法国的科尔伯特等人。其中，科尔伯特作为法国路易十四时期的财政部长，促成了许多国内贸易政策的颁布，是重商主义的忠实实践者。早期重商主义者主张直接采取行政手段，通过国家力量严厉禁止货币输出，在对外贸易方面，采取多卖少买的，甚至不买的原则，例如，英国爱德华七世在1478年就把输出金银定为大罪。晚期的重商主义比早期的重商主义有所进步，把国际贸易的立足点放在贸易上，而不是直接控制金银货币的输出输入，其代表性的人物是英国的托马斯·孟，他的观点是"在价值上，每年卖给外国人的货物，必须比我们消费他们的多"，即"货币产生贸易，贸易增多货币"。

在政策主张上，根据早期重商主义的货币差额论，当时的西班牙、葡萄牙、荷兰、英国和法国等都颁布过各种法令，严禁金银输出，并想方设法吸收外国金银。另外，他们还实行奖出限入的政策，早期的货币差额论反对进口奢侈品，因为它会消耗掉大量的金银。在一般货物上，他们也采取了严格限制的政策。晚期的重商主义的贸易差额论主张出口制成品，用现金奖励能够促进本国商品生产和出口的人，设置关税障碍，扶持本国幼稚工业等措施力图通过向国外输出大量的商品来获得来自国外的黄金和白银。

重商主义作为资本主义发展初期的一个学派，是现代经济的开端，是对资本主义生产方式的初步探索。其观点反映了在资本主义准备时期，资本原始积累的重要性和紧迫性，对资本主义的形成和发展奠定了基础。但是，该学派通过扩大出口和限制进口获取更多金银的政策主张则带有明显的问题，如果各国都采取这样的政策措施，那么试问哪一个国家会成为金银流出的国家。

二、古典主义的自由贸易政策

在资本主义自由竞争时期，资本主义生产方式确立了其统治地位。随着各国经济实力的逐步增强，各国逐渐转向自由贸易的政策。在这方面，英国是最早工业化的国家，具有强大的国际竞争力，所以自由的思想首先从英国开始。针对重商主义的观点，大卫·休谟和亚当·斯密进行了抨击，指出重商主义的政策会导致本国商品价格相对金银价格的过快上涨，从而丧失本国产品竞争的成本优势，主张一个国家应该实行自由贸易的政策主张。

在他们的理论影响之下，英国国会于1852年正式通过了自由贸易原则，开始形成自由贸易政策，随后荷兰等发达的资本主义国家继而跟进。美国、德国和法国等一些国家，由于当时国力较弱，实行了一段时间的保护贸易政策，在本国经济取得较大发展，具备了国际竞争力后，也转向了自由贸易政策。这时自由贸易政策成了自由竞争时期国际贸易的主基调。

我们以典型的英国为例，简单了解一下这个时期的自由贸易政策。英国在这个时期采取了以下的自由贸易政策措施。

▶ 1. 废除《谷物法》

1815年，英国制定了第一个《谷物法》规定：英国粮食每夸脱（英国重量单位，约为12.7千克）低于80先令时，禁止粮食进口，以维护国内贵族地主阶级的利益。到了1846年，英国工业资产阶级终于废除掉了这一代表英国贵族地主阶级利益的保护贸易法律。马克思将这一事件称为"19世纪自由贸易所取得的最伟大的胜利"。此举标志着英国自由贸易地位的完全确立和英国工业资产阶级的伟大胜利。

▶ 2. 取消《航海条例》

1651年10月，克伦威尔领导的英吉利共和国议会通过了第一个保护英国航海贸易垄断的法案，即《航海条例》，也称"航海法案"。此后，该条例在1663年、1673年、1696年三次修改完善，以限制贸易，维护英国本国对航海贸易的垄断权。随着英国工业革命的完成，英国开始实行自由贸易政策。1824年起，逐步取消《航海条例》。到1849年，已经废除了大部分航海条例。1854年，外国的商船被准许从事英国沿海的贸易，航海条例至此所规定的限制全部取消。

▶ 3. 逐步降低关税

1825年，英国开始简化税法，降低税率。在废除《谷物法》和取消《航海条例》之后，1852年，英国国会以468票对53票正式通过自由贸易原则。这一年，英国免除关税货物达123种，减税133种，以后15年，除了茶叶、酒和可可外，其余关税一律免除。到1875年，英国对制造品平均进口的关税已经下调为零。

▶ 4. 签订自由通商条约

1860年，英法两国签订《柯伯登条约》开启了英国自由贸易条约的第一项，后来又与意大利、荷兰、德国等签订了通商条约，形成了欧洲各国之间完整的贸易条约网。

三、垄断资本主义的侵略性保护贸易政策

19世纪70年代，经历了资本主义的自由竞争阶段，西方资本主义国家开始向垄断资本主义过渡。由于资本过剩，市场狭小，各国展开了国际市场的争夺战。国际市场竞争的日益激烈，出于维护本国利益的需要，各主要资本主义国家的政策纷纷由自由贸易政策转向保护贸易政策。这种保护贸易政策与前面的自由竞争时期的贸易政策有着明显的区别，带有明显的侵略性质，并且这种保护贸易政策一般是随着经济危机的发生而得到加强的。

1873年，全球出现了严重的经济危机进入了长期的经济萧条周期，引发了资本主义垄断竞争时期的第一次保护贸易高潮。这个时期典型的代表就是美国的第一任财政部长汉密尔顿和德国的经济学家李斯特。1791年，汉密尔顿的《关于制造业的报告》标志着美国

保护贸易政策的开始。德国采取了李斯特的保护幼稚产业政策，也开始了严厉的贸易保护政策，从1879—1902年连续四次提高关税。保护贸易的政策开始在各国普遍流行。

这个时期的第二次保护贸易的高潮发生在资本主义大萧条之后，由于经济危机导致各国市场问题矛盾的激化，各国普遍大幅度提高关税，并以非关税如配额、许可证外汇管制、外汇倾销、出口信贷等相结合。在主要的资本主义国家都全面兴起了带有进攻性质的超保护贸易政策，并不断地得到加强。如美国1930年的《霍利-斯穆特关税法》修订了1 125种商品的进口关税，890种商品增加了税率，50种商品由免税转为征税，2 000多种进口商品的关税达到历史最高水平。英国则先后通过《非常进口法》《紧急关税法》《1932年进口税法》以扩增增税商品的种类，并且大幅度地提高了税率。

四、"二战"后到20世纪70年代资本主义国家的贸易政策

在第二次世界大战期间，各国出于战争的需要对贸易实行了严格的限制。第二次世界大战之后，在美国积极推动下，发达资本主义国家放松了对国际贸易的限制，出现了贸易自由化的倾向。这一时期的国际贸易自由化成就主要体现在以下方面。

▶ 1. 降低关税

在"二战"后成立的国际贸易组织的临时组织——关税及贸易总协定（GATT）的推动下，成员国通过从1947年成立到20世纪70年代的六轮多边贸易谈判，发达国家间的关税水平出现了大幅的下降。美国、比利时、法国、联邦德国、意大利、荷兰、丹麦、瑞士、澳大利亚等十国制成品的平均名义进口税率从1952年的14.2%下降到1971年的9.2%。该组织在经历了近半个世纪的发展完成了其过渡期，于1995年1月正式更名为世界贸易组织（WTO）。普遍优惠制决议在1968年2月的联合国贸易和发展会议上通过后，自1971年7月1日起，发达国家实行普遍优惠制，进一步促进了关税水平的下降。

▶ 2. 欧洲经济一体化的发展

第二次世界大战之后，为了防止两次世界大战悲剧的重演，1951年4月18日，法国、联邦德国、意大利、荷兰、比利时、卢森堡六国签订了《关于建立欧洲煤钢共同体的条约》，成立了欧洲煤钢共同体对煤和钢这类战略物资进行统一管理，在1955年的六国外长的墨西哥会议上建议将煤钢共同体的原则推广至其他经济领域，并建立共同市场。1957年《罗马条约》签订，次年欧洲经济共同体和欧洲原子能共同体成立。1965年4月8日，六国签订了《布鲁塞尔条约》将这三个共同体正式合并为欧洲共同体，条约于1967年7月1日生效。欧共体对内取消关税，对外达成关税减让协议，关税出现大幅度的下降。这些措施为后面欧洲共同体的进一步推进一体化奠定了良好的基础。

五、20世纪70—80年代资本主义国家的贸易政策

20世纪70年代中期的两次石油危机（分别发生于1973年和1978年）后，西方发达国家陷入了严重的经济衰退，进入了"滞胀"时期。随之，发达国家的贸易政策也转向了保护贸易。西欧和日本经济的迅速崛起也迫使美国在这一时期采取了保护贸易的政策。这一时期的保护贸易以广泛采取和强化非关税壁垒为主要手段。

六、20世纪80年代中期以来的战略性贸易政策

自20世纪80年代以来，在不完全竞争和规模经济基础上，詹姆斯·布朗德、巴巴

拉·斯潘塞、克鲁格曼、赫尔普曼等人提出了建立在以规模经济和产品差别化为基础的不完全竞争贸易理论模型,即战略贸易理论。它证明了贸易干预的合理性,为政府干预贸易和提供贸易保护给予了理论上的支持。日本政府20世纪70年代对半导体等知识技术密集产业的资助,使日本企业在80年代控制了世界芯片市场;1993年,克林顿的国家出口战略,推出了系统的综合贸易改革措施,对研究机构和企业提供补贴,利用进出口银行为高技术产业提供出口补贴;欧洲政府通过投资250亿马克研制和每年的巨额补贴,使空中客车在1993年营业额超过了波音。

第三节 发展中国家的贸易政策实践

经历了第二次世界大战,资本主义宗主国得到空前的削弱,许多殖民地和半殖民地国家在战后得以获得政治上的独立,自主发展民族经济成为当务之急。劳动力过剩、技术匮乏、资本和外汇短缺成为发展中国家面临的现实问题。工业化就是现代经济发展的不二选择。通过初级产品的出口获得外汇,通过进口替代减少外汇的需求并保护本国相关产业的发展,在具备一定的竞争力后通过出口导向推动本国企业将产品销外,成为发展中国家经济发展的三个阶段。整体看来,发展中国家的贸易政策时间经历了两个阶段。

一、20世纪50—80年代工业化战略相结合的贸易政策

"二战"后,独立的发展中国家意识到政治独立后实现独立的重要性,开始致力于民族经济的发展。当意识到发达国家的强大恰恰是因为其工业的强大,发展中国家纷纷将发展工业化作为首要目标。这一时期的外贸政策也是围绕着工业化展开的,即进口替代和出口导向两大类型。

(一) 进口替代型政策

20世纪五六十年代著名的阿根廷经济学家劳尔·普雷维什和德国经济学家辛格提出进口替代型的贸易政策。进口替代型贸易政策,也称为内向型发展政策,就是发展中国家建立和发展自己的制造业来实现对进口制成品的替代,加快本国工业发展,减少对外的依赖。

进口替代战略一般分为两个阶段:第一个阶段是先建立和发展一批消费工业。它们在国内有有效需求,生产投入资金技术要求较少,比较容易成功,如食品、家电等。第二个阶段是进口替代从消费品转向资本品、中间品的生产。这个阶段发展的主要是炼钢轧钢、石油冶炼和机械设备制造等工业。这类产业对资金、技术和人才要求较高,且生产要求的规模较大,实施起来较为困难,不易成功。进口替代的贸易战略主要措施如下。

▶ 1. 限制进口,提高关税,设置配额

在发展初期,本国产品通常不具备相应的国际竞争力,开展自由贸易则会导致本国制造也无发展机会。所以发展中国家普遍运用贸易壁垒、进口许可证、进口数量限制、信用证押金制度等手段对进口加以限制,对那些国内重点扶持和发展行业的竞争产品的进口通过高额关税等方式进行严格的数量限制,以确保国内相关产业的市场份额。

▶ 2. 低估本国货币币值,严格外汇管制

发展中国家通过货币币值的低估,降低本国产品出口的外币价格,有利于提高本国产

品的出口竞争力，同时也能够提高国外商品以本国货币表示的价格，降低本国进口国外产品的竞争能力，实行汇率高估（汇率直接标价法下）成为发展中国家的必然选择。同时，发展中国家也通过严格的外汇控制和配给，对外汇实行总量和结构上的控制。

▶ 3. 对本国的进口产品竞争部门进行扶持

除了优化外在的进口产品竞争部门的环境，发展中国家还对进口产品竞争部门实行补贴、金融扶植和税收减免的优惠政策，以支持本国的进口产品竞争部门。

（二）出口导向型的贸易政策

出口导向型的贸易政策，也称为外向型的贸易政策，即把经济活动的重心从本国（或地区）市场转向了国际市场，实行以大量的商品出口为导向，进而推动国民经济和地区经济发展的贸易政策。一般发展中国家在初期实行进口替代政策，在具备一定的竞争力后，就会转向出口导向政策。自从1989年邓小平同志提出出口导向型经济以来，出口导向和投资拉动已经成为中国经济发展的两个重要特征。该项政策的主要措施如下。

▶ 1. 对出口企业实行减税退税政策

一些发展中国家为了增强本国出口企业的竞争力，纷纷实行税收的减免政策，通过设立出口加工区或者特区等方式，积极利用外资，以便于引进外资和先进的技术，促进出口工业的发展。例如，我国台湾地区生产出口工业产品的出口原料税豁免额从1958年的0.39亿新台币增至1964年的14.96亿新台币；新加坡对年出口额10万新元且出口占总销售额20%以上且申请为"出口企业"的企业减税期最长可达15年，其间，出口盈利纳税仅为4%（其他企业为40%）。

▶ 2. 金融政策方面给出口企业金融支持

政府通过差别利率的贷款政策和倾斜的信贷政策，发展中国家给予与出口企业金融方面的支持。韩国以1964年为界，之前对出口产业直接补贴，之后改为出口信贷。这些贷款的利率低于国内正常贷款利率。加上一些补助和优惠，韩国出口1美元货物的金融扶植额从1962年的1.13美元增加到1971年的15.34美元。

▶ 3. 通过货币贬值增强出口企业的竞争力

一国政府可以利用本国货币贬值来促进本国产品出口、限制进口。1958年，我国台湾地区改多重汇率制为双重汇率制，其官方汇率适用于出口产品和进口产品的分别为买价1美元=24.58元台币、卖价1美元=24.78元台币，相应的民间汇率对应分别为36.08元台币和36.38元台币；韩国1961年把汇率从1美元兑65韩元调至127.5韩元，1964年调至257韩元，1965年调至265.4韩元。

二、20世纪70年代后贸易政策的调整

自20世纪70年代以来，发展中国家的贸易政策出现了较为明显的自由化倾向，并且越来越强烈。80年代后，越来越多的发展中国家进行了贸易自由化的改革。90年代初，这种贸易政策的调整扩散到原来实行计划经济的国家。这一时期，发展中国家的贸易政策调整主要包括以下几个方面的内容。

（一）减低关税税率，调整关税结构

关税的调整这时候出现了关税税率的明显下降和通过关税结构的调整增加对国内最终产品生产的实际保护程度。在关税税率方面，阿根廷的平均关税税率从1987年的42%下

降到1991年的15%；巴西则从1987年的51%下降至1992年的21%。在关税结构调整方面，委内瑞拉按加工层次将进口商品区分为五个征税级别，分别采取免税到50%的税率。

（二）放宽非关税壁垒的限制

大多数发展中国家实行贸易调整时都把放宽以数量限制为主的非关税壁垒作为最基本的内容，加强了以经济措施为调节贸易的基本手段。韩国的进口自由化率由20世纪70年代的50%，经历三次调整，达到1991年的97.2%，限制的商品种类也减少到283个，占进口种类数的2.8%；马来西亚配额进口商品项目也从1978年的110个降到1982年的12个。

（三）鼓励出口

一般会采取放开出口管制，取消出口税，实行出口补贴，简化税制和公事程序，建立自由贸易区等措施促进出口，降低对出口所造成的障碍。

（四）调整汇率政策

一般施行统一降低汇率和放宽外汇管制的措施。

相关案例

新中国成立以来，我国的对外贸易政策

自新中国成立以来，我国对外贸易经历了两段截然不同的发展过程。改革开放前，对外贸易进出口总额206亿美元，世界排名第32位，占世界贸易总额的比重不到1%；改革开放后，我国对外贸易发生巨大变化，2008年，对外贸易进出口总额达25 617亿美元，世界排名第3位，占世界贸易总额的比重上升到近9%，成为举足轻重的世界贸易大国。对外贸易的发展与贸易政策的制定息息相关。探析60年来我国对外贸易政策的变迁及其对我国对外贸易发展的影响，有助于制定更有效的政策措施，走出国际金融危机造成的外贸困境。

一、改革开放以来对外贸易政策的巨大变化

（一）改革开放初期有管制的开放式保护贸易政策

这一时期在1978—1992年。1978年12月，党的十一届三中全会明确了对外贸易在中国经济发展中的战略地位和指导思想。由于经济体制从严格计划经济体制转向商品经济体制，中国对外贸易政策开始变化。该阶段对外贸易政策的主要标志有两个，一是1982年1月党中央书记处会议为对外经济工作确定了理论基础和指导思想。二是1986年"七五"计划的公开发表为对外贸易战略设计了明确的蓝图。此外，我国在1986年7月正式向关贸总协定（GATT）递交了《中华人民共和国对外贸易制度备忘录》，提请恢复中国在GATT的创始缔约国地位。该阶段，我国主要的对外贸易政策如下。

(1) 采取出口导向战略，鼓励和扶持出口型产业，并进口相应技术设备，实施物资分配、税收和利率等优惠，组建出口生产体系；实行外汇留成和复汇率制度；限制外资企业商品的内销；实行出口退税制度；建立进出口协调服务机制等一系列措施。

(2) 实施较严格的传统进口限制措施，通过关税、进口许可证、外汇管制、进口商品分类经营管理、国营贸易等措施实施进口限制。

(3) 鼓励吸收外国直接投资，鼓励利用两种资源、两个市场和引进先进技术。与改革开放前相比，这一时期对外贸易政策是在对外开放前提下，更注重奖出与限入的结合，实行有条件的、动态的贸易保护手段，因此称为有管制的开放型贸易保护政策。

(二)改革开放深化时期有自由化倾向的贸易保护政策

1992年邓小平南行讲话后,我国进入改革开放深化时期,对外贸易政策开始进行了深入调整,特别是进口限制方面的改革步伐加快。在进口限制方面的改革主要有以下内容。

(1) 对关税政策进行调整,1992年1月1日采用了按照《国际商品名称和编码协调制度》调整的关税税则,并降低了225个税目的进口税率,其后进行多次关税下调,到1996年我国的关税总水平已下降至23%。

(2) 减少、规范非关税措施,包括进口外汇体制改革,实行单一的有管理的浮动汇率制度,取消大量配额许可证和进口控制措施,配额分配也转向公开招标的规范化分配制度。

(3) 依据GATT/WTO的规则,对我国涉外法律体系进行完善,其中,包括建立大量的技术法规、反倾销条例等。

在促进出口方面的改革主要有以下内容。

(1) 继续执行出口退税政策。

(2) 成立中国进出口银行,扶持企业对外出口。

(3) 采取有管理的浮动汇率制度。

(4) 成立各类商会和协会,积极组织和参与国际性贸易博览会和展览会等。

(5) 大力发展出口援助等。在这一时期,政府干预对外贸易的目的尽管与改革开放前期不同,但依然受古典重商主义观念的影响,奉行"顺差就是成绩,顺差就是目的"的"顺差至上"的重商主义思想。长期的越来越大的贸易顺差给中国带来了越来越多的贸易摩擦。这一时期的出口突出表现出三方面特点:我国出口贸易方式主要以加工贸易为主;外资企业出口比重越来越大;连续出现十年的贸易顺差,外汇储备的规模越来越大。

(三)改革开放进入全方位宽领域时期的一般自由贸易政策

自我国2001年12月加入世界贸易组织,改革开放进入全方位宽领域对外开放时期。这一时期,我国对外贸易政策一方面要适应中国市场化改革的特点,另一方面又要与世贸规则相一致。因此,我国对外开放开始从自主单向开放向相互多边开放转变;从政策导向开放向按世贸组织规则开放转变;从货物市场开放延伸到服务市场开放。我国外贸政策也从有贸易自由化倾向的贸易保护政策向有协调管理的一般自由贸易政策转变。

这一时期对外贸易政策的变化,集中反映在我国《对外贸易法》的修改中。在2004年4月6日闭幕的十届全国人大常委会第八次会议上,《中华人民共和国对外贸易法》修订草案获得通过,并于2007年7月1日颁布实施。新外贸法主要从以下三方面对原法进行了重大修改:一是修改了原外贸法与我国入世承诺和世贸组织规则不相符的内容。二是根据我国入世承诺和世贸组织规则,对我国享受世贸组织成员权利的实施机制和程序做了规定。三是根据对外贸易法颁布实施十年以来出现的新情况和促进对外贸易健康发展的要求作了修改。这次修改的目的主要是为履行我国入世有关承诺,充分运用世贸组织规则促进我国对外贸易健康发展。

二、国际金融危机背景下我国对外贸易政策的调整

国际金融危机对全球经济的不良影响也蔓延到我国,对我国外贸进出口影响尤为突出。

2008年11月起,我国对外贸易已出现连续7个月的大幅下降,特别是今年1月至5月,我国外贸进出口总额7 635亿美元,下降24.7%。其中,出口下降21.8%,进口下降28%,表明中国市场与世界市场的联系越来越紧密,受世界市场影响的风险越来越大。根

据国际市场的变化适时调整我国对外贸易政策也成为当前的必然选择。

(一) 扩大内需,缓解出口企业困难

保持对外贸易稳定增长加大财税政策支持力度,提高部分技术含量和附加值高的机电产品出口退税率,适当扩大中央外贸发展基金规模;稳步推进加工贸易转型升级,调整加工贸易禁止类和限制类目录,将符合国家产业政策又不属于高耗能、高污染的产品及具有较高技术含量的产品从禁止类目录中剔除,将部分劳动密集型产品和技术含量较高、环保节能的产品从限制类目录中剔除;鼓励加工贸易向中西部转移,在部分重点承接地增加保税物流功能;完善海关特殊监管区域功能,引导先进制造业和现代生产型服务业入区发展;改善进出口金融服务,适当扩大政策性银行出口买方信贷,鼓励商业银行开展出口退税账户托管贷款业务,扩大保单融资规模,缓解中小外贸企业融资困难;对广东和长江三角洲地区与港澳地区、广西和云南与东盟的货物贸易进行人民币结算试点;扩大国内有需求的产品进口,重点增加先进技术、关键设备及元器件和重要能源原材料等产品进口;促进投资和贸易互动,鼓励外资投向高新技术、节能环保产业和现代服务业,大力发展国际服务外包,将苏州工业园区技术先进型服务企业有关税收试点政策扩大到国家认定的服务外包基地城市和示范园区;提高贸易便利化水平,海关和出入境检验检疫实行24小时预约通关,继续减免出口农产品的出入境检验检疫费,降低出口纺织、服装产品检验费用;加强和改善多双边经贸关系,积极化解国际贸易摩擦,妥善处理出口产品质量安全问题,营造良好国际环境,支持企业开拓新兴市场。

(二) 稳定外需,促进外贸发展

扩大内需是我国应对国际金融危机、促进经济发展的长期战略方针,而稳定外需对增加就业、促进企业发展、进而拉动国内消费具有重要作用,也为调整经济结构、转变经济发展方式创造有利条件。因此,国务院提出:要进一步加大政策支持力度,转变外贸发展方式,调整出口结构,重点促进优势产品、劳动密集型产品和高新技术产品出口,努力保持中国出口产品在国际市场的份额。并确定了进一步稳定外需的六项政策措施,包括:完善出口信用保险政策,2009年安排短期出口信用保险承保规模840亿美元;完善出口税收政策,继续支持优势产品、劳动密集型产品、高科技产品出口;大力解决外贸企业融资难问题,安排资金支持担保机构扩大中小企业贸易融资担保;进一步减轻外贸企业负担;完善加工贸易政策,便利产品内销;支持各类所有制企业"走出去",2009年安排优惠出口买方信贷规模100亿美元。

(三) 采取积极措施,反对贸易保护主义,扩大对外开放

1. 坚定不移的推进改革开放

加入WTO后,我国市场更加开放,贸易自由度大幅上升。目前,我国关税总水平只有9.8%,工业品平均关税只有8.9%,在发展中国家中最低,进口农产品关税只有15.2%,这不仅低于其他发展中国家,也远低于许多发达国家。我国已开放106个服务贸易部门,开放度达到62%,接近发达国家平均水平,采取措施稳步改进市场经济体系和法律体系,特别是在知识产权保护、产品质量与食品安全、环境保护与劳动保障等方面已取得显著进步。

2. 实施积极的"走出去"战略

应全面调整对外投资政策体系,加强政策的协调性,增强政策灵活性,提高政策竞争性,简化前置性审批程序,缩短审批时间,让企业自主决策、自担风险,促进其在全球经

济衰退中抓住机遇、扩大对外投资合作,为企业走出去搭建政策上的"绿色通道"。

3. 加强出口退税工作

面对国际金融危机对我国出口的严重冲击,我国出台了包括上调出口退税率在内的"一揽子"宏观经济政策。自去年8月1日首次上调出口退税率到今年6月1日,已六次上调出口退税率,主要涉及具有竞争优势的产品、劳动密集型产品和高新技术产品。调整的切入点是进一步支持中国企业的结构调整,进一步增加国内就业,进一步发挥比较优势。这些政策措施起到了一定的效果一些出口退税率上调幅度较大的劳动密集型产品其出口明显回升。

4. 应组织赴外采购团

鉴于各国经济下滑、失业增加、需求减少,各国纷纷实施贸易保护主义的外贸形势,我国确定了扩大内需、稳定外需的政策方向,采取积极的进口政策,以实际行动带头反对贸易保护主义。先后派出了赴美采购团、赴欧采购团、赴法采购团等到境外进行大单采购,采购金额达数百亿美元,受到主要贸易伙伴的热烈欢迎,我国已成为以实际行动带头反对贸易保护主义的重要国家。

资料来源:百度文库. 我国对外贸易政策(新中国成立至今).

本 章 小 结

发达国家的贸易政策经历了重商主义的保护贸易、古典的自由贸易等保护贸易和自由贸易的交替演化。发展中国家则是由最初工业化导向下的进口替代和出口导向转向了贸易政策的调整。

各国贸易政策的演化最终是围绕着本国的利益展开的。一个国家制定贸易政策时经济发展的相对水平、经济发展战略、国内经济状况和经济政策、经济与产业结构、各种利益集团的力量对比构成了其重要的影响因素。

本 章 关 键 词

对外贸易政策　自由贸易政策　保护贸易政策　管理贸易政策　进口替代　出口导向

本 章 思 考 题

1. 为什么发达国家也会采取保护贸易的政策?
2. 发达国家的贸易政策的演变对我国有什么启示?
3. 发展中国家的工业化贸易政策有哪些,有什么区别?

第九章 国际收支

当代世界下,国家经济的交往不断扩大,每一个国家都需要准确了解本国的国际收支状况,而国际收支平衡表是国与国之间经济交往的最直接的账面表现,是分析和理解本国与别国和地区的经济交往的统计工具。本章以国际收支的基本概念为起点,引出国际收支平衡表,最后对国际收支的失衡进行详细分析,提出解决方案。

> **重点问题**
>
> 1. 国际收支的含义
> 2. 国际收支平衡表的概念和内容、国际收支平衡表的编制原理
> 3. 国际收支失衡的概念、原因和各种调整措施

第一节 国际收支与国际收支平衡表

一、国际收支

国际收支,是指一个国家或者地区与其他国家或者地区之间由于经济交易活动而引起的国际间资金移动,从而引发的一种国际资金收支行为。

在1993年出版的国际货币基金组织的《国际收支手册》(第五版)中,对国际收支的定义是:国际收支(BOP)是指一国在一定时期内(通常为一年)全部对外经济往来的系统的货币记录,主要包括:①一个经济体和其他经济体之间的商品、劳务和收益交易;②一个经济体的货币黄金、特别提款权的所有权的变动和其他变动,以及这个经济体和其他经济体的债权债务的变化;③无偿转移以及在会计上需要对上述不能相互抵消的交易和变化加以平衡的对应记录。

国际收支是一个内涵十分丰富的概念,理解这一概念必须注意和把握以下几个方面。

(1) 一国的国际收支所记载的经济交易是该国居民与非居民之间发生的。大家注意,

这里所指的居民，不同于法律范畴的居民。在国际收支的统计中，居民是指在一个国家（或地区）居住年限在一年以上的经济单位，否则，该经济单位就是该国（或该地区）的非居民。比如我国对中国居民的概念给出了如下叙述，中国居民包括中国国家机关（含中国驻外使馆领馆）、团体、部队、在中国境内依法成立的企业事业法人（含外商投资企业及外资金融机构）及境外法人的驻华机构，以及在中国境内居留一年以上的自然人、中国短期出国人员（在境外居留时间不满一年）、境外留学人员、就医人员及中国驻外使馆领馆工作人员及其家属，但国际组织驻华机构、外国驻华使馆领馆，外国及中国香港、澳门、台湾地区境内的留学生、就医人员、外国驻华使馆领馆外籍工作人员及其家属除外。非居民是指除本国居民以外的机构和个人。

（2）国际收支是一个流量概念，而不是一个存量概念。当提及国际收支时，总是需要说明是哪一段时期。这个报告期可以是一年，也可以是一个月或者一个季度，通常都是以一年作为报告期。我国通常是以季度为基础，综合各季度而形成年的总报表。

（3）国际收支所涉及的内容只能是经济交易。

二、国际收支平衡表

国际收支平衡表是把一国在一定时期内的国际经济交易，按照适合经济分析的需要而进行适当的排列组合与对比，从而反映该国这一时期的国际收支情况的表式。

国际收支平衡表编制原则如下。

▶ 1. 复式记账的原则

国际收支平衡表是按照复式记账的原则进行编制的，指任何一笔国际经济交易都应该在借贷双方同时得到反映。由于复式记账原则要求同时在借方和贷方记入相同金额，所以国际收支平衡表的借方总额和贷方总额在理论上应当始终是相等的，即我们经常说的"有借必有贷，借贷必相等"。国际收支平衡表中的所有项目都归为两类：借方科目（即资金占用类），主要记录的是资金对外支付情况，是对该国资产的增加、负债减少的反映。在会计记录时以"－"表示。贷方科目（即资金来源类），主要记录接受付款情况，是对该国资产的减少、负债增加的反映。在会计记录时以"＋"表示。因此，凡是国际交易中引起本国居民支付货币给外国居民的交易都是借方交易，记入国际收支平衡表的借方；所有能够使本国居民从国外得到收入的交易都是贷方。

▶ 2. 单一记账货币原则

国际收支平衡表在记账单位上遵循单一记账货币原则，指国际收支平衡表里涉及的所有记账单位都要折合为同一种货币。记账货币可以是本国货币，也可以是外国货币。当前很多国家的国际收支平衡表都使用美元作为记账货币，即以外国货币作为记账货币。我国分别以美元和人民币为标准公布两套国际收支平衡表。

▶ 3. 权责发生制原则

国际收支平衡表在交易的记录时间上遵循权责发生制原则。权责发生制原则是会计学的基本原则，是国际公认的标准，指交易的记录时间应以所有权转移为标准。

▶ 4. 市场价格原则

市场价格原则指按照交易时的市场价格记录。

另外，大家在理解国际收支平衡表的时候，应该注意一个问题。从理论上讲，一国的对外支出总和应该等于其他相关贸易国来自该国的收入总和,反之亦然,所以从全球范围来看,所有国家的国际收支总和应该是平衡的。但是事实上并非如此,由于统计误差的存在以及一些人为因素造成的瞒报、虚报、错报的情况,造成国际收支大多数时候并不是平衡的,于是在编制国际收支平衡表的时候,专门设置了储备资产变动项目和错误与遗漏项目,这样,各国的国际收支平衡表总是显示是平衡的。但是国际收支平衡表反映在账面上的平衡,并不等于该国的实际国际收支就是平衡的,这一点大家一定要注意。

三、国际收支平衡表内容

国际货币基金组织在1948年首次颁布了《国际收支手册》(第一版),随后又于1950年、1961年、1977年和1993年不断修改补充。目前大多数国家采用在1993年出版的国际货币基金组织的《国际收支手册》(第五版)。《国际收支手册》(第五版)中规定,国际收支平衡表标准的组成部分包括经常项目、资本和金融项目两大账户,同时误差和遗漏项目在国际收支平衡表中也得到表述。另外,一些国家把前述资本和金融项目中的储备资产项目单列出来作为一项单独表述,我们国家一直就是按这种方法编制国际收支平衡表的,所以在后面的叙述中按照我们国家的习惯进行介绍。在各个项目中,国际收支分为差额、贷方和借方三部分。当借方大于贷方为逆差,在平衡表中差额一项表现为负数。当借方小于贷方为逆差,在平衡表中差额一项表现为正数。

(一) 经常项目

经常项目主要反映一国(经济体)与他国(经济体)之间实际资源的转移,是国际收支中最重要最常用的项目。经常项目包括货物和服务、收入和经常转移(单方面转移)三个项目。经常项目顺差表示该国为净贷款人,经常项目逆差表示该国为净借款人。

由表9-1可以看出,2014年一季度我国经常项目总体呈顺差状态,顺差额为70亿美元。其中贸易项目(货物和服务)顺差76亿美元;收入项目顺差33亿美元;经常转移项目呈逆差状态,逆差额为38亿美元。

表9-1 中国2014年一季度国际收支平衡表　　　　单位:亿美元

项目	行次	差额	贷方	借方
一、经常项目	1	70	6 085	6 014
A. 货物和服务	2	76	5 469	5 394
a. 货物	3	404	4 939	4 535
b. 服务	4	−328	530	859
1. 运输	5	−145	87	232
2. 旅游	6	−235	117	352
3. 通信服务	7	0	3	4
4. 建筑服务	8	21	29	8
5. 保险服务	9	−44	8	52
6. 金融服务	10	−1	8	8
7. 计算机和信息服务	11	21	42	21

续表

项目	行次	差额	贷方	借方
8. 专有权利使用费和特许费	12	−54	2	56
9. 咨询	13	51	108	57
10. 广告、宣传	14	1	11	11
11. 电影、音像	15	−2	0	2
12. 其他商业服务	16	61	111	50
13. 别处未提及的政府服务	17	−2	3	4
B. 收益	18	33	482	449
1. 职工报酬	19	43	47	5
2. 投资收益	20	−10	435	444
C. 经常转移	21	−38	134	172
1. 各级政府	22	−8	3	11
2. 其他部门	23	−30	131	161
二、资本和金融项目	24	940	6 033	5 093
A. 资本项目	25	2	6	5
B. 金融项目	26	938	6 026	5 088
1. 直接投资	27	537	932	395
1.1 我国在外直接投资	28	−125	115	239
1.2 外国在华直接投资	29	661	817	156
2. 证券投资	30	223	403	180
2.1 资产	31	18	87	69
2.1.1 股本证券	32	0	43	43
2.1.2 债务证券	33	18	44	27
2.1.2.1 (中)长期债券	34	19	44	25
2.1.2.2 货币市场工具	35	−2	0	2
2.2 负债	36	206	316	110
2.2.1 股本证券	37	75	102	27
2.2.2 债务证券	38	131	214	83
2.2.2.1 (中)长期债券	39	192	197	5
2.2.2.2 货币市场工具	40	−61	17	78
3. 其他投资	41	178	4 691	4 513
3.1 资产	42	−465	422	886
3.1.1 贸易信贷	43	282	282	0

续表

项目	行次	差额	贷方	借方
长期	44	6	6	0
短期	45	276	276	0
3.1.2 贷款	46	-179	6	185
长期	47	-71	0	71
短期	48	-108	6	114
3.1.3 货币和存款	49	-555	132	687
3.1.4 其他资产	50	-13	1	14
长期	51	0	0	0
短期	52	-13	1	14
3.2 负债	53	643	4 270	3 627
3.2.1 贸易信贷	54	-174	0	174
长期	55	-3	0	3
短期	56	-171	0	171
3.2.2 贷款	57	553	3 975	3 422
长期	58	-1	165	166
短期	59	554	3 810	3 256
3.2.3 货币和存款	60	257	278	22
3.2.4 其他负债	61	8	17	9
长期	62	9	14	5
短期	63	-1	2	3
三、储备资产	64	-1 255	4	1 259
3.1 货币黄金	65	0	0	0
3.2 特别提款权	66	-1	0	1
3.3 在基金组织的储备头寸	67	4	4	0
3.4 外汇	68	-1 258	0	1 258
3.5 其他债权	69	0	0	0
四、净误差与遗漏	70	245	245	0

注：1. 本表计数采用四舍五入原则。
　　2. 本表数据按单季编制。
资料来源：国家外汇管理局网站.

▶ **1. 贸易项目**

贸易项目(进出口)是指货物和服务项目。

货物包括绝大多数可移动货物在跨国界交易中所有权的转移。有时商品所有权已经转移,但商品尚未出入国境,也应列入货物项目中,其中包括:船舶、飞机、天然气和石油钻机及钻井平台等;本国船只打捞的货物及捕获的鱼类等水产品并直接在国外出售者;本国政府在国外购进商品、供应本国在另一国的使用者;进口上已取得商品所有权,但在入境前遗失或损坏者。有的商品虽已出入国境,但所有权并未改变的,不列入货物项目。

服务又叫无形贸易,包括运输服务、旅游、通信服务、建筑服务、保险服务、金融服务、计算机和信息服务、专利使用费和特许费、其他商业服务、个人、文化和娱乐服务等。

由表 9-1 可以看出,2014 年一季度我国货物收支呈顺差状态,顺差额为 404 亿美元,其中贷方为 4 939 亿美元,借方为 4 535 亿美元。2014 年一季度我国服务收支呈逆差状态,逆差额为 328 亿美元,其中贷方为 530 亿美元,借方为 859 亿美元。总体来看,2014 年一季度我国贸易项目(货物和服务)呈顺差状态,顺差额为 76 亿美元。

▶ 2. 收入(收益)

收入(收益)包括居民和非居民之间的两大类交易:职工报酬和投资收益。

职工报酬主要是指雇员报酬,使领馆人员工资等开支,本国居民在国外的财产收入。我国对职工报酬的概念是"职工报酬是指我国个人在国外工作(一年以下)而得到并汇回的收入以及我国支付在华外籍员工(一年以下)的工资福利"。

投资收益主要是指经营直接投资企业的利润收入和参股投资者所得的股息收入,具体包括直接投资项下的利润利息收支和再投资收益、证券投资收益(股息、利息等)和其他投资收益(利息)。

由表 9-1 可以看出,2014 年一季度我国收入(收益)项目呈顺差状态,顺差额为 33 亿美元,其中贷方为 482 亿美元,借方为 449 亿美元。

▶ 3. 经常转移

经常转移是指无偿取得或无偿提供的财富,即实物资产或金融资产的所有权在国际间的不需要偿还的转移,具体是指发生在居民与非居民间无等值交换物的实际资源或金融项目所有权的变更。贷方反映外国对本国的经常转移,借方反映本国对外国的经常转移,包括官方的援助、捐赠、战争赔款等;私人的侨汇、赠予等以及对国际组织的认缴款等。

由表 9-1 可以看出,2014 年一季度我国经常转移呈逆差状态,逆差额为 38 亿美元,其中贷方为 134 亿美元,借方为 172 亿美元。

(二)资本和金融项目

资本与金融项目反映的是国际资本流动,即主要反映资本在居民与非居民之间的转移,包括长期或短期的资本流出和资本流入,是国际收支平衡表的第二大类项目。

由表 9-1 可以看出,2014 年一季度我国资本与金融项目总体呈顺差状态,顺差额为 940 亿美元,其中资本项目顺差 2 亿美元;金融项目顺差 938 亿美元。

▶ 1. 资本项目

资本项目包括资本转移和非生产、非金融资产的收买或出售,资本转移主要是指投资捐赠和债务注销;非生产、非金融资产的收买或出售主要是土地和无形资产(专利、版权、商标等)的收买或出售。

由表 9-1 可以看出,2014 年一季度我国资本项目呈顺差状态,顺差额为 2 亿美元,其中贷方为 6 亿美元,借方为 5 亿美元。

2. 金融项目

金融项目包括直接投资、间接投资（证券投资）、其他投资（包括国际信贷、预付款等）和储备资产。

（1）直接投资指投资者直接开厂设店从事经营或投资购买企业一定数量的股份，对该企业具有了经营上控制权的投资方式。直接投资的主要特征是投资者对另一经济体的企业拥有永久利益，永久利益意味着直接投资者和企业之间存在长期的关系，并对企业经营管理施加相当大的影响。直接投资的主要形式包括：①投资者开办独资企业，独自经营；②与当地企业合作，以取得各种直接经营企业的权利；③投资者只参加资本，不参与经营；④投资者在股票市场上买入现有企业一定数量的股票，通过股权获得全部或相当部分的经营权，从而达到收购该企业的目的；⑤投资者将资金借贷给本地法人，以此获得利息，例如对现金、厂房、机械设备、交通工具、通信、土地或土地使用权等各种有形资产的投资和对专利、商标、咨询服务等无形资产的投资。

（2）间接投资是指企业或个人通过购买股票、债券等有价证券获得收益的行为。由于其投资形式主要是购买各种各样的有价证券，因此也被称为证券投资。间接投资对象主要是政府债券、企业债券和股票。

（3）其他投资主要包括国际信贷、预付款等。

（4）直接投资与间接投资的区别与联系。

直接投资与间接投资都是投资者对预期能带来收益的资产的购买行为，但两者也有着实质性的区别：直接投资是资金所有者和资金使用者的合一，是资产所有权和资产经营权的统一运动，通常是生产事业，会形成实物资产；而间接投资是资金所有者和资金使用者的分解，是资产所有权和资产经营权的分离运动，投资者对企业资产及其经营没有直接的所有权和控制权，其目的只是取得其资本收益或保值。

同时，直接投资和间接投资还有着非常密切的联系，通过间接投资，可以为直接投资筹集到所需资本，并监督、促进直接投资的管理。随着现代经济的发展，生产规模急速扩大，仅靠一般的个别资本已很难从事技术高、规模大的项目的投资，而以购买证券及其交易为典型形式的间接投资使社会小额闲散资金集合成为企业所需要的长期的较为稳定的巨额投资资金，解决了投资需求的矛盾，是动员和再分配资金的重要渠道。因此，间接投资已逐渐成为主要和基本的投资方式。可以说，直接投资的进行必须依赖间接投资的发展；而直接投资对间接投资也有重大影响，这主要是企业的生产能力的变化会影响到投资者对该企业发行的证券前景的预期，从而使间接投资水平发生波动。

由表9-1可以看出，2014年一季度我国金融项目呈顺差状态，顺差额为938亿美元，其中贷方为6 026亿美元，借方为5 088亿美元。其中直接投资顺差额为537亿美元，间接投资（证券投资）顺差额为223亿美元，其他投资项目顺差额为178亿美元。

（三）储备资产项目

储备资产是指一国货币当局为了平衡国际收支、干预外汇市场以影响汇率水平或其他目的而拥有被各国所普遍接受的各种资产。储备资产又叫官方储备或国际储备，它是平衡国际收支的项目。当一国国际收支的经常项目与资本项目发生顺差或逆差时，可以用这一项目来加以平衡。储备资产主要包括货币黄金、特别提款权、在基金组织的储备头寸和外汇等部分。

这里需要注意的是，在国际收支平衡表的表述中，储备资产呈负值反映的是外汇储备的增加或者说是国际收支为顺差，反之，储备资产呈正值反映的是外汇储备的减少或者说是国际收支为逆差。因为外汇储备的增加实质上是国家资本的输出，遵从国际收支平衡表的记账原则，和私人资本一样计入借方。

由表9-1可以看出，2014年一季度我国储备资产项目呈顺差状态，顺差额为1 255亿美元，其中贷方为4亿美元，借方为1 259亿美元。

(四) 误差和遗漏项目

国际收支平衡表是按照会计学的复式簿记原理编制的。借方总额与贷方总额相抵之后的总的净值为零的报表。但在实际中，一国国际收支平衡表总会不可避免地出现净的借方余额或净的贷方余额，这是由于多种原因造成的。

(1) 编制国际收支平衡表的原始资料来自各个方面各个单位，由于统计方法和统计数据的计算方法不同(例如表9-1就是使用的四舍五入法)，再加上一些人为因素(例如瞒报、虚报、伪造或者压低数据等)，从而导致资料失实或资料不全。

(2) 某些跨年度交易项目，统计口径不一致。

(3) 短期资本的快速流动。由于短期资本的流动速度极快、频率极高，而且为了逃避外汇管制和一些官方控制，隐蔽性极强，就造成统计工作中不可避免的出现误差。

(4) 在现实中还经常存在一些非正常的资本流动，例如资金以现金方式流动，不通过交易程序。

鉴于此，为使国际收支平衡表的借方总额和贷方总额相等，编表人员就人为地在平衡表中设立"净差错与遗漏"这个单独的项目，来抵消净的借方余额或净的贷方余额：贷方出现余额，借方列出与余额相等的数字；借方出现余额，贷方列出与余额相等的数字。

由表9-1可以看出，2014年一季度我国误差和遗漏项目呈顺差状态，顺差额为245亿美元。

第 二 节　国际收支的调节

一、国际收支的平衡与失衡

国际收支平衡是指一国国际收支净额即净出口与净资本流出相等或者说差额为零。如果其货币的流入大于流出，国际收支是正值。此类交易产生于经常项目、金融账户或者资本项目。国际收支平衡被视作一国相关价值的另一个经济指标，包括贸易余额，境外投资和外方投资。国际收支失衡是指一国经常账户、金融与资本账户的余额出现不平衡的问题，即对外经济出现了需要调整的情况。一国国际收支失衡的经济影响。不是指会计账面上借贷双方出现不平衡，因为借贷双方始终是平衡的。对外，国际收支失衡造成汇率、资源配置、福利提高的困难；对内，国际收支失衡造成经济增长与经济发展的困难，即对外的失衡影响到国内经济的均衡发展，因此需要进行调整。

二、国际收支失衡分析

（一）国际收支失衡的成因

▶ 1. 结构性失衡

结构性失衡主要是因为一国的产业结构不能适应世界的变化而发生的国际收支失衡。因为一国国内生产结构及相应要素配置未能及时调整或更新换代，导致不能适应国际市场的变化，引起本国国际收支不平衡。从输出方面来看，结构性因素主要是指一国应使其生产结构不断的适应于世界市场需求结构的变动。世界需求结构由于收入增长、科技革命、制度变迁、嗜好转移等众多因素的影响而处于不断变化过程之中。一般来说，主要是一国生产结构的变动滞后于世界需求结构的变动。特别是很多发展中国家存在许多制约生产结构调整的客观因素，如科技落后、教育不发达、资金短缺、信息系统不健全、资源缺乏流动性等。这样就造成了即使在贸易条件十分不利的情况下，这些国家只能大量出口初级产品或劳动密集型产品，其出口收入很难增加。从需求方面来看，结构性因素也涉及一国应使其需求结构适应世界市场供给结构的变动。

▶ 2. 周期性失衡

周期性失衡是由于一国经济周期波动所引起的国际收支失衡。跟经济周期有关，一种因经济发展的变化而使一国的总需求、进出口贸易和收入受到影响而引发的国际收支失衡情况。一般来说，经济周期具有衰退、萧条、复苏和繁荣四个阶段。这四个阶段又各有其特征并对国际收支产生不同影响。例如，衰退阶段的典型特征是生产过剩、国民收入下降、失业增加、物价下降等，这些因素一般有助于该国增加出口和减少进口，从而可以缓解该国的国际收支逆差。又如，繁荣阶段的典型特征是生产和收入高速增长、失业率低、物价上升等，这些因素一般会刺激进口，从而容易造成贸易逆差。因此，经济周期会造成一国国际收支顺差和逆差的更替。如果各国经济周期存在非同期性，则周期性因素对国际收支差额的影响较大，例如，当本国经济处于繁荣阶段，而贸易伙伴处于衰退阶段，且本国是经济小国，而贸易伙伴国是经济大国时，会使本国的贸易逆差增幅较大。

▶ 3. 收入性失衡

收入性失衡是由于一国国民收入相对增长速度比较快，从而导致进口需求的增长超出了出口增长而引起国际收支失衡，也就是说该种失衡是由于一国国民收入发生变化而导致的国际收支不平衡。一定时期一国国民收入多，意味着进口消费或其他方面的国际支付会增加，国际收支可能会出现逆差。在其他条件不变的前提下，一国收入平均增长速度越高，会使居民增加对进口生产资料的需求，导致进口商品价格上升，该国进口也会很快增长。因此，收入增长较快的国家容易出现国际收支逆差，而收入增长较慢的国家容易出现国际收支顺差。但是，如果考虑到收入增长过程中其他因素的变化，我们就需要修正上述结论。例如，如果一国在收入增长过程中通过规模经济效益和技术进步引起生产成本下降，那么，收入增长不仅使进口增加，还会使出口增长。因此，收入性不平衡以其他条件不变为前提。

▶ 4. 货币性失衡

货币性不平衡是因为在一定汇率水平下，一国的物价与商品成本高于其他国家，引起出口货物价格相对高而进口货物价格相对便宜，导致了贸易收支和国际收支失衡，即由于一国币值发生变动而引发的国际收支不平衡。当一国物价普遍上升或通胀严重时，产品出口成本提高，产品的国际竞争力下降，在其他条件不变的情况下，出口减少，与此同时，进口成本降低，进口增加，国际收支发生逆差。反之，就会出现顺差。例如，一国货币供应量增加，该国物价水平便会上升，即货币对内价值下降。物价上升会导致出口减少和进口增加，从而会引起或加剧该国的国际收支逆差。物价上升还会通过促进名义工资上升和生产成本增加造成贸易逆差。货币供应量增加有可能引起本国实际利率下降，它会通过刺激资本外逃引起该国资本项目逆差。当然，在物价上升过程中，银行为了防止实际利率的过分下降有可能提高名义利率。在这种情况下，较高的名义利率可能吸引资本流入，造成贸易逆差和资本项目顺差并存的局面。总体而论，一国货币供应量增长速度高于别国，其国际收支容易出现逆差。

▶ 5. 偶然性失衡

偶然性失衡是由短期的、非确定或偶然因素，例如自然灾害、政局动荡等引起的国际收支不平衡。除以上提到的各种经济因素之外，政局动荡和自然灾害等偶发性因素，也会引起贸易收支的不平衡和巨额资本的国际移动，因而使一国国际收支不平衡。例如，自然灾害可能引起国内粮食产量大幅度下降，该国被迫增加粮食进口并引起国际收支逆差。又如，世界性粮食减产会导致世界市场粮价上升，使粮食出口国出现国际收支顺差。

就上述各个原因来说，经济结构性因素和经济增长率变化所引起的国际收支不平衡，具有长期、持久的性质，而被称为持久性不平衡；其他因素所引起的国际收支不平衡，仅具有临时性，因而被称为非持久性不平衡。

(二) 国际收支持续失衡的影响

国际收支持续失衡主要有持续逆差和持续顺差两个层面上的影响。

▶ 1. 国际收支逆差的不利影响

持续的、大规模的国际收支逆差对一国经济的影响表现为以下几个方面。

(1) 持续的、大规模的国际收支逆差不利于对外经济交往。存在国际收支持续逆差的国家会增加对外汇的需求，而外汇的供给不足，从而促使外汇汇率上升，本币贬值，本币的国际地位降低，可能导致短期资本外逃，从而对本国的对外经济交往带来不利影响。

(2) 如果一国长期处于逆差状态，不仅会严重消耗一国的储备资产，影响其金融实力，而且还会使该国的偿债能力降低，如果陷入债务困境不能自拔，这又会进一步影响本国的经济和金融实力，并失去在国际间的信誉。如 20 世纪 80 年代初期爆发的国际债务危机在很大程度上就是因为债务国出现长期国际收支逆差，不具备足够的偿债能力所致。

▶ 2. 国际收支顺差的不利影响

持续的、大规模的国际收支顺差也会对一国经济带来不利的影响，具体表现在以下几个方面。

(1) 持续性顺差会使一国所持有的外国货币资金增加，或者在国际金融市场上发生抢购本国货币的情况，这就必然产生对本国货币需求量的增加，这必然导致本国货币对外国货币的汇价上涨，不利于本国商品的出口，对本国经济的增长产生不良影响。

(2) 持续性顺差会导致一国通货膨胀压力加大。因为如果国际贸易出现顺差，那么就意味着国内大量商品被用于出口，可能导致国内市场商品供应短缺，带来通货膨胀的压力。另外，出口公司将会出售大量外汇兑换本币收购出口产品从而增加了国内市场货币投放量，带来通货膨胀压力。如果资本项目出现顺差，大量的资本流入，该国政府就必须投放本国货币来购买这些外汇，从而也会增加该国的货币流通量，带来通货膨胀压力。

（3）一国国际收支持续顺差容易引起国际摩擦，有可能出现"贸易战"，不利于国际经济关系的发展。因为一国国际收支出现顺差也就意味着世界其他一些相关国家因其顺差而导致国际收支出现逆差，从而影响这些国家的经济发展，它们必然要求顺差国调整国内政策，以调节过大的顺差，这就必然导致国际摩擦。例如，20世纪80年代以来愈演愈烈的欧、美、日贸易摩擦就是因为欧共体国家、美国、日本之间国际收支状况不对称。

总之，一国国际收支持续不平衡时，无论是顺差还是逆差，都会给该国经济带来一定程度上的危害，政府必须采取适当的调节，以使该国的国内经济和国际经济得到健康的发展。

三、国际收支失衡的政策措施

由于一个国家的国际收支失衡会对该国的稳定和发展产生十分重要的影响，因此，各国都采取一定的措施来调节国际收支，使国际收支的结果朝着有利于本国经济稳定的方向发展。各国的国际收支失衡的调节主要有两种方式：自动调节和人为调节。

自动调节指国际收支在失衡后一定时期内可自动恢复均衡。国际收支失衡后，有时并不需要政府当局立即采取措施来加以消除。经济体系中存在某些机制，往往能够使国际收支失衡至少在某种程度上得到缓和，乃至自动恢复均衡。这种功效在不同的国际货币制度下是不同的。下面我们分别对国际收支的自动调节机制在不同货币制度下的特点分别予以考察。

（一）金本位制度下的国际收支自动调整机制

在金本位制度下的国际收支自动调整机制就是大卫·休谟所揭示的价格-铸币流动机制。在金本位制度下，一国国际收支出现赤字，就意味着本国黄金净输出，由于黄金外流，国内黄金存量下降，货币供给就会减少，从而引起国内物价水平下跌。物价水平下跌后，本国商品在国外市场上的竞争能力就会提高，外国商品在本国市场的竞争能力就会下降，于是出口增加，进口减少，使国际收支赤字减少或消除。同样，国际收支盈余也是不能持久的，因为黄金内流趋于扩大国内的货币供给，造成物价水平上涨。物价上涨不利于出口有利于进口，从而使盈余趋于消失。

（二）在纸币本位的固定汇率制度下的国际收支自动调整机制

这里所指的固定汇率制度是指纸币本位制度下一国当局通过外汇储备变动干预外汇市场来维持汇率不变。在这种制度下，一国国际收支出现不平衡时，仍有自动调整机制发生作用，但自动调节的过程较为复杂一些。国际收支失衡后，外汇储备、货币供应量发生变化，进而影响国民收入、物价和利率等变量，使国际收支趋于平衡。

（1）一国国际收支出现赤字时，为了维持固定汇率，一国货币当局就必须减少外汇储备，造成本国货币供应量的减少。这首先会带来市场银根的紧张、利息率上升，利息率上升会导致本国资本外流的减少、外国资本流入的增加，结果使资本账户收支改善；反之，国际收支盈余则会通过利息率下降导致本国资本流出的增加、外国资本流入的减少，使盈余减少或消除。这是国际收支失衡的利率效应。

（2）国际收支出现赤字时，货币供给减少，公众为了恢复现金余额的水平，就会直接减少国内支出，同时，利息率的上升也会进一步减少国内支出。而国内支出的一部分是用于进口花费的，这样，随着国内支出的下降，进口需求也会减少，这是现金余额效应或者收入效应。同样，盈余也可以通过国内支出增加造成的进口需求增加而得到自动削减。

（3）物价的变动在国际收支自动恢复调整中也发挥作用。国际收支赤字时，货币供给的下降通过现金余额效应或收入效应（支出下降）会引起价格水平的下降，本国产品相对价格下降，会增加出口需求，减少进口需求，这便是相对价格效应。同样，盈余通过物价的上升也得以自动减少。

（三）浮动汇率制度下的国际收支自动调整机制

在浮动汇率制度下，一国当局不对外汇市场进行干预，即不通过储备增减来影响外汇供给或任凭市场的外汇供求来决定汇率的上升和下降。在这种制度下，如果一国国际收支赤字，外汇需求就会大于外汇供给，外汇的价格即汇率就会上升。反之，如果一国国际收支出现盈余，外汇需求就会小于外汇供给，外币的价格就会下跌。通过汇率随外汇供求变动而变动，国际收支失衡就会在一定程度上得以消除。根据弹性论的分析，汇率的上升即本币贬值造成了本国商品相对价格的下降，外国商品相对价格的上升，将带来出口数量的增加，进口数量的减少，只要一国贸易弹性满足马歇尔-勒纳条件（或梅茨勒条件），国际收支赤字就会减轻甚至消除。同样，国际收支盈余通过本币汇率升值也会自动减轻或消除。

较之人为调节，在纸币流通制度下，国际收支自动调节机制因为要受到许多因素的影响和制约，其正常运作具有很大的局限性，其效应往往难以正常体现，人为的政策调节相对自动调节来说比较有力，但也容易产生副作用（如考虑了外部平衡而忽视了内部平衡），有时还会因时滞效应达不到预期的目的，尽管人为的调节也具有一定的副作用，但各国都在不同程度上予以运用。人为调节包括以下几个方面。

▶ 1. 外汇缓冲政策

外汇缓冲政策是指一国运用所持有的一定数量的国际储备，主要是黄金和外汇，作为外汇稳定或平准基金，来抵消市场超额外汇供给或需求，从而改善其国际收支状况。它是解决一次性或季节性、临时性国际收支不平衡简便而有利的政策措施。一国国际收支不平衡往往会导致该国国际储备的增减，进而影响国内经济和金融。因此，当一国国际收支发生逆差或顺差时，中央银行可利用外汇平准基金，在外汇市场上买卖外汇，调节外汇供求，使国际收支不平衡产生的消极影响止于国际储备，避免汇率上下剧烈动荡，而保持国内经济和金融的稳定。但是动用国际储备，实施外汇缓冲政策不能用于解决持续性的长期国际收支逆差，因为一国储备毕竟有限，长期性逆差势必会耗尽一国所拥有的国际储备而难以达到缓冲的最终目的，特别是当一国货币币值不稳定，使人们对该国货币的信心动摇，因而引起大规模资金外逃时，外汇缓冲政策更难达到预期效果。

▶ 2. 财政政策

财政政策主要是采取缩减或扩大财政开支和调整税率的方式，以调节国际收支的顺差或逆差。如果国际收支发生逆差，利用财政政策，一方面，通过削减政府财政预算、压缩财政支出，由于支出乘数的作用，国民收入减少，国内社会总需求下降，物价下跌，出口商品的国际竞争力增强，进口需求减少，从而达到改善国际收支逆差目标；另一方面，通过提高税率，使国内投资利润下降，个人可支配收入减少，导致国内投资和消费需求降低，在税赋乘数作用下，国民收入倍减，迫使国内物价下降，商品出口扩大，进口减少，从而缩小逆差。

▶ 3. 货币政策

货币政策主要是通过调整利率来达到政策实施目标的。调整利率是指调整中央银行贴现率，进而影响市场利率，以抑制或刺激需求，影响本国的商品进出口，达到国际收支平衡的目的。当国际收支产生逆差时，政府可实行紧缩的货币政策，提高中央银行贴现率，使市场利率上升，以抑制社会总需求，迫使物价下跌，出口增加，进口减少，吸引外资流入本国，从而逆差逐渐消除，国际收支恢复平衡。相反，国际收支产生顺差，则可实行扩张的货币政策，即通过降低中央银行贴现率来刺激社会总需求，迫使物价上升，出口减少，进口增加，资本外流，从而顺差逐渐减少，国际收支恢复平衡。

▶ 4. 汇率政策

汇率政策是指通过调整汇率来调节国际收支的不平衡。汇率调整政策是通过改变外汇的供需关系，来实现对国际收支不平衡的调节。当国际收支出现逆差时实行货币贬值，当国际收支出现顺差时实行货币升值。汇率调整政策同财政政策、货币政策相比较而言，对国际收支的调节更为直接、更为迅速。因为，汇率是各国间货币交换和经济贸易的尺度，同国际收支的贸易往来、资本往来的关系最为直接。但是，汇率调整政策有时对国际收支不平衡的调节的效果可能受到一些因素的影响，主要有经济和非经济因素。例如，汇率变动对贸易收支的调节受进出口商品价格弹性和时间滞后的影响，汇率变动对资本收支的影响取决于外汇市场情况，汇率变动对国际收支的调节受制于各国对国际经济的管制和干预程度（贸易壁垒的设置、外汇管制政策的松严等）。

▶ 5. 直接管制政策

财政、货币和汇率政策的实施有两个特点，一是这些政策发生的效应要通过市场机制方能实现，二是这些政策的实施不能立即收到效果，其发挥效应的过程较长。因此，在某种情况下，各国还必须采取直接的管制政策来干预国际收支。直接管制政策包括外汇管制和贸易管制两个方面：外汇管制方面主要是通过对外汇的买卖直接加以管制以控制外汇市场的供求，维持本国货币对外汇率的稳定。如对外汇实行统购统销，保证外汇统一使用和管理，从而影响本国商品及劳务的进出口和资本流动，调节国际收支不平衡。贸易管制方面的主要内容是奖出限入。在奖出方面常见的措施有出口信贷、出口信贷国家担保制和出口补贴。而在限入方面，主要是实行提高关税、进口配额制和进口许可证制，此外，还有许多非关税壁垒的限制措施。但直接管制会导致一系列行政弊端，如行政费用过大，官僚、贿赂之风盛行等，同时它往往会激起相应国家的报复，致使其效果大大减弱，甚至起反作用，所以，在实施直接管制以调节国际收支不平衡时，各国一般都比较谨慎。

▶ 6. 国际借贷

国际借贷就是通过国际金融市场、国际金融机构和政府间贷款的方式，弥补国际收支不平衡。国际收支逆差严重而又发生支付危机的国家，常常采取国际借贷的方式暂缓国际收支危机。但在这种情况下的借贷条件一般比较苛刻，这又势必增加将来还本付息的负担，使国际收支状况恶化，因此运用国际借贷方法调节国际收支不平衡仅仅是一种权宜之计。

总之，调节国际收支失衡的政策是多样化的，每一种政策都有其各自的特色与调节功效，一国可根据具体情况予以取舍，取舍的基本原则如下。

（1）按照国际收支不平衡产生的原因来选择调节方式。例如，一国国际收支不平衡是经济周期波动所致，说明这种不平衡是短期的，因而可以用本国的国际储备或通过从国外获得短期贷款来弥补，达到平衡的目的，但这种方式用于持续性巨额逆差的调整不能收到预期效果。如果国际收支不平衡是由于货币性因素引起的，则可采取汇率调整方法。如果国际收支不平衡是因为总需求大于总供给而出现的收入性不平衡时，则可实行调节国内支出的措施，如实行财政金融的紧缩性政策。如果发生结构性的不平衡，则可采取直接管制和经济结构调整方式来调节。

（2）选择国际收支调节方式应尽量不与国内经济发生冲突。国际收支是一国宏观经济的有机组成部分，调整国际收支势必对国内经济产生直接影响。一般来说，要达到内外均衡是很困难的，往往调节国际收支的措施对国内经济会产生不利影响，而谋求国内均衡的政策又会导致国际收支不平衡。因此，必须按其轻重缓急，在不同的时期和经济发展的不同阶段分别做出抉择。当然最一般的原则是尽量采用国内平衡与国际收支平衡相配合的政策。

（3）选择调节国际收支的方式应尽可能减少来自他国的阻力。在选择调节国际收支的方式时，各国都以自身的利益为出发点，各国利益的不同必然使调节国际收支的对策对不同国家产生不同的影响。有利于一国的调节国际收支的措施往往有害于其他国家，从而导致这些国家采取一些报复措施，其后果不仅影响了国际收支调节的效果，而且还不利于国际经济关系的发展，因此，在选择调节国际收支的方式时，应尽量避免伤害别国利益太过的措施，最大限度地降低来自他国的阻力。

相关案例

我国 2015 年四季度及全年国际收支平衡表初步数据

2015 年四季度，我国经常账户顺差 5 391 亿元人民币，资本和金融账户（含当季净误差与遗漏，下同）逆差 5 391 亿元人民币，其中，非储备性质的金融账户逆差 12 762 亿元人民币，储备资产减少 7 368 亿元人民币。

2015 年，我国经常账户顺差 18 272 亿元人民币，资本和金融账户逆差 8 258 亿元人民币，其中，非储备性质的金融账户逆差 29 814 亿元人民币，储备资产减少 21 537 亿元人民币。

按美元计价，2015 年四季度，我国经常账户顺差 843 亿美元，其中，货物贸易顺差 1 616 亿美元，服务贸易逆差 486 亿美元，初次收入逆差 213 亿美元，二次收入逆差 73 亿美元。资本和金融账户逆差 843 亿美元，其中，资本账户基本平衡，非储备性质的金融账户逆差 1 997 亿美元，储备资产减少 1 153 亿美元。

按美元计价，2015 年，我国经常账户顺差 2 932 亿美元，其中，货物贸易顺差 5 781 亿美元，服务贸易逆差 2 094 亿美元，初次收入逆差 592 亿美元，二次收入逆差 163 亿美元。资本和金融账户逆差 1 611 亿美元，其中，资本账户顺差 3 亿美元，非储备性质的金融账户逆差 5 044 亿美元，储备资产减少 3 429 亿美元。

日前，国家外汇管理局公布了 2015 年四季度及全年国际收支平衡表初步数据。国家外汇管理局新闻发言人就国际收支状况等相关问题回答了记者提问。

问：请介绍一下2015年我国国际收支状况。

答：2015年，我国国际收支出现新变化，从长期以来的基本"双顺差"转为"一顺一逆"，即经常账户顺差、资本和金融账户（不含储备资产）逆差。

一是经常账户顺差增长至近三千亿美元。2015年，经常账户顺差2 932亿美元，较上年增长33%。经常账户顺差与当期GDP之比为2.7%，上年该比例为2.1%。

货物贸易顺差创历史新高。2015年，国际收支口径的货物贸易顺差5 781亿美元，较上年增长33%。其中，货物贸易收入21 450亿美元，下降4%；支出15 669亿美元，下降13%。

服务贸易继续呈现逆差。2015年，服务贸易逆差2 094亿美元，较上年增长39%。服务贸易收入2 304亿美元，下降1%；支出4 397亿美元，增长15%。其中，旅行项目是服务贸易中逆差最大的项目，2015年逆差1 950亿美元，较上年增长81%，主要是由于我国居民境外留学、旅游、购物等支出需求旺盛。

初次收入逆差有所扩大。2015年，初次收入（原称收益）逆差592亿美元，较上年增长74%。收入2 301亿美元，增长8%；支出2 893亿美元，增长17%。主要是由于来华直接投资存量较大，投资收益支出增幅高于我国对外直接投资收益收入增幅。

二次收入逆差缩小。2015年，二次收入（原称经常转移）逆差163亿美元，较上年下降46%。收入379亿美元，下降8%；支出542亿美元，下降24%。

二是金融账户呈现逆差。2015年，我国非储备性质的金融账户逆差5 044亿美元（包含第四季度的净误差与遗漏，实际数据预计会小于该数据）。其中，直接投资净流入有所下降。2015年，直接投资净流入771亿美元，较上年下降63%。一方面，对外直接投资净流出1 671亿美元，较上年增长108%，说明因"一带一路"战略不断推进，境内企业看好境外投资前景，"走出去"步伐不断加大。另一方面，来华直接投资仍呈现净流入2 442亿美元，虽较上年下降16%，但总的来看，境外投资者仍看好我国的长期投资前景，来华直接投资净流入规模仍然较大。

三是外汇储备下降。2015年年末，我国外汇储备余额3.3万亿美元，较上年末减少5 127亿美元，下降13%。其中，因国际收支交易形成的外汇储备下降3 423亿美元，因汇率、资产价格变动等非交易因素形成的外汇储备账面价值下降1 703亿美元。

问：2015年经常账户顺差大幅增长，而资本却呈现流出，为什么会出现这种情况？资本流出是否会给我国国际收支带来风险？

答：回答这个问题要从国际收支平衡表的编制说起。按照最新的国际标准，国际收支平衡表分为经常账户、资本和金融账户，如果不考虑误差与遗漏，那么经常账户与资本和金融账户必然相等，而符号相反。也就是说，只要经常项目是顺差，那么资本和金融账户必然是逆差，经常账户顺差越大，资本和金融账户逆差也越大。

根据国际收支平衡表的记录原则，对外资产增加或负债减少记录为资本流出，也就是说，资本和金融账户逆差表示我国对外净资产增加。以往年份，经常项目大幅顺差，我国是通过储备资产增加也就是储备资产对外投资形式的资本流出实现国际收支平衡的。2015年，这种情况出现了很大的变化，由以往储备资产大幅增加形成的资本流出转变为由其他民间部门的对外净资产大幅增加而形成的资本流出。

2015年出现的资本流出主要是境内银行和企业等主动增持对外资产，并偿还以往的对外融资,与通常所说的外资撤离有着本质区别。2015年,国际收支交易引起的储备资产下降3 429亿美元,在平衡表中体现为资本流入,非储备性质的金融账户为资本净流出5 044亿美元。也就是说,一方面储备资产在下降,另一方面民间部门的对外净资产在增加。前三季度(尚未有第四季度数据),我国对外资产共增加2 727亿美元,其中"走出去"等对外直接投资增加1 150亿美元,港股通和QDII等形式的对外股票和债券投资增加573亿美元,在国外存款和对外贷款等其他投资增加969亿美元。对外负债共下降321亿美元,其中,来华直接投资仍流入1 841亿美元,而负债下降主要体现在非居民存款下降以及偿还以往年度的贸易融资等。

总体来看,我国目前的资本流出是对外资产由储备资产向民间部门转移的过程,我国的对外资产负债结构决定了我国涉外经济的稳定性,也有能力抵御大的冲击。第一,我国经常账户持续顺差,对外净资产较大。2015年9月末,我国对外金融资产6.28万亿美元,对外负债4.74万亿美元,净资产1.54万亿美元,净资产稳居世界第二位。只要我国经常账户持续顺差,就必然会形成对外净资产增加形式的资本流出,只不过净资产以储备形式存在还是由民间部门持有会有所不同。第二,央行持有大额外汇储备,有利于国家集中资源应对可能出现的各种资本流动冲击。2015年年末,我国储备资产3.33万亿美元,居世界第一,是排名第二位的日本(1.2万亿美元)的近三倍,是排名第三的沙特(6 000多亿美元)的约五倍。第三,与其他国家对外负债主要是外资的短期股票和债券投资不同,我国对外负债以来华直接投资为主,直接投资具有长期经营、稳定性强的特点。2015年9月末,我国来华直接投资存量2.85万亿美元,占总负债的60%。这些投资已融入实体经济中,撤资需要将所持有的土地、厂房、机器等变现,需要逐步的过程,即便要汇出以往积累的未分配利润,也需要足够的现金流支持。第四,当前民间部门对外净资产的增加,绝大部分是生产性的,如对外直接投资,是更好利用"两个市场、两种资源"的积极结果。理论和实践都表明,当经济发展到一定阶段后,民间部门在全球范围内配置生产和金融资源将是一个趋势。第五,资本不可能长期大规模流入,有进有出也是客观经济规律。自2000年以来到2013年,国际资本大量涌入新兴市场,中国资本净流入尤其突出,累计达到1.35万亿美元,随着国内外经济环境的变化,资本有序正常流出也是难免的。对于资本和金融账户出现逆差、外汇储备下降的国际收支形势变化,需要客观看待。

问:请预测2016年中国国际收支情况。

答:总体来看,预计2016年我国国际收支将继续呈现"经常账户顺差、资本和金融账户(不含储备资产)逆差"的格局,国际收支状况将基本平稳,跨境资金流动风险总体可控。

经常账户将保持一定规模顺差。一方面,货物贸易维持顺差。从出口来看,全球经济延续缓慢复苏态势,有助于稳定中国的外需。IMF预测2016年世界经济增长3.4%,较2015年增速提升0.3个百分点;同时,随着中国"一带一路"等战略规划的逐步落实,双边和多边战略合作的不断加强,出口也会迎来新的机遇。从进口来看,由于美元总体走强和实际需求不振,国际大宗商品价格可能还会在低位震荡,使2016年进口价格较难反弹;同时,中国国内的需求还会保持相对稳定,进口变化可能不大,进口规模仍会低于出口。另一方面,服务贸易等项目将继续呈现逆差。其中,旅行项目仍是最主要的逆差来源,我国居民境外旅游、留学等消费需求仍会较高。预计经常账户将在货物贸易主导下持续顺差。

资本和金融账户预计持续逆差，不同项目的跨境资本流动将呈现有进有出的局面。首先，境外长期资本仍会看好中国的经济发展前景和市场潜力，以长期投资为目的的外资将继续流入。2015年外国来华直接投资净流入2 442亿美元，预计2016年将继续保持较大规模净流入。其次，美国货币政策正常化、新兴市场运行风险等因素确实会继续加大中国跨境资金流动的波动性，境内市场主体配置境外资产的需求以及境外债务去杠杆化的倾向还会存在。如果美国货币政策调整步伐基本符合市场预期，对国际金融市场的影响能够逐步释放，中国资本项下的资金流出仍会总体有序、可控。

总体而言，预计我国2016年国际收支状况将基本平稳，跨境资金流动风险总体可控。中国国际收支平稳、健康运行的一些根本性支撑因素依然较多。例如，中国经济基本面未发生实质性改变，在经济体量不断增大的情况下，经济增速在世界主要经济体中仍居前列，而且经济结构的优化升级正在加快；同时，我国经常账户顺差局面没有改变，外汇储备依然充裕，短期外债余额与外汇储备余额之比远低于100%的国际安全边线，因此正常的国际收支支付完全有保障，抵御跨境资本流动冲击的能力较强。

资料来源：国家外汇管理局．2015年我国国际收支由"双顺差"转为"一顺一逆"。

本 章 小 结

国际收支是指一个国家或者地区与其他国家或者地区之间由于经济交易活动而引起的国际间资金移动，从而引发的一种国际资金收支行为。

国际收支平衡表是把一国在一定时期的国际经济交易，按照适合经济分析的需要而进行适当的排列组合与对比，从而能够反映该国这一时期的国际收支情况的表式。

国际收支平衡表包括经常项目、资本和金融项目、储备资产项目、误差和遗漏项目。

国际收支平衡是指一国国际收支净额即净出口与净资本流出相等或者说差额为零。

国际收支失衡是指一国经常账户、金融与资本账户的余额出现了不平衡问题，即对外经济出现了需要调整的情况。

国际收支失衡原因有结构性失衡、周期性失衡、收入性失衡、货币性失衡和偶然性失衡。调节方式分为自动调节和人为调节。

本 章 关 键 词

国际收支　国际收支平衡表　经常项目　资本和金融项目　误差和遗漏项目　国际收支失衡

本章思考题

1. 简述国际收支和国际收支平衡表的含义与内容。
2. 简述国际收支平衡表的编制原理。
3. 简述国际收支不平衡的含义、原因及调整措施。
4. 上网查询我国2015年国际收支的数字,并简要分析我们2015年国际收支情况。

第十章 汇率与汇率制度

当今的世界是个开放的世界,几乎每个国家无时无刻都进行着对外经济交往,而任何对外经济交往都离不开外汇。外汇在每一个国家的经济生活中都占有很重要的地位,外汇作为一种特殊商品,也有自身的价格,即汇率,汇率的变动影响着每一个国家的经济。一国货币当局对本国汇率的变动方式做出的安排和规定就是汇率制度。本章以外汇和汇率为中心,详尽阐述了外汇和汇率的含义、分类,接着分析了汇率变动对经济的影响,最后介绍了汇率制度的含义和分类。

>>> **重点问题**

1. 外汇与汇率的含义、分类
2. 影响汇率的因素和汇率变动对经济的影响
3. 汇率制度的含义、种类

第一节 外汇与汇率

一、外汇

在当今世界,每个国家都有着自己独立的货币与货币制度,一个国家的货币不可能在另一个国家使用与流通,因此在国际贸易支付过程中所产生的需要清偿债权债务的时候,人们就需要将本国货币兑换成外国货币,或者要将外国货币兑换成本国货币,这样就产生了不同国家货币的兑换,正是这种"国际主义的贸易和国家主义的货币"的矛盾催生了外汇的交易,也就产生了外汇和汇率。

外汇的概念有动态和静态之分,动态意义上的外汇是指人们将一国货币兑换成另一国货币,从而清偿国际债权债务的过程。静态意义上的外汇是指以外国货币表示的能用于国际间清偿债权债务的资产。我们一般提到外汇,指的就是静态意义上的外汇。

根据《中华人民共和国外汇管理条例》,我国给出了外汇的定义,外汇是指下列以外币表示的可以用作国际清偿的支付手段和资产：①外国货币，包括纸币、铸币；②外币支付凭证，包括票据、银行存款凭证、邮政储蓄凭证等；③外币有价证券，包括政府债券、公司债券、股票等；④特别提款权；⑤其他外汇资产。

国际货币基金组织对外汇的定义是，外汇是货币行政当局(中央银行、货币管理机构、外汇平准基金及财政部)以银行存款、财政部库券、长短期政府证券等形式保有的在国际收支逆差时可以使用的债权。根据这一定义，很多人可能将外汇储备和外汇的概念相混淆。这是两个完全不同意义上的概念，必须加以澄清。

二、汇率

汇率也称为汇价或者外汇牌价，是指以一个国家的货币兑换成另一个国家的货币的比价，就是人们常说的外汇买卖价格。

三、汇率的标价方法

要计算两种货币的比价，就需要确定以那种货币作为标准进行兑换，计算可以兑换多少的另一种货币，这就是汇率的标价方法。在当今的外汇市场上，一共有三种标价方法：直接标价法、间接标价法和美元标价法。

直接标价法是指以一定单位的外国货币为标准，来计算可以兑换多少本国货币的标价方法。假如一定单位的外国货币兑换的本国货币数量比以前增加了，说明本国货币贬值，外国货币升值；反之，假如一定单位的外国货币兑换的本国货币数量比以前减少了，说明本国货币升值，外国货币贬值。目前，世界上大多数国家都是采用直接标价法。长期以来，我国一直使用直接标价法，一般以一定单位的外币作为标准。

间接标价法是指以一定单位的本国货币为标准，来计算可以兑换多少外国货币的标价方法。假如一定单位的本国货币兑换的外国货币数量比以前减少了，说明本国货币贬值，外国货币升值；反之，假如一定单位的本国货币兑换的外国货币数量比以前增加了，说明本国货币升值，外国货币贬值。目前，英国和美国都是采用间接标价法。

美元标价法又称纽约标价法，是指以一定单位的美元为标准，来计算可以兑换多少外国国货币(英镑除外)的标价方法。在纽约国际金融市场上，美元除对英镑用直接标价法外，对其他外国货币用间接标价法。美元标价法由美国在1978年9月1日制定并执行，目前是国际金融市场上通行的标价法。

通常，人们将各种标价法下数量固定不变的货币叫作基准货币，也就是我们前述定义里提到的标准货币，而把数量变化的货币叫作标价货币。显然，在直接标价法下，基准货币为外国货币，标价货币为本国货币；在间接标价法下，基准货币为本国货币，标价货币为外国货币；在美元标价法下，基准货币是美元，标价货币是除英镑外的其他各国货币。

表10-1 中国银行外汇牌价表(2016年2月23日)　　单位：人民币/100外币

货币名称	现汇买入价	现钞买入价	现汇卖出价	现钞卖出价	中行折算价
阿联酋迪拉姆		171.51		183.95	177.53
澳大利亚元	470.55	456.03	473.85	473.85	471.36
巴西里亚尔		158.76		173.64	165.21

续表

货币名称	现汇买入价	现钞买入价	现汇卖出价	现钞卖出价	中行折算价
加拿大元	473.83	459.2	477.63	477.63	476.1
瑞士法郎	653.53	633.37	658.13	658.13	652.72
丹麦克朗	96.18	93.21	96.96	96.96	96.45
欧元	718.12	695.96	723.16	723.16	718.8
英镑	917.68	889.36	924.12	924.12	921.77
港币	83.83	83.16	84.15	84.15	84.02
印尼卢比		0.047		0.050 4	0.048 7
印度卢比		8.937 2		10.078 2	9.511 5
日元	5.794 7	5.615 9	5.835 5	5.835 5	5.779 4
韩国元	0.527 6	0.508 5	0.531 8	0.551 7	0.530 3
澳门元	81.52	78.78	81.83	84.46	81.54
林吉特	159.43		160.55		155.93
挪威克朗	75.51	73.18	76.11	76.11	75.79
新西兰元	435.23	421.8	438.29	440.91	436.95
菲律宾比索	13.66	13.23	13.76	14.19	13.7
俄罗斯卢布	8.62	8.09	8.68	8.68	8.65
瑞典克朗	76.53	74.17	77.15	77.15	76.83
新加坡元	463.09	448.8	466.35	466.35	465.66
泰国铢	18.21	17.64	18.35	18.92	18.27
新台币		19		20.36	19.66
美元	651.46	646.24	654.07	654.07	652.73
南非兰特	42.73	39.45	43.03	46.31	42.83

资料来源：中国银行官网。

四、汇率的分类

（一）按银行买卖外汇的角度划分

按银行买卖外汇的角度划分，有买入汇率、卖出汇率和中间汇率。

(1) 买入汇率，也称买入价，即银行向同业或客户买入外汇时所使用的汇率。采用直接标价法时，外币折合本币数较少的那个汇率是买入价，采用间接标价法时则相反。

(2) 卖出汇率，也称卖出价，即银行向同业或客户卖出外汇时所使用的汇率。采用直接标价法时，外币折合本币数较多的那个汇率是卖出价，采用间接标价法时则相反。买入卖出之间有个差价，这个差价是银行买卖外汇的收益，一般为1‰～5‰。银行同业之间买卖外汇时使用的买入汇率和卖出汇率也称同业买卖汇率，实际上就是外汇市场买卖价。

（3）中间汇率，是买入价与卖出价的算术平均数。西方报刊报导汇率消息时常用中间汇率，套算汇率也用有关货币的中间汇率套算得出。

（4）现钞汇率，指银行买卖外币的价格。银行在收兑外币现钞时的汇率，稍微低于外汇买入汇率；而卖出外币现钞时的汇率则稍高于外汇卖出汇率。从理论上讲，现钞买卖价同外币支付凭证、外币信用凭证等外汇形式的买卖价应该相同。但在现实生活中，由于一般国家都规定，不允许外国货币在本国流通，需要把买入的外币现钞运送到发行国或能流通的地区去，这就要花费一定的运费和保险费，这些费用需要由客户承担。因此，银行在买入外币现钞时使用的汇率，就低于其他外汇形式的买入汇率；而银行卖出外币现钞时使用的汇率则高于其他外汇卖出汇率。

表10-1中，USD1＝CNY6.5146～6.5407，因为我们使用的是直接标价法，其中USD1＝CNY6.5146是银行买入美元的价格，USD1＝CNY6.5407是银行卖出美元的价格。在使用间接标价法的国家，情况相反。

（二）按制定汇率的方法划分

按制定汇率的方法划分，有基本汇率和套算汇率。

（1）基本汇率。各国在制定汇率时必须选择某一国货币作为主要对比对象，这种货币称为关键货币。根据本国货币与关键货币实际价值的对比，制定出对它的汇率，这个汇率就是基本汇率。一般美元是国际支付中使用较多的货币，各国都把美元当作制定汇率的主要货币，常把对美元的汇率作为基本汇率。

（2）套算汇率，指通过基本汇率套算出的本币对其他货币的汇率。

（三）按国际货币制度的演变划分

按国际货币制度的演变划分，有固定汇率和浮动汇率。

（1）固定汇率，指由政府制定和公布，并只能在一定幅度内波动的汇率。

（2）浮动汇率，指由市场供求关系决定的汇率。其涨落基本自由，一国货币市场原则上没有维持汇率水平的义务，但必要时可进行干预。

（四）按银行外汇付汇方式划分

按银行外汇付汇方式划分，有电汇汇率、信汇汇率和票汇汇率。

（1）电汇汇率。电汇汇率是经营外汇业务的本国银行在卖出外汇后，即以电报委托其国外分支机构或代理行付款给收款人所使用的一种汇率。由于电汇付款快，银行无法占用客户资金头寸，同时，国际间的电报费用较高，所以电汇汇率较一般汇率高。但是电汇调拨资金速度快，有利于加速国际资金周转，因此电汇在外汇交易中占有绝大的比重。

（2）信汇汇率。信汇汇率是银行开具付款委托书，用信函方式通过邮局寄给付款地银行转付收款人所使用的一种汇率。由于付款委托书的邮递需要一定的时间，银行在这段时间内可以占用客户的资金，因此，信汇汇率比电汇汇率低。

（3）票汇汇率。票汇汇率是指银行在卖出外汇时，开立一张由其国外分支机构或代理行付款的汇票交给汇款人，由其自带或寄往国外取款所使用的汇率。由于票汇从卖出外汇到支付外汇有一段间隔时间，银行可以在这段时间内占用客户的头寸，所以票汇汇率一般比电汇汇率低。票汇有短期票汇和长期票汇之分，其汇率也不同。由于银行能更长时间运用客户资金，所以长期票汇汇率较短期票汇汇率低。

（五）按外汇交易交割期限划分

按外汇交易交割期限划分，有即期汇率和远期汇率。

(1) 即期汇率，也叫现汇汇率，是指买卖外汇双方成交当天或两天以内进行交割的汇率。

(2) 远期汇率，是买卖双方事先约定的，据以在未来的一定日期进行外汇交割的汇率。到了交割日期，由协议双方按预订的汇率、金额进行钱汇两清。远期外汇买卖是一种预约性交易，是由于外汇购买者对外汇资金需要的时间不同，以及为了避免外汇汇率变动风险而引起的。对远期汇率的报价有两种方式。

① 直接报价法，即直接报出远期交易的汇率。它直接表示远期汇率，无须根据即期汇率折算远期汇率。直接报价方法既可以采用直接标价法，也可以采用间接标价法。它的优点是可以使人们很容易了解远期汇率，缺点是不能表达出远期汇率与即期汇率之间的关系。

② 点数报价法，是指以即期汇率和升水、贴水的点数报出远期汇率的方法。每点为万分之一，即 0.000 1。

升水表示远期汇率高于即期汇率。在直接标价法下，升水代表本币贬值。反之，在间接标价法下，升水表示本币升值。如人民币兑美元现汇汇率为 1 美元＝6.527 7 元人民币，如果报期汇升水 10 个点，则期汇汇率为 1 美元＝6.528 7（6.527 7＋0.001 0）元人民币，表示人民币贬值 10 个点。在间接标价法下情况刚好相反。

贴水表示远期汇率低于即期汇率，升贴水数的大小，两个数的排列次序也按升水或贴水而不同。在直接标价法下，大数在前，小数在后，即为贴水。在间接标价法下，小数在前，大数在后，则为贴水。

平价表示远期汇率与即期汇率相等。

现在比较常用的是点数报价法。即仅报出远期的升水数或贴水数。通过即期汇率加减升贴水，就可算出远期汇率。

在直接标价法的情况下，远期汇率如果是升水，就在即期汇率的基础上，加上升水数，即为远期汇率；如果是远期贴水，就在即期汇率的基础上减去贴水数，即为远期汇率。用公式表示就是：

远期汇率＝即期汇率＋升水

远期汇率＝即期汇率－贴水

在间接标价法的情况下，正好相反，远期汇率如果是升水，就要在即期汇率的基础上减去升水数，即为远期汇率；如果是远期贴水，就要在即期汇率的基础上加上贴水数，即为远期汇率。

远期汇率＝即期汇率－升水

远期汇率＝即期汇率＋贴水

（六）按对外汇管理的宽严区分

按对外汇管理的宽严区分，有官方汇率和市场汇率。

(1) 官方汇率，指国家机构公布的汇率。官方汇率又可分为单一汇率和多重汇率。多重汇率是一国政府对本国货币规定的一种以上的对外汇率，是外汇管制的一种特殊形式，其目的在于奖励出口限制进口，限制资本的流入或流出，以改善国际收支状况。

（2）市场汇率，指在自由外汇市场上买卖外汇的实际汇率。在外汇管理较松的国家，官方宣布的汇率往往只起中心汇率作用，实际外汇交易则按市场汇率进行。

第二节 汇率的经济分析

一、影响汇率变动的主要因素

在布雷顿体系崩溃以后，世界大多数国家放弃了固定汇率制，转而普遍实行了浮动汇率制，影响汇率变动的因素更为复杂。尽管如此，各国货币的汇率仍是在一定的范围内波动，汇率依然以货币所代表的实际价值量和该货币的购买力来决定。影响汇率变动的因素很多。重要因素如下。

（一）国际收支

当一国的国际收入大于支出，即出现顺差时，表明别国对该国的货币需求增多，该国货币求大于供，相对外汇供过于求，导致外币贬值，本国货币升值，本币汇率就会上升，外汇汇率下降；反之，当一国的国际收入小于支出，即出现逆差时，该国货币供大于求，相对外汇供不应求，外币升值，本国货币贬值，本币汇率就将下降，外汇汇率上升。有一点要注意的是，资本项目中的短期资本流动带有很大的投机性，对汇率的升降影响很大。亚洲金融危机的爆发就是这个原因。

（二）通货膨胀

通货膨胀是指货币供应量超过商品流通所需货币量而引起的货币贬值、物价上涨的现象。一个国家出现通货膨胀时，其商品成本必然加大，出口商品以外币表示的价格必然上涨，该商品在国际市场的竞争力就会削弱。与其他国家相比，如果该国物价上涨率超过其他国家，这时该国政府不调整汇率就难以维持正常出口，因而通货膨胀最终必然导致货币对外贬值，引起汇率的波动。需要注意的是，通货膨胀率还会影响国内外实际利率的差异，进而影响国际收支的资本项目，通货膨胀率过高，必然引起资本外流，还会影响到市场对今后物价和汇率的预期，这些表现又都会对汇率变动产生影响。

（三）利率

各国利率水平的高低差异，可直接影响国际间短期资本的流动，对汇率的变动有一定的调节作用。一国提高利率，能促使外资的流入，造成对该国货币需求的增加，本币汇率就会上升；反之，当一国调低利率，会导致资金流出，本币汇率就将下跌。需要注意的是，利率的差异主要是看各国实际利率的差异。另外，当一国的主导利率相对另一国的利率上升或下降时，为追求更高的资金汇报，低利率的货币将被卖出，而高利率的货币将被买入。由于对相对高的利率货币的需求增加，故该货币对其他货币将贬值。

（四）市场预期心理

市场预期心理因素对汇率的变动起相当大的作用，由于人们对某个国家的经济状况、收支状况、通货膨胀、利率前景的看好，就会引起该国货币大量被买进，造成该种货币汇率上升；反之看淡，则汇率就会下跌。这种心理预期又随着各种投机因素，甚至某种谣言、某领导人的讲话，都会引起投机活动而可能掀起外汇市场的轩然大波，造成汇率的大起大落。

(五) 各国的经济政策

各国的经济政策,特别是财政金融政策对汇率的影响较大。例如,当一国实行"双紧"的财政金融政策时,其货币对外汇率基本呈上升趋势,实行"双松"的财政金融政策时,将导致货币汇率的下跌。

(六) 政治局势

一国及国际间的政治局势的变化,都会对外汇市场产生影响。政治局势的变化一般包括政治冲突、军事冲突、选举和政权更迭等,这些政治因素对汇率的影响有时很大,但影响时限一般都很短。

(七) 货币当局的干预

中央银行为了维护经济稳定,避免因汇率变动给国内经济带来的不良影响,往往会对市场进行干预,通过公开市场业务买卖外汇使汇率变动有利于本国经济。另外,近年来各国为协调彼此宏观经济政策,有时采取联合干预的措施,共同影响汇率走势,以达到稳定市场的目的。

二、汇率变动对经济的影响

汇率是联系国内外商品市场和金融市场的一条重要桥梁。一方面,汇率的变动受制约于经济生活中的一系列因素,但另一方面,汇率的变动又会对经济生活的其他经济因素产生广泛的影响。

(一) 汇率变动对国际收支的影响

汇率的变动包含贬值和升值(汇率下跌或上升)两个方面。为了叙述方便,在以下的分析中我们着重分析汇率贬值的经济影响,对于升值的经济影响,则可以反过来叙述。

▶ 1. 汇率变动对贸易收支的影响

一国货币汇率变动,会使该国进出口商品价格相应涨落,抑制或刺激国内外居民对进出口商品的需求,从而影响进出口规模和贸易收支。一国货币汇率下跌,意味着一单位的外币兑换的本币增加,同理,一单位的本币兑换的外币减少,激发外国居民增加对本国产品的需求,本国居民也会减少对外国产品的需求。如果一国的进出口弹性满足马歇尔-勒纳条件,将有助于贸易收支条件的改善。反之亦然,一国货币升值,将会使该国的贸易条件在一定条件和程度上恶化。

▶ 2. 汇率变动对非贸易收支的影响

一国货币贬值(汇率下跌),则外国货币兑换本国货币的数量增加,外币的购买力相对提高,本国商品和劳务相对低廉。本币购买力相对降低,这有利于该国旅游与其他劳务收支状况的改善。

(二) 汇率变动对资本流动的影响

贬值对资本流动的影响主要取决于人们对该种货币未来变动趋势的预期。如果人们认为贬值已经使本国汇率处于均衡状态,将保持这一水平不再变动,由于1单位外币折合更多的本币,会促使外国资本流入增加,国内资本流出减少;但是,如果贬值后人们认为贬值的程度还不够,还有贬值趋势,即本币对外价值将贬未贬时,会引起本国资本外逃。同理,本币对外升值后,1单位外币折合更少的本币,外国资本流入减少,资本流出增加;但是本币将升未升时,会引起外国资本流入。另外,汇率变动对资本流动的影响还要受到一国政府的资本管制和资本投资的安全性的影响，一般情况下，资本管制严的国家，汇率变动对资本流动影响较小。

（三）汇率变动对外汇储备的影响

外汇储备是国际储备的重要组成部分，由本国对外贸易中涉及的主要货币构成。布雷顿森林体系下，美元是各国主要的储备货币，在20世纪70年代后的牙买加体系以后，储备货币主要由美元、英镑、日元和欧元（欧元产生前由德国马克法国法郎担当）组成，无论是单一储备货币还是多元储备货币，只要是涉及储备货币的汇率变动，都会影响一国的外汇储备价值变动。单一储备货币的国家，只需考虑该种货币的变动就可以，比较简单，但是当代大多数国家的外汇储备都是多元构成方式，这就要考虑到多种因素，多方面进行考虑。

（1）要考虑是整体储备货币的贬值还是升值，还是诸多储备货币中的某一种货币或某几种货币的贬值还是升值，从而进行整体预算。

（2）要考虑储备货币中各种货币的权重，对整体进行预算。

（3）要考虑储备货币中各软硬币的利息差异，以与汇率变动进行整体分析。

（四）汇率变动对物价的影响

一国货币对外贬值会导致国内物价水平上升。在贬值后，必然引起出口量增加和进口量减少，便导致该国商品市场上的商品数量大幅减少，从而引起需求拉上的物价的整体上升。另外，在贬值后，也会带来成本推进型通货膨胀。

（五）汇率变动对就业的影响

一国货币对外贬值往往有助于创造更多的就业机会。

（1）贬值有助于经济增长，而在此过程中就业机会将会增加。

（2）贬值能够引外资流入，这也有助于该国就业增加。

（3）当贬值引起国内物价上涨后，在一定的时期内，工资上升可能滞后于物价上升，从而实际工资下降，这有助于企业雇佣更多的劳动力。

（4）在存在大量过剩人口的发展中国家，贬值给该国创造出更大的国外市场，并使该国能够进一步发挥在劳动密集型产品生产上的优势，这为过剩人口转移到劳动密集型制造创造出良好的条件。

（六）汇率变动对经济政治关系的影响

20世纪70年代牙买加体系建立后，浮动汇率制成为当代汇率制度的主流，外汇市场上货币波动频繁，对各国的国内经济造成巨大影响，从而影响到各国之间的经济关系，经济决定政治，最终有可能影响到各国之间的政治关系。例如，一国为了促进出口、改善贸易逆差甚至是外汇倾销而实行货币贬值，必然会使对方国家货币升出口下降，这必然引起利益相关国家实行报复，从而"汇率战"产生，进而有可能影响到各国之间的政治关系。

第三节 汇率制度

汇率制度是指一国货币当局对本国汇率的变动方式做出的安排和规定。按照汇率变动幅度的大小，汇率制度可以分为固定汇率制和浮动汇率制，其内容主要包括确定汇率的原则和依据、调整汇率的方法、管理汇率的政策、一国管理汇率的机构等。

一、固定汇率制和浮动汇率制

(一) 固定汇率制

固定汇率制是指一国货币当局确定一个平价(本位货币或法定含金量)，现实汇率只能围绕平价有很小范围波动的汇率制度。在这种制度下，当汇率的波动过大，超出规定的范围，货币当局有义务进行干涉，以维持汇率的稳定。

▶ 1. 固定汇率制的优势

固定汇率制度在一定时期具有自己的优势。

(1) 由于货币当局的干预，汇率只能在很小的范围内进行微小的波动，这样，汇率波动的不确定性将极大的被降低，在一定程度上有利于经济的稳定。

(2) 由于汇率受货币当局的干预，相对比较稳定，汇率可以看作一个所谓的"名义锚"，这样经济活动就存在一个标准，便可以维持物价水平的稳定，防止错误通货膨胀预期的误导。

▶ 2. 固定汇率制的缺陷

固定汇率制度也存在一些缺陷。

(1) 容易导致本币币值高估，削弱本地出口商品竞争力，引起难以维系的长期经常项目收支失衡。

(2) 僵化的汇率安排可能被认为是暗含的汇率担保，从而鼓励短期资本流入和没有套期保值的对外借债，损害本地金融体系的健康。

在固定汇率制度下，一国必须要么牺牲本国货币政策的独立性，要么限制资本的自由流动，否则易引发货币和金融危机，如1994年的墨西哥比索危机、1997年的亚洲金融危机、1998年的俄罗斯卢布危机，这些发生危机的国家都是采用了固定汇率制度，同时又不同程度地放宽了对资本项目的管制。

(二) 浮动汇率制

浮动汇率制是指一国货币当局不再确定平价，也不再刻意维持干预汇率波动，汇率随外汇市场供求关系变化而自由浮动的一种汇率制度。该制度在1972年以美元为中心的固定汇率制崩溃之后开始流行起来，目前被大多数国家接受。

▶ 1. 浮动汇率的优势

实行浮动汇率制度的优势如下。

(1) 实行浮动汇率，可以保证货币政策的独立性。

(2) 由于汇率可以随外汇市场供求关系变化而自由浮动，从而可以减缓外部不确定经济因素的冲击。

(3) 货币当局的干预减少，汇率将由市场决定，真正反映市场的真实性，更具有透明性。

▶ 2. 浮动汇率制的缺陷

浮动汇率也有自己的缺陷。

(1) 在浮动汇率制度下，汇率往往会出现大幅过度波动，可能不利于贸易和投资。

（2）由于汇率自由浮动，人们就可能进行投机活动。

（3）浮动汇率制度对一国宏观经济管理能力、金融市场的发展等方面提出了更高的要求。现实中，并不是每一个国家都能满足这些要求。

应该说，浮动汇率制是对于固定汇率制的进步。要在浮动汇率制和固定汇率制之间找到一个平衡点，一个比较好的选择就是"有管理的浮动汇率制度"，这也是当前大多数国家所采取的。国际货币基金组织于1978年4月1日修改"国际货币基金组织"条文，重申实行所谓"有管理的浮动汇率制"。由于新的汇率协议使各国在汇率制度的选择上具有很强的自由度，所以现在各国实行的汇率制度多种多样，包括单独浮动、钉住浮动、弹性浮动、联合浮动等。

单独浮动，指本国货币不与其他任何国家的货币实行固定汇率，其汇率主要根据市场外汇供求关系来确定，目前包括美国、英国、德国、法国、日本等大多数发达国家在内的三十多个国家都实行单独浮动。

钉住浮动，指本国货币与另一种货币保持固定汇率，随该种货币的浮动而浮动。一般地，通货不稳定的国家可以通过钉住一种稳定的货币来约束本国的通货膨胀，提高货币信誉。目前，全球约有一百多个国家或地区采用钉住浮动方式。

弹性浮动，指一国根据自身经济发展需要，对钉住汇率在一定弹性范围内可自由浮动，从而避免钉住浮动汇率的缺陷，取得较大的自由性，获得外汇管理、货币政策方面更多的自主权。目前，巴西、智利、阿根廷、阿富汗、巴林等十几个国家采用弹性浮动方式。

联合浮动，指国家集团或者联盟对成员国内部货币实行固定汇率，对集团外货币则实行联合的浮动汇率。欧盟（欧共体）11国于1979年成立了欧洲货币体系，设立了欧洲货币单位，各国货币与之挂钩建立汇兑平价，并构成平价网，各国货币的波动必须保持在规定的幅度之内，一旦超过汇率波动预警线，有关各国要共同干预外汇市场。1991年，欧盟签订了《马斯赫特里特条约》，制定了欧洲货币一体化的进程表，1999年1月1日，欧元正式启动，欧洲货币一体化得以实现，欧盟这样的区域性的货币集团已经出现。

（三）汇率制度的选择

在当代纷繁的经济社会中，存在多种汇率制度，一国选择何种汇率制度，取决于该国的国情以及是否有利于和适合于该国的经济发展。理论界认为，一国汇率制度的选择主要受经济因素决定，这些因素包括以下几个方面。

▶ 1. 经济开放程度

一国经济开放度较高，汇率变化对国内经济的影响也就越大，所以为了防止由汇率变动对国内经济带来的不利影响，适宜采用固定汇率。例如，我国香港地区，其经济开放度比较高，采取钉住美元的汇率制度。同理，经济开放度低的国家，适宜于选择浮动汇率制。

▶ 2. 经济规模和经济实力

一般认为，经济规模较大和经济实力较强的发达国家适宜于选择弹性较大的浮动汇率制，例如欧美国家近年来一直都是实行浮动汇率制。而经济规模较小和经济实力较弱的发展中国家则适宜于选择钉住汇率制，这是因为经济情况决定了这些国家汇率风险的承受能力较差。

▶ 3. 进出口贸易的商品结构和地域分布

略。

▶ 4. 国内金融市场的发达程度及其与金融市场的一体化程度

略。

▶ 5. 通货膨胀率

略。

二、当代汇率制度安排

随着布雷顿森林体系的崩溃,牙买加体系建立,人们开始了对固定汇率和浮动汇率的持久争论,关于汇率制度的分类,传统上也是最简单的分类就是固定汇率制和浮动汇率制(上文已经介绍,这里不再赘述)。但固定或浮动的程度是很难掌握的,在固定汇率或浮动汇率之间还存在众多的中间汇率制度,比如前面所述的有管理的浮动汇率制就是一种。

关于汇率制度的分类,理论界说法不一,根据现有文献的归纳,汇率制度分为三大类、七小类,如表10-2所示。在下面的介绍中,我们主要介绍下 IMF 分类法,因为这种分类法是当代的主流,也是一些分类法的基础,其他的分类法只做简要介绍。

表 10-2 汇率制度的分类

总 类	分类基础	大 类	小 类	测算区间	样本国数量(个)	发表年限
汇率制度	市场汇率	RR 分类		1940—2001	153	2004 年
	官方汇率	基于事实的分类	CD 分类	1990—2001	13	2004 年
			LYS 分类	1974—2000	183	2003 年、2005 年
			DLM 分类	1971—2002	180	2005 年
		基于法定的分类	IMF 分类	1990—2009	190	2007 年
			GGOW 分类	1960—1990	136	1997 年
			GGW 分类	1970—1999	150	2002 年

▶ 1. IMF 分类

IMF 原来对各成员国汇率制度的分类主要依据的是各成员国所公开宣称的汇率制度,但纯粹各成员国所宣称的汇率制度的分类,具有事实做法和官方宣称经常不符的局限性。IMF 在 1997 年和 1999 年分别对基于官方宣称的汇率制度分类方法进行了修正,其 1999 年的分类包括无独立法定货币的汇率安排、货币局制、传统的钉住汇率、有波幅的钉住汇率、爬行钉住、有波幅的爬行钉住、管理浮动和完全浮动。

随后,IMF 又从 2001 年开始将汇率制度分类与货币政策框架联系在一起,对汇率制度的分类做了较小调整。在 2005 年公布的分类主要有以下 8 种。

(1) 无独立法定货币的汇率安排,指一国采用另一国货币作为法定货币。主要有美元化和货币联盟。

(2) 货币局制。官方通过立法明确规定本币与某一关键货币保持固定汇率,同时对本币发行做特殊限制,以确保履行法定义务。建立这种货币制度的国家或地区,一般不具有独立建立自己货币制度的政治经济实力。目前,实行货币局制度的国家和地区主要是中国香港特区、阿根廷、波黑、文莱、保加利亚、爱沙尼亚、立陶宛和吉布提。

(3) 其他传统的固定钉住安排。官方将本币实际或公开地按照固定汇率钉住一种主要国际货币或一篮子货币,汇率围绕中心汇率波动,幅度不超过 1%。

(4) 水平带内钉住的汇率安排。它类似于传统的钉住汇率制,不同的是汇率波动幅度大于 1%。

(5) 爬行钉住的汇率安排。官方按照预先宣布的固定汇率,根据若干量化指标的变动,定期小幅度调整汇率。实行爬行钉住汇率一个原因是因为过高通货膨胀率的存在。爬行钉住汇率制一直被高通货膨胀国家采用。另一个原因是保持出口产品竞争力。巴西、阿根廷等大多数拉美国家都实行该制度。

(6) 爬行带内浮动的汇率安排。汇率围绕中心汇率在一定幅度内上下波动,同时中心汇率按照固定的、预先宣布的比率进行定期调整。它是水平区间内的盯住汇率制与爬行钉住汇率制的结合,与爬行钉住汇率制不同的是汇率波动的幅度要大。

(7) 不事先公布干预方式的管理浮动制。官方在不特别指明或事先承诺汇率目标的情况下,通过积极干预外汇市场来影响汇率变动。

(8) 独立浮动。汇率由市场决定,官方即使干预外汇市场,目的也只是缩小汇率的波动幅度,防止汇率过度波动,而不是确立一个汇率水平。一国货币不与其他国家的货币发生联系,其汇率根据外汇市场供求状况实行单独浮动。目前,采用这种浮动方式的国家有美国、英国、加拿大、日本、澳大利亚等。

另外,如果按照汇率制度的刚性划分为三种:硬钉住制、中间汇率制和浮动汇率制。对以上 8 种制度进行细分,(1)和(2)属于硬钉住制,(3)~(6)属于中间汇率制,(7)和(8)属于浮动汇率制。

▶ 2. DLM 分类

2005 年,Dubas、Lee 和 Mark 按逐渐增强的汇率稳定性将汇率制度分为 6 种,包括独立浮动、管理浮动、按照既定指标的调整、合作安排、有限弹性和货币钉住。如果按照通常的三分法,独立浮动和管理浮动属于浮动汇率制,按照既定指标的调整和合作安排属于中间汇率,有限弹性和货币钉住固定汇率。

▶ 3. CD 分类

Courdert 和 Dubert 于 2004 年提出了区分事实汇率制度的统计方法,并将汇率制度分为浮动、管理浮动、爬行钉住和钉住四种类型。其中,管理浮动和爬行钉住属于中间汇率制度。

▶ 4. GGOW 分类

GGOW 分类的代表人物为 Ghosh、Guide、Ostry 和 Wolf。GGOW 分类有两种:一种把汇率制度分为钉住汇率制、中间汇率制和浮动汇率制三种。另一种分法比较细致,有九个大类,分别为①钉住单一货币;②钉住 SDR;③其他公开的一篮子钉住;④秘密的一篮子钉住;⑤货币合作体系;⑥无分类的浮动;⑦预定范围内的浮动;⑧无预定范围内的浮动;⑨纯粹浮动。

其中,钉住汇率制包括①~④,中间汇率制包括⑤~⑦,浮动汇率制包括⑧和⑨。

▶ 5. LYS 分类

LYS 分类的代表人物为 Levy-Yeyafi 和 Sturzenegger。LYS 分类有两种:一种是四分法，包括浮动汇率制、肮脏浮动汇率制、爬行钉住汇率制和钉住汇率制；另一种是三分法，包括浮动汇率制、中间汇率制和硬钉住汇率制。

▶ 6. GGW 分类

GGW 分类的代表人物为 Ghosh、Guide 和 Wolf。GGW 分类把汇率制度分为三大类：钉住汇率制（包括硬钉住、单一货币钉住、一篮子钉住）、中间汇率制（包括基于规则的浮动、离散干涉的浮动）和浮动汇率制（纯粹浮动）。

▶ 7. RR 分类

RR 分类的代表人物为 Reinhe Rogoff。RR 分类把汇率制度划分为 14 种类型：无独立法定货币；预先通告的钉住和货币局安排；波幅小于或等于±2%的预先通告的水平带；实际钉住；预先通告的爬行钉住；波幅小于或等于±2%的预先通告的爬行带；实际爬行钉住；波幅小于或等于±2%的实际爬行带；波幅大于±2%的预先通告的爬行带；波幅小于或等于±5%的实际爬行带；波幅小于或等于±2%的非爬行带；管理浮动；自由浮动；自由跌落（超级浮动）。

总之，从目前来看，汇率制度还没有形成一个被广泛接受的客观性标准和分类方法。在不久的将来，各种分类方法一方面需要取长补短，另一方面需要汇率决定理论的进一步发展完善。

第四节 人民币汇率

人民币汇率是人民币对外币的比价，是人民币对外价值的表现。一直以来，人民币汇率由政府授权，国家外汇管理局对其统一指定、调整和管理。我国目前实行的是以市场供求为基础、参考一篮子货币进行调节、有管理的浮动汇率制度，人民币汇率采用直接标价法。

人民币与别国货币之间的汇价总体变动，从新中国成立开始，大致经历了以下历程。

（一）第一阶段：1949 年 1 月—1980 年 12 月

这一时期是我国汇率政策建立、尝试、学习、发展和稳定时期。

1949 年 1 月 18 日，天津解放后，人民币对西方货币汇价最先在天津公布，当时的旧币 80 元兑换 1 美元，标志着我们汇率制度的起步。随后的 1955 年 3 月人民币币制改革，10 000 元旧币兑换 1 元新币，克服了货币面值过大的缺陷，但是全国的外汇牌价不一致。其间，由于朝鲜战争，人民币对美元汇价在一段时期内不再公布。

1968 年起，我国推行人民币计价结算方法。随后，为了防止西方国家专家货币危机和有利于我们的对外贸易，人民币汇率的指定改为参照国际市场汇价的情况随时变动。

（二）第二阶段：1981 年 1 月 1 日—1993 年 12 月 31 日

这一阶段是我国实行公布牌价直到 1994 年实行汇率体制改革汇率并轨以前。这一时期是我国单一汇率和双重汇率的相互调整。

1981 年 1 月 1 日起，我国实行公布牌价。

1984年12月底,公布牌价与贸易内部结算价一致。于是在1985年1月1日,取消了贸易内部结算价。

1985年,我国恢复单一汇率。

1987年,国家允许在沿海各大城市开办外汇调剂中心,外汇调剂业务在全国范围内得到发展。

1991年4月9日,我国采取有管理的、浮动的汇率制。

(三) 第三阶段:1994年1月1日—2005年7月21日

这一阶段,是从固定汇率制向浮动汇率制的转变阶段。1994年汇率并轨以后,我国实行以市场供求为基础的、有管理的浮动汇率制。取消外汇留成和上缴,实行银行结售汇制度,企业和个人按规定向银行买卖外汇,银行进入银行间外汇市场进行交易,形成市场汇率。在此期间,建立了规范的、统一的银行间外汇市场,改变了以前各地分散的、不统一的外汇调剂市场的局面。

(四) 第四阶段:2005年7月21日至今

2005年7月21日起,我国开始实行以市场供求为基础、参考一篮子货币进行调节、有管理的浮动汇率制度。在新制度中,人民币汇率不再钉住单一美元,而是按照我国对外经济发展的实际情况,选择若干种主要货币,赋予相应的权重,组成一个货币篮子。同时,根据国内外经济金融形势,以市场供求为基础,参考一篮子货币计算人民币多边汇率指数的变化,对人民币汇率进行管理和调节,维护人民币汇率在合理均衡水平上的基本稳定,据此形成有管理的浮动汇率。

2005年7月21日19时,中国人民银行宣布启动人民币汇率形成机制改革,开始实行以市场供求为基础、参考一篮子货币进行调节、有管理的浮动汇率制度。人民币对美元汇率一次性提高2%,为8.11元人民币兑换1美元,作为次日银行间外汇市场上外汇指定银行之间交易的中间价。

2005年9月23日,人民银行决定适当放宽人民币汇价交易幅度,扩大即期外汇市场非美元货币对人民币交易价的浮动幅度,从原来的上下1.5%扩大到上下3%,适度扩大了银行对客户美元挂牌汇价价差幅度,并取消了银行对客户挂牌的非美元货币的价差幅度限制。

2006年1月4日,人民银行决定在银行间即期外汇市场上引入询价交易方式,同时在银行间外汇市场引入做市商制度,为市场提供流动性,由此改进了人民币汇率中间价的形成方式。

2007年1月11日,人民币汇率中间价自汇改以来首次突破7.8整数关口,人民币汇率13年来首超港元。

2008年9月美国次贷危机引发的金融危机爆发后至2010年6月,为应对金融危机影响,我国采取了人民币实质钉住美元的特殊汇率机制。

2009年4月8日,在上海市和广东省内四城市开展跨境贸易人民币结算试点。

2010年6月19日,中国宣布将重新继续汇率改革,提高人民币汇率弹性。

2010年12月15日,莫斯科挂牌人民币对卢布交易,俄罗斯成为人民币在境外挂牌交易的第一个国家。

2011年5月7日,82家俄罗斯银行设人民币账户,人民币国际化迈出重要一步。

2012年5月29日,经中国人民银行授权,中国外汇交易中心宣布完善银行间外汇市场人民币对日元交易方式,发展人民币对日元直接交易。

2013年4月9日,经中国人民银行授权,中国外汇交易中心宣布完善银行间外汇市场人民币对澳元交易方式,在遵循市场原则的基础上开展人民币对澳元直接交易。

2014年3月17日,银行间即期外汇市场人民币兑美元交易价浮动幅度由1%扩大至2%,外汇指定银行为客户提供当日美元最高现汇卖出价与最低现汇买入价之差不得超过当日汇率中间价的幅度由2%扩大至3%。

2014年7月2日,取消银行对客户美元挂牌买卖价差管理,市场供求在汇率形成中发挥更大作用,人民币汇率弹性增强,汇率预期分化,中央银行基本退出常态外汇干预。

2015年8月11日,央行宣布,即日起将进一步完善人民币汇率中间价报价,自2015年8月11日起,做市商在每日银行间外汇市场开盘前,参考上日银行间外汇市场收盘汇率,综合考虑外汇供求情况以及国际主要货币汇率变化向中国外汇交易中心提供中间价报价。

从新中国成立开始,实行人民币汇率制度改革是我国一贯的方针,以坚持独立自主和从中国的实际出发为原则,不屈服外力,不断地推进人民币汇率制度改革,推动人民币走向国际,最终实现人民币国际化。

相关案例

20世纪七八十年代西方国家对美元汇率的两次联合干预

1973年,美国开始实行浮动汇率制度。到20世纪70年代后半叶,由于美国经济处于高通货膨胀、高失业率和低经济增长率的处境,卡特政府为了刺激经济,决定采取扩张性的财政政策和货币政策,外汇市场因此开始不断抛售美元,使美元的汇价一路下跌。

面对美元跌势,卡特政策决定干预外汇市场。1978年10月底,卡特政府宣布了一项反通货膨胀计划,但对美国未来的货币政策并没有明确的表示,因此,美元反而在外汇市场上狂泻。面临马克和日元升值的巨大压力,德国和日本两国的中央银行被迫进行不改变自己政策为前提的大规模干预,买美元抛本国货币,但收效甚微。

1978年11月1日,卡特总统宣布美国财政部和中央银行将直接对外汇市场进行干预,稳定美元汇率。由于前一星期的反通货膨胀计划使外汇市场大失所望,卡特这次宣布的干预包含两项重要的政策转变:第一,货币政策将紧缩;第二,美国中央银行将调用300亿美元干预外汇市场,平衡美元的外汇价格。计划宣布后,外汇市场果然受到震动,对其货币紧缩政策更是十分警觉。当日上午9:13,美元对马克的汇价立刻从前一天的最低点上升37.25%,达到1.83马克;几分钟后,随着中央银行抛出6 900万马克、1 900万瑞士法郎后,美元对马克的汇价又上升1%,对瑞士法郎的汇价也上升到1.567瑞士法郎。在针对日元动用了500万美元之后,美元对日元的汇价也升至187.5日元。这一天外汇市场收市时,美元对主要外汇的汇价平均上升了7%~15%。

在以后的两个星期内,外汇市场仍有抛美元风波,以试探美国等中央银行干预外汇市场的决心,但美国联邦储备委员会联合德国、日本和瑞士中央银行,一次又一次地在市场上干预。到11月底,美国干预市场的总额达350亿美元,使美元明显回升。但是,12月初,外汇市场开始怀疑美国是否真正采取倾向紧缩性政策,又开始抛美元,使美元再度下跌。美国等中央银行继续大规模干预外汇市场，但干预的效果已明显下降，到12月底，美元汇价已低于11月的水平。美元的真正走强是1979年10月新的联储会主席保罗·沃尔克上台宣布货币供应控制以后的事。

如果说20世纪70年代末美国等中央银行干预外汇市场是一场失败的持久战，1985年9月工业五国对外汇市场的干预则是一场成功的速决战。里根上台后，美元就开始一路走强，到1984年2月25日达到最高点，对马克的汇率高达1美元兑3.4794马克。经过春季和夏季的调整后，美元在该年9月又开始上涨。美国、英国、法国、德国和日本五国的财政部长与中央银行行长在纽约广场饭店开会讨论外汇干预问题。9月22日星期日，五国发表声明，声明说，五国财长和中央银行行长一致同意，非美元货币对美元的汇价应该进一步走强，他们在必要时将进一步合作，进行干预。第二天早上，外汇市场上美元立刻下跌，对马克的汇率从2.7352跌至2.6525马克，跌幅达3％以上。美元从此也一路下跌，直到1987年年初跌势才停止下来。

资料来源：百度文库. 20世纪七八十年代西方国家对美元汇率的两次联合干预.

本章小结

外汇是指以外国货币表示的能用于国际间清偿债权债务的资产。

汇率也称为汇价或者外汇牌价，是指以一个国家的货币兑换成另一个国家的货币的比价，就是人们常说的外汇买卖价格。

汇率制度是指一国货币当局对本国汇率的变动方式做出的安排和规定。按照汇率变动幅度的大小，汇率制度可以分为固定汇率制和浮动汇率制。汇率制度的内容主要包括确定汇率的原则和依据、调整汇率的方法、管理汇率的政策、一国管理汇率的机构等。

汇率是联系国内外商品市场和金融市场的一条重要桥梁。一方面，汇率的变动受制于经济生活中的一系列因素；但另一方面，汇率的变动又会对经济生活的其他经济因素产生广泛的影响。

人民币汇率是人民币对外币的比价，是人民币对外价值的表现。一直以来，人民币汇率由政府授权，国家外汇管理局对其统一指定、调整和管理。我国目前实行的是以市场供求为基础，参考一篮子货币进行调节，有管理的浮动汇率制度。人民币汇率采用直接标价法。

本章关键词

外汇　汇率　汇率制度　固定汇率　浮动汇率制　人民币汇率

本章思考题

1. 简述外汇和汇率的含义,并说出汇率标价法的种类。
2. 简述影响汇率变动的因素有哪些,并论述汇率的变动对经济的影响。
3. 简述汇率制度的含义、内容和种类。
4. 试述人民币汇率的改革历程。

第十一章 外汇汇率决定理论
Chapter 11

本章主要介绍了汇率决定理论的金本位、金块本位的铸币平价理论、购买力平价与利率平价说的关系,以及差异及抛补利率平价理论。

>>> **重点问题**

1. 汇率决定理论的发展阶段及其相应表现形式
2. 金本位、金块本位或制度下的铸币平价理论
3. 购买力平价与利率平价说的关系以及差异及抛补利率平价理论

汇率制度的演变过程也是世界货币制度发展、成熟的过程。按照其演变的历史,世界货币制度大致出现过以下5种。

(1) 金银复本位制。
(2) 金本位制(金币本位制)。
(3) 1917年后某些国家实行的金块本位制和金汇兑本位制。
(4) 在1929—1933年世界经济危机后实行的不兑换的纸币本位制度。
(5) 第二次世界大战后,形成以美元为中心的美元本位制度。

就汇率制度自身的演变而言,是从固定汇率转向浮动汇率的过程,中间经历了两者混存的一段时期。这两种类型的汇率制度既有继承性的内在联系,又有随经济条件变化的相互区别。

汇率又称为汇价,是一种货币用另一种货币表示的价格,是一国货币兑换成它国货币的比价。汇率决定理论是西方外汇理论的核心所在。汇率决定理论是描述均衡汇率的决定、影响其波动幅度及波动规律的理论,换言之,是研究影响不同国家之货币比价及其作用机制的理论。它与国际收支理论是相互联系、不可分割的,是一国货币当局制定其宏观经济政策的理论依据。在不同的经济时期,尤其是在金本位、金块本位或金汇兑本位、纸币本位等不同的货币制度下有相应的表现形式,如铸币平价理论、购买力平价及利率平价、国际收支说、资产组合(市场)说等。

第一节 铸币平价理论

1816年，英国通过金本位法案，至20世纪30年代，金本位制持续了100多年，到20世纪初该制度达到鼎盛时期。在金（铸币）本位制度下，黄金直接参与流通，被用以规定货币能代表的价值，当时各国规定了每一金铸币单位所包含的黄金重量和成色，即含金量。两国货币间的比价各依其含金量来折算或衡定。两种货币的含金量之比称为铸币平价，这是金本位制度下决定两种货币汇率的基础和依据。1929年的世界经济大危机之前，一英镑的纯含金量为113.001 6格令，而一美元的纯含金量在23.22格令，那么：

$$1 英镑 = 113.001\ 6/23.22 = 4.866\ 5 美元$$

当时在外汇市场上买进与卖出外汇时的实际汇率就是以此为依据，围绕着这一比率在一定界限上下波动的，这也被称为黄金输送点。由于在金本位制度下，黄金可以自由输出入，如果汇价涨得太高，人们就不愿意购买外汇，而要运送黄金进行清算，黄金输入的界限，叫作黄金输入点；黄金输出的界限，称为黄金输出点。汇价的波动，就是以输出点为上限，以输入点为下限，并在此之间波动。由于黄金输送点限制了汇率的波动，所以汇率之波动幅度是有限的，基本上是稳定的，因此，黄金输送点在铸币平价的基础上决定汇率的波动幅度。也就是说，由于各国一般采用汇票作为支付手段，进行非现金结算，若汇率变动使采用汇票结算较为不利时，可改为直接运送黄金的方法以代之，从而使汇率的波动幅度受黄金输送点的制约。黄金输送点一般是在金平价之上加一个正负百分数，该数是根据进行国际贸易的两国之间的输送费与利息加以计算的，因此，汇率的波动是比较稳定的。如果把金本位制度下的国际货币比作一条船，那么，黄金输送点就是该船的定点锚，只要锚在水底，这只船就漂不到那儿去。这只船的浮动范围，只能在锚链的控制下。金本位制发展到后期，由于黄金产量跟不上经济发展步伐，难以满足对货币日益增长的需求，黄金参与流通、支付的程度逐渐下降，其作用亦随之被以其为基础的纸币所取代，只有当存在巨额支付需要时，黄金才以金块的形式参与流通与支付。这种形式的货币制度，称为金块本位制。金块本位是金本位适应经济发展需要的一个变相形式，本质上仍然属于金本位制，因为黄金仍在一定程度上参与清算与支付。但是随着纸币在流通与支付方面的需求越来越大，金块本位制也难以坚持下去，货币制度就演变成金汇兑本位制，在该制度下，纸币成了法定的偿付货币，简称"法币"；政府颁布单位纸币的代表金量并维护纸币的黄金比价；纸币充当价值尺度，流通手段和支付功能，并能同黄金按政府规定的比价自由兑换，黄金则只发挥贮藏手段与稳定纸币价值的作用，这就是法定金平价。金平价是指两种货币含金量或所代表金量的对比，实际汇率因供求关系而围绕金平价上下波动。另外，汇率波动的幅度则由政府来规定和维护。显然，与金币本位制度时的情况相比，金块本位和金汇兑本位下汇率的稳定程度已降低了。而且，这种制度维持的时间并不长，由于第一次世界大战，特别是1929—1933年的世界经济危机，使金汇兑本位制度崩溃，各国改行纸币本位制度，名义上，一般纸币也有通过政府通过其法令规定的金平价，然而由于纸币不能自由兑换黄金，纸币的发行量也不受黄金储量的限制，各国往往倾向于过量发行纸币，造成通货膨胀，最终使法定金平价徒有其名而成了历史。从此，纸币独领风骚的时代开始了，随之而来的通货膨胀也如影随形，成了人们难以摆脱的梦魇。

第二节　购买力平价理论

购买力平价理论(Purchasing Power Parity，PPP 理论)强调经常项目即商品、劳务等贸易流量对汇率的决定作用。其理论渊源可追溯到 16 世纪，对之进行系统的阐述者是瑞典学者卡塞尔，他于 1922 年发表了《1914 年以后的货币与外汇理论》一书，首次提出了应以国内外物价对比作为决定汇率的依据。简单地说，两国之间的货币比率，可以用一个物品或一种服务在各自国家的价格来对比：同样一个汉堡包，在美国是 2 美元，而在中国能卖到 10 元人民币，那么，两者的汇率应是 2∶10，即 1∶5；推而广之，两国之间的物价比是其汇率的依据。本国货币与它国货币的平价主要取决于两国货币购买力的比较。

购买力平价理论又有绝对和相对之分。绝对购买力平价的前提有两个：第一，对于任何可供贸易的商品，一价定律都成立；第二，在两国物价指数的编制中，各种可贸易商品所占的权重相等。这样，两国的物价水平之间存在下列关系：

$$\sum_{i=1}^{n} a_i P_i = e \sum_{i=1}^{n} a_i P'_i$$

其中，a 项表示权数，如果将这一物价指数用 P、P' 表示，则有 $P = e \times P'$。该式的含义是：不同国家的可贸易商品的物价水平以同一货币计量时是相等的，上式变形后得 $e = P/P'$。这是绝对购买力平价的一般形式，意味着汇率取决于不同货币衡量的可贸易商品的价格水平之比，即取决于不同货币对可贸易商品的购买力之比。

相对购买力平价是将汇率在一段时间内的变化归因于两国在该时段中的物价水平或货币购买力的变化。即在一定时段内，汇率的变化要与同一时段内两国物价水平的相对变动成比例，用公式表示为：

$$\frac{e_1}{e_0} = \frac{\dfrac{Pa_1}{Pa_0}}{\dfrac{Pb_1}{Pb_0}}$$

将上式改为对数形式，再取变动率，即得：$\Delta e = \Delta P - \Delta P'$，该式即为相对购买力平价的一般形式，它表示汇率的升值与贬值是用两国的通胀率的差异决定的。如果 A 国通胀率超过 B 国，则 A 国的本币贬值，反之亦然。与绝对购买力平价相比，相对购买力平价更具有应用价值，因其避开了前者过于规范(脱离实际)的假定，并且通胀率的数据更容易得到，因而更具可操作性。

对此理论的有效性，西方学者进行了大量的统计检验，其结果表明，该理论的运行良好，但在 20 世纪 70 年代以后的浮动汇率制时期的数据却显示出对其不利的结果。主要表现为外汇市场的波动幅度超出预期，该理论所依据的相对物价指数的变动无法对短、中期(3～5 年以内)的汇率波动做出合理解释。依据上述情况，可以总结出以下几点。

(1) 购买力平价理论的短期指导意义有限。

(2) 该理论的长期衡量效果是显著的。

(3) 在通货膨胀极为严重的时期，即恶性通胀的情况下，汇率与价格的变化明显地趋于一致，购买力平价理论的有效性明显。

总之,购买力平价理论在经济史的长河中经受住了实践的检验,虽有其不足之处,但也正因如此,方显出该理论的魅力,让人们有必要更深入地进行探索。

第 三 节 利率平价理论

利率平价理论是关于远期汇率的决定以及远期汇率与即期汇率的关系的理论,其思想是凯恩斯于1923年首次提出,他认为汇率波动由两国利率水平差价决定。其后不久,英国学者爱因齐格将之发扬光大,进一步阐述了远期差价与利率之间的相互关系。该理论认为,在没有交易成本的假设前提下,由于存在寻求高利息的套利行为,远期利率与即期利率的偏差总是保持着与利差相等的幅度。利率平价说的基本观点是:远期差价是由两国利率(水平)差异决定的,且高利率货币国在期汇市场上必定贴水;低利率货币国在期汇市场上必定升水。在两国利率存在差异的情况下,资金将从低利率国流向高利率国牟取利差,追求差额利润。

利率平价理论又可分为抛(套、抵)补利率平价(简称CIP)和非抛(套、抵)补利率平价(简称UIP)两种。前者假定投资者的投资策略是进行远期交易以规避风险,因此,分析的是汇率远期升贴水率的实际值。后者则假设交易者根据自己对未来汇率变动的预期而计算预期的收益,在承担一定风险的情况下进行投资(投机)活动,其分析的对象是汇率升贴水率的预期值。

利率平价确定了同时期即期汇率和远期货币市场与本国和外国证券市场之间的联系,是外汇市场、国际货币市场及国际债券市场相互作用相互联系的平价条件。国际利率平价来源于,在均衡条件下面临同样风险的两项投资必须获得同样的报酬这一原则。

抛(套、抵)补利率平价:假定A国金融市场上一年期存款利率i,B国金融市场上同种利率为i',即期汇率为e(直接标价法),f为一年的远期汇率。如果投资于A国金融市场,则每一单位A国货币到期可增殖为:$1+(1\times i)=1+i$;如果投资B国金融市场,则兑为B国货币并在B国投资一年后再兑为A国货币的最终值为$f/e(1+i')$。对于这两种投资方式,只有当两者的收益率完全相等时,市场才处于均衡状态。所以当投资者采取持有远期合约的抛补方式交易时,市场会最终使利率和汇率间形成如下关系:

$$1+i=f/e(1+i')$$

若即期汇率与远期汇率的升(贴)水率为ℓ,即$\ell=f-e/e$,可得$\ell=i-i'$,此式即为抛补的利率平价的一般形式,其经济含义是:汇率的远期升贴水率等于两国货币利率之差。如果A国利率高于B国利率,则A国货币将在远期贬值;反之,则A国货币将在远期升值。

在以美元为中心的布雷顿森林体系时代,该理论被广泛用于说明远期外汇市场能使贸易者规避外汇风险。

非抛(套、补)利率平价理论的一般形式为:$E\ell=i-i'$,它表明预期的汇率远期变动率等于两国货币利率之差。在非套补利率平价成立时,如果A国利率高于B国利率,则意味着市场预期A国货币将在远期贬值。

从利率平价理论可以发现,无论是套补或非套补的平价理论,都说明当东道主国家利率上升时,其货币升值。

第四节 弹性价格理论和黏性价格理论

弹性价格理论是资产市场说分析法中的货币分析法。资产市场说可分为货币分析法和资产组合分析法。在货币分析法内部,依据对价格弹性的假定不同,分为弹性价格分析法(货币模型)和黏性价格分析法(超调模型)。为了对这相互联系又有区别的两种分析法有一个相对清楚的了解,以下我们分别阐述。

一、弹性价格分析法(货币模型)

此法又称为汇率决定的"货币模型"。假定本国债券与外国债券之间可完全替代,因此,这两种资产市场实际上是一个统一的债券市场。只要本国货币市场处于平衡状态,那么债券市场也必然处于平衡状态。这样,弹性价格理论集中分析本国货币市场上货币供求的变动对汇率的影响。换言之,在该市场中,商品价格在短期内具有完全弹性,因此,货币市场的均衡状况决定了汇率的变动。从而,该方法又将货币市场上的一系列因素引入汇率水平的决定之中。其基本模型得出的结论是:本国与外国之间实际国民收入水平,利率水平和货币供给水平通过对各自物价水平的影响而决定了汇率水平。该分析法体现了资产市场分析的基本特点,即对未来汇率水平的预期直接影响到即期汇率水平的形成。

二、黏性价格分析法(超调模型)

此法又可称为汇率决定的"超调模型"。在该模型中,当商品价格在短期内存在黏性,而汇率、利率作为资产价格可以自由调整时,为保持经济平衡,汇率在短期内的调整幅度超过长期水平,这一观象被称为"汇率超调"。它是对货币主义与凯恩斯主义的一种综合,成为开放经济条件下汇率分析的一般模型。

黏性分析法区别于弹性分析之处是它认为商品市场与资产市场的调整速度是不同的,商品市场的价格在短期内具有黏性,这使购买力平价在短期内不能成立,经济存在由短期平衡向长期平衡过渡的过程。从黏性分析法中不难看出,由于长期平衡就是价格充分调整后的经济平衡,故弹性价格分析法中所得出的结论实际上是黏性分析法之中长期平衡的情况。两者分析的侧重点是有差别的。

第五节 资产组合分析理论

正如在第三节中所论及的,资产组合分析法是资产市场说的另一种分析理论,也是汇率决定理论中的一个重要分支。它借用了传统利率决定理论的基本原理,并将之运用到汇率决定中。资产组合分析理论是由美国普林斯顿大学教授布朗逊最先提出,并且进行了全面而系统的阐述。该理论的基本内容是:资产的需求与供给共同决定汇率。这里的资产需求包括三个市场即本国货币市场的资产需求、以本国货币表示的收益性资产(如债券)的资产需求和以外币表示的收益性资产的资产需求。供给量的变动则包括绝对量和相对量的变动两个方面，进而最终又影响到汇率的变动。

一、资产组合分析法的结论要点

（1）就短期而言，均衡汇率由三种资产市场供求相等的交叉点决定。汇率决定与利率有着密切的联系。资产总量和货币政策可以改变汇率与利率，可以引起两者的反向变动。

（2）货币供应量通过金融市场对汇率的影响要远快于通过对物价和购买力平价对汇率的影响。

（3）经常账户盈余导致资产存量增加，进而使外汇汇率下降。反之，经常账户亏损，造成资产存量减少，导致外汇汇率上升。

二、对资产组合分析法的评价

▶ 1. 理论意义

同以往的汇率决定理论相比，它更具普遍性。这体现在其既区分了本国资产与外国资产的不完全替代性，又将经常账户这一巨额流量因素引入存量分析之中，从而将汇率模型对各种因素的综合程度提高到了前所未有的程度，将原有的各种理论皆合理地纳入其中。

▶ 2. 现实作用

流动资产选择说有着较好的政策分析前景。由于本国资产和外国资产的非完全替代的特点比较符合经济生活的实际，故其对政策效应的研究更为精确，为政府的中观、宏观决策提供了全新的工具，这种作用在实践中得到了进一步的验证。20 世纪 80 年代初，美国持续的高利率和开始下降的通胀率，使以美元计价的金融资产的实际收益率逐步提高，因而引起国际证券资产的大规模重新调整与组合，国际投资者拥有的美元金融资产逐渐增多，引发美元持续坚挺。

▶ 3. 局限性

首先，该法的模型过分复杂。由于分析是建立在诸多特定的前提条件之下的，只要这些条件中的数个的准确性受到一定的影响，分析的结果必然大打折扣。其次，从理论上看，该法的模型纳入了流量分析，但未对流量因素本身做专门的分析。一国的经常账户是受各种因素影响的，是在经济发展过程中不断调整的，并不能简单地以它在长期内必然平衡而忽视经常账户状况本身的分析。

相关案例

麦当劳大汉堡指数 Big Mac Index

什么是经济学家最喜欢的食品？非麦当劳的巨无霸汉堡（Big Mac）莫属。这倒不是因为这些头脑精明的家伙认为吃汉堡能获得最高回报率，而在于这种食品的独一无二的性质：消费者可以在全世界大多数国家买到它，而且成分和口味几乎不变。经济学家根据这一特性就能预测汇率市场的变动。

为了避免单一商品的统计偏差，一些经济学家曾经试图使用一篮子商品的综合价格指数，而不是某件商品具体的价格来验证购买力平价理论。然而，新的问题又产生了。每个国家人们消费的商品种类都不一样，即使各国人民都消费同样的商品，他们使用的数量也可能很不一样，这样计算价格指数所需要的商品权重就会有相当大的差异。例如，刀叉的价格在中美两国相等，而且都在一个月内上升 50%。这次涨价对美国消费物价指数的影响就比中国大得多,因为绝大多数中国人都用筷子而不是刀叉进餐。选择代表性的商品成为实际操作中的难题。

此外,研究现实经济还要考虑到各地运费和关税的多寡,以及非贸易品(如房产、非保鲜食品等)的存在。综合这些因素,检验购买力平价理论的学者大多得出了该学说与现实数据相去甚远的悲观结论。

然而,经济学家们并没有放弃对这一理论的信心。一价定律虽然在严格的条件下才能成立,但在今日世界,全球商品和资本越来越能够自由流动。随着运费降低和关税减免,一价定律很有可能趋近于世界经济的真实状况。如果两地商品的价格不一,国际进出口商就会立即行动从中套利,从而逐渐将价格拉平。应用购买力平价理论的关键在于找出一种合适的参照物,使各国的价格水平都能得到合理的反映。苦心搜索的经济学家终于找到了巨无霸汉堡,并发明了以它命名的指数。

从1986年开始,伦敦《经济学家》杂志每年都要发布"巨无霸汉堡"货币指数(Big Mac index)。顾名思义,在这个指数中,该刊选取了麦当劳连锁店中的巨无霸汉堡作为购买力平价参照物,并假设它在全球所有地区的售价一样,由此来决定各国货币比价。例如,根据2003年4月发布的指数表,在美国一个汉堡要2.71美元,而在加拿大则要3.2加元,两者的购买力平价汇率为1.18加元/美元。而4月22日外汇市场上的真实汇价是1.45加元/美元,因此加元被低估了18%。汉堡价格的调查显示,最便宜的汉堡在阿根廷,只要78美分一个,这多半是由于该国经历了货币大幅贬值的经济危机。最贵的汉堡在瑞士,要3.78美元一个。如此说来,阿根廷比索是全世界汇价最受低估的货币,而瑞士法郎则是最受高估的。大汉堡的国际平均价格为2.49美元,比前些年稍微降了一点。

选用巨无霸汉堡作平价参照物有两大好处。第一,麦当劳在全球120个国家开有分店,大汉堡的组成原料和工序在世界各地基本没有变化,可以保证同质同量。第二,大汉堡虽只是一件商品,却包含了多种原料和劳动,如面包、肉类、调料和人工制作,因此也可以把它的价格看作一种综合指数。

大汉堡指数起初只是一项测度货币是否反映了真实价值的辅助性参考指标,但今天越来越多的经济学家根据它预测汇率市场的走向。按照购买力平价理论,巨无霸在各国经过汇率换算以后价格应该相等,但事实并非如此。人们可以据此判断各国货币汇率是否被高估或者低估。例如20世纪90年代早期,大汉堡指数就预言包括英镑在内的几种货币相对于德国马克被高估了,一段时间过后英镑汇价果然下跌。再如1999年,大汉堡指数表明欧元在刚刚发行之时就已经被高估了,而当时几乎所有的经济学家都认为欧元会升值。索罗斯的基金管理公司也曾在欧元启用之时关注过"大汉堡指数"显示的欧元卖出信号,后来却决定忽略这项信息。不久人们就发现大汉堡指数押对了宝。2002年4月,大汉堡指数发出了卖出美元的强烈信号,因为它被已经被严重高估了。此后美元上下跳动,最后以跌幅12%收场。

大汉堡正在成为一道经济学家必点的快餐,近年来已经有十多项关于汉堡指数的国际金融研究。一些学者们认为,长期来看,购买力平价,包括大汉堡指数,的确是汇率变动的良好指南。国际货币基金组织的经济学家李莲盎(音译Li Lian Ong)最近推出了这一领域的专著——《大汉堡指数:购买力平价的应用》(*The Big Mac Index: Applications of Purchasing Power Parity*)。她认为大汉堡指数在跟踪汇率长期趋势方面有着惊人的准确性。而在短期内,币值可能仍然会在一定时间内偏离购买力平价。20世纪90年代早期,大汉堡指数多次显示美元被低估了,然而美元在之后几年仍持续下滑。

也有不少经济学家并不觉得巨无霸是一道美餐,在他们看来,大汉堡指标其实非常片面,因为汉堡只是快餐中的一种食品,而快餐只是国民食物支出中的一小部分,而食物支出在发达国家仅占较少比重。小小汉堡并不能起到一叶知秋的作用。但如果某些国家的经济水平、文化背景、消费习惯差别不大,大汉堡指数还是可以在相当程度上反映出汇率的变动趋势的。

最近几年的《经济学人》"汉堡经济学报告"指出,巨无霸汉堡售价最便宜的国家为中国、俄罗斯和马来西亚,在这些国家汉堡标价一般低于1.35美元,表明这些国家的币值被严重低估50%以上。售价最高的国家包括丹麦、瑞士和瑞典,这些国家的币值被高估了30%到70%。大多数新兴工业化国家的货币相对于美元被低估了30%~50%。这意味着,一方面,那些汇率与汉堡汇率近似的货币(如韩元)相对于其他新生经济的货币就被高估了。由此似乎也不难理解为何人民币近期面临着强大的升值压力。但另一方面,这种汇率差异不见得完全是汇率政策的产物,也可能是源于各国不同的生产力水平。

一般来说,发达国家比发展中国家的生产能力更高,但它们的优势在非贸易商品和服务方面相对于可贸易商品就小多了。如美国制造芯片的生产率比中国高很多,但美国理发师的水平可能还不如中国的剃头匠。由于劳动力市场的自主调节,工资水平在一国贸易部门和非贸易部门大抵是相同的,并没有反映部门之间的生产率差异。这样穷国的非贸易商品相对来说就比较便宜,富国就比较贵了。外汇市场上的币值主要是由可贸易商品的相对价格决定的;而购买力平价汇率是由一揽子商品和服务计算的,包括大汉堡这样的不可贸易商品。因此穷国的货币看似总是被低估的。李莲盎发现汇价偏离购买力平价的幅度总是和一国与美国的生产力水平差异有关。调整了这项因素之后,大汉堡指数能够更好地跟踪汇率水平。

大汉堡指数并非精确完美的经济指标。这不仅仅是由于购买力平价理论中的时滞效应,还由于大汉堡的地方价格还会受贸易壁垒、消费税和消费偏好的作用而发生扭曲。不过,它的确使购买力平价理论获得了更为广泛和便捷的应用,在国际金融领域具有一定的指导意义,有时甚至十分灵验。

资料来源:百度文库. 外汇与汇率案例二:麦当劳大汉堡指数.

本 章 小 结

本章介绍了三种不同历史发展阶段的汇率决定理论:铸币平价理论、购买力平价理论,以及货币模型和资产组合平衡说。

在第一次世界大战前,是金本位时期,用铸币平价理论指导汇率决定。"一战"后以及其后一段时期,是金块本位与金币本位居统治地位,故仍以铸币平价理论为指导。在金本位制度下,黄金具有全能的功能,被用于规定货币的所有功能(黄金天然是货币),各国均规定了每一金铸币单位所含的黄金重量和成色,即含金量。两国货币间的比价要用其各自所含的含金量来折算。

"一战"至"二战"之间,军备竞赛让世界各国的金币本位名存实亡,故改为以法币(纸币)代替金本位,随之的汇率决定理论变为购买力平价理论。该理论有两种形式,即绝对购买力平价和相对购买力平价。前者指出两国货币的均衡汇率是两国的价格比率,设明特定时点上汇率决定的基础。而后者则指出汇率的变动等于两国价格指数的变动差,说明了特定时间点汇率变动的原因。

货币分析与资产组合分析是资产市场说的两个互有联系但又有区别的两种汇率决定理论,前者强调货币的流量,把焦点聚于货币与资产的流量均衡上。后者更加注重货币与资产的存量均衡,其分析更加强调资产市场的存量均衡对汇率的决定性作用。两者的区别在于两者关于资产替代性的假定不同。货币分析法假定本国债券同外国债券有充分可替代性,而资产组合分析否认这种可替代性,特别强调债券市场的作用。

货币分析法中也有两个基本的分析模型,即弹性价格与黏性价格模型。弹性价格模型认为汇率水平主要由货币市场的供求状况决定;黏性模型则认为短期内由于不同市场存在不同的调整速度,商品市场和资产市场并非达到同步均衡的,后者的调整速度快于前者,使汇率出现超调,这便是短期汇率易于波动的原因所在。

资产组合说指出,投资者根据其对收益率及风险大小的考察,将财富分配于各种可供其选择的资产,确定自己的资产组合。当资产组合达到了稳定状态时,国内外资产市场供求也达到了均衡,均衡汇率也相应被确定。当资产供给(财富总量)发生变化时,通过汇率和利率的共同调节,资产组合会达到新的平衡。

上述汇率决定理论都有一个共同的特点,倾向于从宏观角度认识问题,用于判断长期汇率是比较有效的。但以之衡量短期汇率的无规则波动多显得无能为力。学者们于是把目光转向了外汇市场结构、外汇交易行为等微观领域,微观分析已日渐成为分析汇率短期波动原因的主要方法。

本 章 关 键 词

汇率决定理论　购买力平价　利率平价　弹性价格与黏性价格　资产组合分析

本 章 思 考 题

1. 从我国经济发展阶段分析人民币升值与贬值的压力与时机的选择。
2. 对国际收支说做出简单评述。
3. 运用所学的利率评价说和汇率的货币分析法,分别推导出东道国利率上升时对当前汇率产生的影响。以上两种方法得出的结论是否一致?如果不一致,请加以说明。
4. 试推导不考虑通货膨胀条件的远期汇率及升贴水公式。

第十二章 国际收支调节理论
Chapter 12

本章介绍了国际收支调节理论的主要观点、基本内容和局限性，价格-铸币流动机制是其中具有代表性的国际收支调节理论。

>>> **重点问题**

1. 国际收支调节理论的主要观点、基本内容和局限性
2. 价格-铸币流动机制

国际收支的平衡问题自国际贸易初期就是各当事国特别注意的问题。但在其初期是完全由市场这只"无形之手"来自动实现的，即在无政府干预的条件下，由市场经济中的其他变量与国际收支相互作用和彼此影响来完成国际收支调节。一国的国际收支失衡必然会影响其他经济变量的变化，同样，其他经济变量的变化也会反过来引起国际收支失衡的程度。在现实中，国际收支失衡往往具有常态性，难以由市场本身自动调节恢复平衡，需要借助外部干预来达到平衡。本章分别介绍由市场这只看不见的手与政府通过相关渠道干预的国际收支调节理论。

第一节 价格-铸币调节理论

价格-铸币调节理论是在国际金本位制度下国际收支调节的基本理论。英国古典政治经济学代表人物大卫·休谟在驳斥重商主义顺差论时在其1752年出版的著作《政治论丛》中，首次将货币数量论应用于国际收支方面的分析，系统地阐述了在国际金本位制度下，各国的国际收支表有自发的调节机制，即著名的价格-铸币流动机制。这个机制的作用过程是：因为每个国家的货币供给是以黄金本身或以黄金为基础的纸币构成的，在黄金自由进出口的背景下，如果某国出现国际收支逆差就会导致黄金的外流，从而使该国的货币供应量减少，物价水平下降，相应地该国的出口商品的竞争力就增强了；随之社会对进口商

品的需求量减少，对外贸易出现顺差，改善赤字水平。反之，某国的国际收支存在顺差，就会导致黄金流入，使国内的物价水平提高，出口商品的竞争力就随之下降，进口商品的数量增加，形成对外贸易的逆差，减少了国际收支的盈余。换言之，在严格的金本位制下，任何国家皆不能长期处于国际收支的顺差或逆差之中。简言之，其主要观点是：在一定时期内，只要一国的商品生产总量、劳动数量、工业和技术发展水平不变，该国的进出口必然趋于平衡。故贸易收支的失衡是暂时的，经济系统内部存在一种自动恢复机制使贸易收支实现自动平衡。其主要内容是价格铸币机制由四个环节相互衔接组成：国际收支与黄金数量、黄金数量与货币供给数量、货币供给数量与物价水平、物价水平与进出口数量，它们之间的内在联系及相互作用如图12-1所示。

```
              →黄金流出→货币供给减少→物价水平下跌→出口增加进口减少→
                                                                    ↓
国际收支逆差                                                国际收支顺差
     ↑                                                              ↓
              ←出口减少，进口增加←价格水平上升←货币供给上升←黄金输入←
```

图12-1　价格-铸币流动机制示意图

其问题在于必须有一系列条件的限定。

（1）价格-铸币流动机制基本依赖于各国严格遵守金本位制度，严格按照该制度的"比赛规则"，否则，国际收支变动不一定会使黄金数量与货币供应量发生相应地变动。实际上能否遵守完全取决于各国的经济利益。

（2）经济中不存在大量失业，否则货币供应量的变化不一定会导致物价变动。

（3）盈余国和赤字国的进出口必须具备较高的价格弹性，否则物价变动未必导致相应的贸易收支变动。

此外，不存在资本流动，否则，国际收支失衡未必引起黄金的流动。同时，此机制要以自由贸易为条件，一旦有关国家实行贸易保护主义，这种机制就会不同程度地失灵。

第二节　国际收支的弹性分析法

国际收支的弹性分析法是指在收入不变动的情况下，运用汇率和价格变动对经常项目失衡进行调节。这一理论最初是由英国经济学家马易贝尔提出，再由英国经济学家弗雷德·马歇尔确定的，并由勒拿·哈佰勒发展，最后由英国经济学家琼·罗宾逊于20世纪30年代在国际金本位制度全面崩溃的背景下，在马歇尔微观经济学和局部分析方法的基础上加以补充及进一步的系统化。该理论是一种适用于纸币流通制度的国际收支理论，它着重考虑货币贬值取得成功的条件及其对贸易收支和贸易条件的影响。弹性理论的内容有两个：一是汇率的决定；二是货币贬值对国际收支的影响。为了便于理解，在此需先明确两个概念：J曲线效应和马歇尔·勒拿条件。

J曲线效应的含义是：当一国货币贬值后，最初会使贸易收支状况进一步恶化而非改善，只有经过一段时间以后，贸易收支恶化才会得到控制并趋好转，最终使贸易收支状况得到改善。这一过程用曲线加以描述，与英文字母"J"相似，所以货币贬值对贸易收支改善的时滞效应被称为 J 曲线效应，如图 12-2 所示。

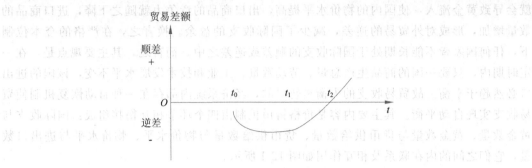

图 12-2　J 曲线效应

本币贬值对贸易收支之所以产生 J 曲线效应是因为贬值对国际收支状况的影响存在时滞效应。这一时滞表现为三个阶段：货币合同阶段、传导阶段和数量调整阶段。在货币合同阶段，进出口商品的价格和数量不会因本币贬值而发生改变，以外币表示的贸易差额就取决于进出口合同所使用的计价货币。如果进口合同以外币计价，出口合同以本币计价，那么本币贬值会恶化贸易收支。这种情况在传导阶段不会有所改善，国际收支状况继续恶化。在接下来的数量调整阶段，价格和数量同时变化，国际收支状况开始改善，最终形成顺差。因此，J 曲线产生的原因在于在短期内进出口需求弹性 $\eta x+\eta m<1$（其中 ηx、ηm 分别表示出口商品和进口商品的需求价格弹性的绝对值），本币贬值恶化贸易收支，而在中长期，$\eta x+\eta m>1$，本币贬值能使一国国际收支状况得以改善。

货币贬值所产生的两个主要效应是价格与贸易量效应，两者相结合决定了经常项目收支的变化。我们从进出口商品需求价格弹性的角度来考察一下货币贬值对经常项目收支的影响。这就涉及与之相联系的一个主要的充分条件，即"马歇尔·勒拿条件"。所谓马歇尔-勒拿条件是指在既定的进出口条件下一国货币贬值对国际收支的影响时提出的贬值改善国际收支的条件，是由美国经济学家勒拿提出来的。其表述如下：若本币贬值前贸易是平衡的，则 $\eta x+\eta m>1$，该公式表明，在进出口商品的供给弹性趋于无穷大的前提下，如果进出口商品需求弹性之和的绝对值大于 1，则货币贬值就能起到扭转贸易状况、改善国际收支的作用。而且，进出口需求弹性越大，本币贬值对贸易收支状况改善的效果越明显。故马歇尔-勒拿条件是弹性分析法的核心。但是，弹性论舍弃了劳务进出口和国际间的资本流动，贸易收支等同于国际收支；同时又假定进出口商品供给弹性无穷大，故理论的运用同"二战"以后的现实有诸多不符之处，存在一定的局限性。

第三节　国际收支调节的吸收分析理论

国际收支的吸收分析方法又称为支出分析法。该法是由詹姆斯·米德和西德尼·亚历山大等经济学家在凯恩斯宏观经济学的基础上从一国国民收入与支出角度考察国际收支时提出来的一种国际收支调节理论。亚历山大认为，一国若想通过本币贬值来改善其贸易收支状况，必须满足以下两个条件：要么贬值可以带来本国收入的增加；要么能使本国的实际支出,即吸收减少。否则,只会导致通货膨胀或其他经济问题。吸收理论提出三个主要假设。

(1) 不考虑资本的流动。
(2) 假定原来国内经济处于均衡状态。
(3) 生产要素可以自由流动。

该法按照凯恩斯主义的国民收入方程式:

$$Y(国民收入)=C(消费)+I(投资)+G(政府支出)$$

在开放经济背景下,

$Y=C+I+G+[X(出口)-M(进口)]$构建了其理论基础,即 $B=X-M=y-A$(其中,B 表示贸易额;$A=C+I+G$ 命名为吸收)。

由此,亚历山大认为当国民收入大于总吸收时,国际收支为顺差。反之,即为逆差;国民收入等于总吸收时,国际收支趋于平衡。

国际收支盈余是吸收相对于国民收入不足的表现;而国际收入赤字则是吸收相对于国民收入过大的结果。或贸易收支顺差意味着国民收入大于国内吸收,逆差则相反。在此基础上,吸收论者主张用宏观需求管理政策,即支出变更政策(财政、货币政策)或支出转换政策(主要有汇率政策、直接管制政策)或两者适当搭配协调以改善国际收支状况。

一、贬值效应的影响

此外,吸收论者还着重分析了贬值效应的影响。

(一) 对国民收入的影响

▶ 1. 从供给方面来看

当一国生产要素尚未被充分使用而存在闲置生产能力时,由贬值引起的出口需求上升就可能进而引发产量扩大,使国民收入增加。

▶ 2. 从需求方面来看

如一国出口需求弹性满足马歇尔·勒拿条件,贬值即可导致本国国民收入增加,从而改善其国际收支。

▶ 3. 从政府对宏观经济进行调控的角度来看

如果一国采取贬值政策的同时,放松那些保护性或限制性的贸易政策,使资源配置的扭曲得以降低。这也同样可以增加国民收入,改善国际收支。

(二) 对吸收的直接影响

利用货币贬值对吸收的直接影响从而改善国际收支也是不可忽视的,这同样产生三种效应。

▶ 1. 实际现金余额效应

一方面,从货币供应来看,一国当局采用本币贬值政策将导致本国的通胀,物价上涨使实际货币供给下降,这要求货币当局同时实行紧缩的货币政策而不使货币供给随本币贬值而增加,由此导致国内利率上升,从而国内投资随之下降。另一方面,消费者会由于实际货币余额的减少而设法恢复流动资产,这又引起消费下降,此为货币余额效应。

▶ 2. 货币幻觉效应

即当即货币贬值、物价上涨时,即使人们的收入与物价同比例上涨,使实际收入保持不变,人们也会因物价上涨而产生心理幻觉,无形之中减少消费支出。

▶ 3. 收入再分配效应

物价的上涨总是先于工资的提高,从而增加了企业家的利润。由于贬值后物价上涨的同时工资水平受劳资合同的契约限定而不能立即提高,造成工人的名义工资不变但实际工资下降,而厂商的利润则由于对收入的再分配增加了。物价的上涨会使更多的实际收入转变为政府的税收。由于利润收入具有比工资收入更高的边际储蓄倾向,这会使全社会的吸收水平(消费)下降,进而改善国际收支。综合上述分析,人们不难发现,在采用贬值政策的同时,如果辅之以紧缩的货币政策和财政政策,更易于达到改善国际收支的目的。故具有强烈的政策配合的含义。

二、吸收分析理论的局限性

吸收分析理论前提的着眼点是贸易收支,忽略了国际资本流动对国际收支的巨大影响。同时,强调收入的变化对于吸收的影响,却忽略了吸收的变化对收入的影响,而把增税和减少国民收入作为弥补国际收支差额的主要手段,这与充分就业的目标相违背。

第四节 货 币 论

货币论认为国际收支本质上是一种货币现象,决定国际收支状况的关键是货币的供求关系。它从纯货币的角度而非商品的角度来考察它对一国的国际收支的影响。如寻本溯源,可以从大卫·休谟的价格-铸币机制上找到其雏形。货币分析法的现代复兴,始于米德在 20 世纪 50 年代初期的研究,其代表人物是美国经济学家蒙代尔和哈里·约翰逊,货币论是以货币主义为基础的,是现代货币主义在国际收支方面的运用。

一、货币论分析的基本假定

(1) 在充分就业均衡的状态下,一国的货币需求是收入、价格和利率等变量的稳定的函数,即货币需求是实际收入的函数。

(2) 从长期来看,一国的实际货币需求是稳定的,货币供给的变动不会影响实物的产量。

(3) 贸易商品的价格是外生的,从长期衡量,一国的价格水平与利率水平是接近于国际水平的。购买力平价长期内成立。

在以上基本假定下,货币分析的理论可用如下公式加以描述:

$$M_s = M_d \tag{12-1}$$

$$M_d = P \cdot f(Y, \gamma) \tag{12-2}$$

$$M_s = m \cdot (D + R) \tag{12-3}$$

在式(12-1)~(12-3)中,M_s 表示货币名义供应量;M_d 表示名义货币的需求量;P 表示一国之价格水平;Y 表示国民收入;γ 表示利率;$f(Y, \gamma)$ 表示对实际货币存量的需求;D 表示国内的信贷;R 表示外汇储备;m 是货币乘数。在此,假定 $m=1$,由上式可得:

$$M_d = M_s = D + R \tag{12-4}$$

$$R = M_d - D \tag{12-5}$$

式(12-5)是货币分析法的基本方程，R 下降意味着国际收支出现逆差，是因为国内信贷 D 的供给量超过了国内货币需求 M_d 而形成的。

二、货币分析理论的主要内容

当货币供应量大于货币需求量时，人们手中的货币存量将超过其愿意持有的货币存量水平，人们必然倾向于增加对外国商品和金融资产的需求，最终导致国际收支逆差。相反，当货币供应量小于需求时，国际收支处于顺差。只有当货币供给与需求相等时，国际收支才达到均衡。货币的过度需求与国际收支顺差相联系，其过度供给则与国际收支逆差相呼应，因此，仅仅着眼于货币贬值并不能真正解决一国国际收支的逆差，而只能使之暂时性改善，是一种治标不治本的权宜之计，只有将货币增长率维持在适当的水平，方可从根本上保证国际收支的平衡。将货币市场与国际收支直接联系在一起，而不是单独考虑商品或金融市场变化的作用，这是其与其他分析法的明显区别。据此，货币分析论者提出了相应的政策措施：①所有的国际收支失衡都可以通过一国的货币政策来解决；②货币的存量可以通过两种措施来调整，即国内货币的紧缩或扩张和外汇储备的增减，货币当局可酌情两者选其一。

由于当今世界的高度货币化，货币的存量与流量几乎代表了各种收支的运动，因此，它使国际收支理论更加贴近现实，也更具可操作性，是国际收支理论分析重心的一次重大转移，更具现实意义。

第五节 国际收支调整的结构分析法

国际收支结构分析法是以结构经济学为基础的国际收支方法。20 世纪 80 年代，以英国经济学家瑟·沃尔为代表提出了这一方法，该法认为市场经济的运行不甚理想，一国经济的结构失衡是造成持久性国际收支失衡的主因。而国际收支失衡状态反过来又会加剧一国经济的恶化，两者形成恶性循环。这种情况不仅在发展中国家存在，在发达国家也难以幸免。传统的国际收支分析法与货币分析法的调节机制之所以难以奏效，原因正是在于忽略了国际收支乃是一个经济结构问题，有药不对症之嫌。

结构论认为，货币论过于强调从需求而非供给方面提出国际收支调节政策。实际上，长期性的国际收支逆差既可能是长期性的过度需求所致，更可能是长期性的供给不足造成。而长期性供给不足往往与经济结构密切相关，如结构老化、结构过于单一、结构落后等，两者之间形成了恶性循环。如不改善经济结构，仅仅着眼于支出变更与支出转换政策是难以打破这种恶性循环的，有时不仅于事无补，甚至有害。

就发展中国家而言，为了发展经济需要有一定数量的国内投资，这种投资将导致物资进口，而这又需要相应的外汇收入。如果出口外汇收入不足，外汇短缺又导致资本货物的进口缩减、投资和经济增长率的下降。问题的症结在于发展中国家经济的结构特征，例如过于依赖资本货物的进口，政府当局无力或不愿减少非生产性的进口商品（如奢侈品等），或者由于诸多原因，政府需要发展资本密集型工业，从而使之难以发挥比较优势，反而加重了资本的短缺。这种结构特征往往使发展中国家在出口上转到前景有利的制成品之前，国际收支状况捉襟见肘，难以改善。而恶化的国际收支又阻碍了产业结构的升级，阻碍了经济的发展。由此可见，两者形成了一对相互制约的因素。

同样，发达国家也存在类似问题，当一国欲使内部均衡、达到产业结构升级时，内部的各种矛盾（高工资、高福利的刚性使财政赤字长期高企、紧缩政策难以出笼等）使资本严重短缺，制约经济发展，2015年的希腊经济危机就是一个典型案例。

正是由于经济结构与国际收支失衡之间的这种互动关系，结构论者认为，要解决国际收支失衡，关键在于改善经济结构，形成比较优势，通过提高劳动生产率来提高供给水平，实现内外均衡。单纯的支出变更政策和支出转换政策都不能解决问题，甚至可能把问题复杂化。结构分析法是从一种新的角度思考国际收支问题的，在国际上有相当影响，但对之批评者不乏其人，有人认为该理论讲的实际上是发展问题，以经济发展政策来调节国际收支，似乎是隔靴搔痒，收效甚微；也有人对该理论的理论框架发难：①对发展中国家适应比较利益的变化向出口部门转移资源的能力过于悲观。②低估了价格机制对转移资源的有效程度。③对于国内外生产要素投入替代可能性估计不足。

相关案例

1985—1995年间，泰国经济年均增长率为8.4%。到了1995年，泰国的经常项目逆差已占其国内生产总值的8.1%。泰国政府在汇率上采取钉住美元的政策，将泰铢稳定在1美元兑换25泰铢水平上，同时，采取一系列放宽资本账户管制的政策，吸引外资。

为吸引外资，泰国开放了资本账户，基本实现了资本项目下的可兑换，同时为扩大对外资的吸引力，泰国政府提高了利率水平，使国际游资得以进行套利活动。1995年，短期资本中净流入资本的比重达到60%。

通过上述几项政策，使泰国的金融项目顺差不断扩大，到危机爆发前夕的1995年就已经达到了219亿美元。因此，虽然其经常项目逆差不断扩大，但在表面上国际收支差额仍然维持在一个较为均衡的水平上。

然而，随着泰国国际竞争力的降低与经常项目赤字的持续上升，泰铢贬值的压力日益增大。进入20世纪90年代，由于美国经济持续增长，美元币值坚挺，为维持泰铢对美元的固定汇率，泰国中央银行被迫干预外汇市场，大量抛售外汇，使国内银根抽紧。为维持固定汇率制度，泰国付出了惨重的代价。

资料来源：百度文库．泰国在金融危机前的国际收支调节．

本章小结

在国际收支平衡表中，国际收支可分为4大类：经常项目、资本项目、政府结算项目和错误与遗漏项目。经常项目是其中最基本的项目，因此，研究国际收支调节就是以经常项目为重点。

国际收支的调整在一国宏观经济的运行中是个举足轻重的问题。按经济发展的阶段，本章先后考察了价格-铸币理论、弹性调节理论、吸收调节理论、货币分析理论和结构分析理论。

价格-铸币理论是国际收支理论的发端，是在金本位制度下的国际收支自动调节论。

弹性分析理论是运用弹性分析方法来说明汇率的变动对一国国际收支的影响，其内容有两个：汇率的决定和货币贬值对国际收支的影响。该法认为，货币贬值可以提高国外商品相对国内商品的价格，但贬值能否改善贸易收支取决于进出口商品的供求弹性。在各国国内价格不变的前提下，当一国之进口与出口需求弹性满足马歇尔·勒拿条件：$\eta x + \eta m > 1$ 时，贬值可以改善国际收支状况。但贬值多遵循所谓的"J"曲线效应，即在贬值过程中，贸易收支差额先降后升。

吸收分析法是凯恩斯的乘数原理与弹性分析法的结合，该法说明货币贬值只有在收入相对于吸收增加的情况下，才能使贸易收入得以改善。

货币分析法是价格-铸币理论在现代条件下的运用与创新。它从货币的而非商品的角度来考察其对一国国际收支的影响，强调货币供求关系在决定一国国际收支状况中的决定作用。它将货币市场失衡与国际收支失衡直接联系在一起，认为逆差是国内货币供给超过了需求，而顺差则是供给低于需求所致。在固定汇率下，国际收支失衡可以通过货币供需的自动调整来实现；在浮动汇率下，则可以通过汇率的变动来自动调整。

结构分析法认为，把国际收支失衡归咎于货币市场失衡所致有失偏颇，而真实根源在于经济结构本身。与以前的国际收支理论相比，结构论把分析重心从总需求转到总供给，强调经济结构在调整国际收支中的决定作用。

本 章 关 键 词

经常项目　资本项目　国际收支调节论　J曲线效应　马歇尔·勒拿条件

本 章 思 考 题

1. 什么是经常项目？
2. 试分析货币论的政策主张。
3. 试总结各派国际收支调节论的优缺点与异同。

第十三章 国际金融体系
Chapter 13

国际金融体系是指调节各国货币在国际支付、结算、汇兑与转移等方面所确定的规则、惯例、政策、机制和组织机构安排的总称。随着世界经济的发展和历史的变迁，旧的体系被新的体系所代替，综观整个过程，国际金融体系的发展经历了三个阶段，即国际金本位体系、布雷顿森林体系和牙买加体系。随着世界经济进入牙买加体系时期，由于浮动汇率制的全球化，不可避免地出现了国际金融危机。本章详细阐述了三种金融体系的产生、发展及评价，接着简要介绍了欧洲货币体系，最后简要介绍了几种具有代表性的国际金融危机。

>>> **重点问题**

1. 国际金融体系的含义和内容
2. 国际金本位制体系的形成、内容和评价
3. 布雷顿森林体系的形成、内容和评价
4. 牙买加体系的形成、内容和评价
5. 欧洲货币体系和欧洲货币一体化的形成、内容和影响
6. 四次金融危机的形成、过程和评价

国际金融体系是指调节各国货币在国际支付、结算、汇兑与转移等方面所确定的规则、惯例、政策、机制和组织机构安排的总称。国际金融体系是国际货币关系的集中反映，它构成了国际金融活动的总体框架。在市场经济体制下，各国之间的货币金融交往，都要受到国际金融体系的约束。国际金融体系主要包含三个方面的内容。

（1）国际储备资产的选择与确定。即一国在国际间的经济交往中使用何种货币作为支付货币，一国政府应持有何种国际储备资产来满足调节国际收支的需要。

（2）汇率制度的选择与确定。即一国采用固定汇率制还是浮动汇率制，或是采用介于两者之间汇率制。

（3）国际收支的调节手段。即当国际收支出现问题时，采用何种手段对其进行调节。国际金融体系的发展经历了三个阶段，即国际金本位体系、布雷顿森里体系和牙买加体系。

第一节 国际金本位体系

世界上出现的第一个金融体系是国际金本位体系，大约形成于1880年年末，到第一次世界大战爆发时结束，大概盛行了35年。英国作为最早的发达的资本主义国家，1816年颁布了《金本位制度法案》，在世界上首先实行金本位制。随后，德国于1871年宣布实行金本位制，丹麦、瑞典、挪威等国于1873年也相继实行了金本位制。到19世纪末，资本主义各国已经普遍实行了这一货币制度。金本位制是以一定的成色及重量的黄金为本位货币的货币制度。在金本位制下，每单位的货币价值等同于若干重量的黄金（即货币含金量）；当不同国家使用金本位时，国家之间的汇率由它们各自货币的含金量之比——金平价来决定。但是实际上，在金本位体系下，由于黄金运输不便，风险较大，保管不便，且不能生息，人们在通常以英镑代替黄金，英镑依靠英国的经济实力充当国际货币。在当时，英国有"日不落帝国"和"世界加工厂"之称，所以世界贸易的80%～90%以英镑计价，英国充当了当时各国世界贸易的最后贷款人。金本位制大致经过三个时期，即金币本位制时期、金块本位制时期和金汇兑本位制时期，其中金币本位制是最典型的形式。部分国家实行金本位制的年代如表13-1所示。

表13-1 部分国家实行金本位制的年代

国 别	年 代	国 别	年 代
英国	1816	日本	1897
德国	1871	俄国	1898
瑞典	1873	奥地利	1892
挪威	1873	荷兰	1875
丹麦	1873	瑞士	1874
法国	1874	比利时	1874
美国	1879	意大利	1874

一、金本位制的主要特点

▶1. 黄金作为最终清偿手段，是"价值的最后标准"，充当国际货币

各国政府都规定以黄金作为本位货币，确定本国铸币的货币单位及含金量。金币具有无限法偿的权利，并能与银行券自由兑换，金币可以自由熔化为黄金，黄金可以在各国之间自由地输出与输入，即常说的"三自由"。由于金币可以自由兑换，各种价值符号（金属辅币和银行券）就能稳定地代表一定的黄金进行流通，从而保持币值的稳定，不致发生通货膨胀；由于自由铸造，金币的面值就可以与其所含的黄金价值保持一致，金币的数量就可以自发调整，满足流通中的需要；由于黄金自由输出和输入，就能保证外汇行市的稳定和国际金融市场的联系和统一。所以国际金本位制度是一种相对比较稳定、健全的货币制度。

▶ 2. 汇率体系呈现为严格的固定汇率制，汇率稳定

在金本位制盛行的30多年间，各主要资本主义国家间的汇率相当稳定，几乎未发生过汇率波动。

▶ 3. 这是一个松散、无组织的体系，是一种自发实行并得到普遍认可的体系

金本位制体系的成立未经过某种大型会议的协商，也没有一个常设机构来规范其实施，但是这种体系被各国普遍认可并自发遵守。

▶ 4. 国际金本位有自动调节国际收支的功能

根据英国经济学家休谟的"价格-铸币"流动机制。由于自由铸造，金币的面值就可以与其所含的黄金价值保持一致，金币的数量就可以自发调整，满足流通中的需要；由于黄金自由输出与输入，就能保证外汇行市的稳定和国际金融市场的联系和统一。所以国际金本位制下，国际收支的不平衡得到自动调节。

二、金本位制的三个时期

（一）金币本位制时期

金币本位制的特征是将黄金铸币作为法定本位币，而银币则退居辅币地位，黄金作为本位币就有无限法偿能力，银行券可以自由兑换成金币，任何人都可以向国家造币厂申请将其所拥有的黄金铸造成金币或将金币熔成金块。黄金的输出输入在国与国之间可以自由进行运输转移，理论上不加限制。在金币本位制统治的35年间，对资本主义的生产起到了一定的推动作用。然而由于世界黄金产地分布不均匀、金币损耗等原因，金币本位制在第一次世界大战后被金块本位制取代。

（二）金块本位制时期

金块本位制实质上是一种以金块办理国际结算的金本位制。在该种制度下，由国家储存金块作为储备；流通中各种货币与黄金的兑换关系受到限制，不再实行自由兑换，但在需要时，可按规定的限制数量以纸币向本国中央银行无限制兑换金块。可见，这种货币制度实际上是一种附有条件的金本位制。在金块本位制中，可以兑换黄金的银行券代替金币，任何人都可以将所持有的银行券兑换成等价的黄金。

（三）金兑汇本位制

金兑汇本位制也称为虚金本位制，是该国货币一般与另一个实行金本位制或金块本位制国家的货币保持固定的比价，准许本国货币无限制地兑换成该国货币的金本位制。在该制度下，国内只流通银行券，银行券不能兑换黄金，只能兑换实行金块或金本位制国家的货币，国际储备除黄金外，还有一定比重的外汇，外汇在国外才可兑换黄金，黄金是最后的支付手段。实行金汇兑本位制的国家，要使其货币与另一实行金块或金币本位制国家的货币保持固定比率，通过无限制地买卖外汇来维持本国货币币值的稳定。

三、对金本位体系的评价

（一）金本位体系的优点

金本位体系具有其自身的优势。

（1）由于实行固定汇率制，汇率的固定消除了汇率波动所产生的不确定性，有助于促进世界贸易。

(2) 由于金本位制内在的对称性,该体系中没有一个国家拥有特权,处于凌驾于别国的超然地位,所有国家地位平等,都必须承担干预外汇的义务。

(3) 世界各国的中央银行必须固定其货币的黄金价格,所以它们不会允许其货币供给比实际货币需求增长得更快。因此,金本位制能够对中央银行通过扩张性货币政策引起国内价格水平上涨的做法予以限制。

(二) 金本位体系的缺点

但是它也有自身无法克服的缺点。

(1) 它大大限制了使用货币政策对付失业等问题的能力。

(2) 只有当黄金与其他产品和服务的相对价格是稳定的,将货币与黄金挂钩的做法才能确保总体价格水平的稳定。

(3) 当各国经济增长时,必须要有相应的黄金货币作为补充,要能不断地发现新的黄金资源,否则中央银行无法增加其持有的国际储备。

(4) 金本位制给了主要的黄金产出国通过出售黄金来影响世界经济状况的巨大的能力。

四、金本位体系的崩溃

金本位制从 1880 年年末形成,到 1914 年"一战"爆发是结束,盛行了大约 30 年,但是由于自身难以克服的原因最终崩溃,其崩溃的主要原因如下。

(1) 黄金生产量的增长幅度远远低于商品生产增长的幅度,黄金的增加不能满足日益扩大的商品流通需要,这就极大地削弱了金铸币流通的基础。

(2) 黄金存量在各国的分配不平衡。截至"一战"爆发的前期 1913 年年末,美、英、德、法、俄五国占有世界黄金存量的三分之二。黄金存量大部分为少数强国所掌握,必然导致金币的自由铸造和自由流通受到破坏,削弱其他国家金币流通的基础。

(3) 第一次世界大战爆发,黄金被参战国集中用于购买军火,并停止黄金自由输出和银行券兑现黄金,最终导致金本位制的崩溃。

五、金本位体系的影响

金本位制度的崩溃,对国际金融乃至世界经济产生了巨大的影响。废除金本位制后,各国为了弥补财政赤字或扩军备战,会滥发不兑换的纸币,加速经常性的通货膨胀,不仅使各国货币流通和信用制度遭到破坏,而且还加剧了各国出口贸易的萎缩及国际收支的恶化。金本位制度的崩溃导致汇价的剧烈波动,冲击着世界汇率制度。在金本位制度下,各国货币的对内价值和对外价值大体上是一致的,货币之间的比价比较稳定,汇率制度也有较为坚实的基础。但各国流通纸币后,汇率的决定过程变得复杂了,国际收支状况和通货膨胀引起的供求变化,对汇率起着决定性的作用,从而影响了汇率制度,影响了国际货币金融关系。

第二节 布雷顿森林体系

一、布雷顿森林体系的形成

第二次世界大战使西方主要国家之间的力量对比发生很大的变化,前联邦德国(西德)、意大利、日本遭受到毁灭性的打击，经济处于崩溃边缘，英国、法国等老牌强国在战争中受到了巨大的创伤，经济实力严重削弱。特别是一直领衔世界经济的英国，更是损失惨重，直接经济损失在1 500亿美元以上，出口额不到战前1/3，海外资产损失超过40亿美元，外债高达150亿美元，黄金储备下降到不足100亿美元。而美国却凭借其在"二战"中的"租借法案"为盟国提供军火赚取了巨大利益，一跃成为世界经济第一强国。到战争结束时，美国的工业制成品占世界工业制成品的一半，美国的对外贸易额占世界贸易总额的1/3强。黄金储备从战前的145亿美元增加到战后的201亿美元，占到资本主义世界黄金总额的59%。同时，美国的对外投资急剧增长，已经完全赶超英国，成为世界最大的债权国。在此种形势下，美国试图依仗其巨大的经济实力取代英国充当世界经济霸主，然而，虽然英国经济实力受到削弱，但是英镑依然是主要的国际储备货币，几乎近一半的国际贸易还是英镑结算，伦敦依然是当时最大的国际金融中心。所以，英美两国政府都从本国的利益出发，设定了新的国际货币制度，于1943年4月7日分别发表了各自的方案，即英国的凯恩斯计划和美国的怀特计划。

(一) 凯恩斯计划

凯恩斯计划是从英国的经济利益出发，同时也反映了战后国际收支经常发生赤字的很多西方国家的现实情况，因此也受到了许多国家和政府的支持。凯恩斯计划强调透支原则和多方共同担负国际收支失衡调节责任，其主要内容如下。

(1) 建立"国际清算同盟"，相当于世界银行。

(2) 会员国中央银行在"同盟"开立往来账户，各国官方对外债权债务通过该账户用转账办法进行清算。

(3) 顺差国将盈余存入账户，逆差国可按规定的份额向"同盟"申请透支或提存。

(4) "同盟"账户的记账单位为"班科"(Bancor)，以黄金计值。会员国可用黄金换取"班科"，但不可以用"班科"换取黄金。

(5) 各国货币以"班科"标价，非经"同盟"理事会批准不得变更。

(6) 会员国在"同盟"的份额，以战前三年进出口贸易平均额的75%来计算。

(二) 怀特计划

与凯恩斯计划计划所强调的透支原则不同的是，怀特计划提出存款原则，建议成立稳定基金，其主要内容如下。

(1) 以基金制为基础。基金至少为50亿美元，由会员国按规定的份额缴纳。份额的多少根据会员国的黄金外汇储备、国际收支及国民收入等因素决定。

(2) 基金货币与美元和黄金挂钩。基金组织发行的货币单位为"尤尼它"(Unita)，每一"尤尼它"等于10美元或含纯金137格令(1格令＝0.0648克纯金)，"尤尼它"可以兑换黄金，也可以在会员国之间相互转移。

(3) 表决权取决于会员国缴纳的份额。各会员国在基金组织里的发言权与投票权同其缴纳的基金份额成正比例。

(4) 稳定货币汇率。会员国货币都要与"尤尼它"保持固定比价，不经"基金"会员国四分之三的投票权通过，会员国货币不得贬值。

(5) 取消外汇管制、双边结算和复汇率等歧视性措施。

(6) 调节国际收支，对会员国提供短期信贷，以解决国际收支逆差。

1943—1944年间，英美两国代表团就国际货币方案展开了激烈争论，经过3周多的讨论，在美国做出了一些让步，同时也鉴于美国的经济实力，英国最终接受了美国的计划，双方达成协议。1944年7月，44个同盟国家在美国新罕布什尔州布雷顿森林召开的联合国货币金融会议（以下简称布雷顿森林会议）上通过了以美国的怀特计划为基础的《国际货币基金协定》和《国际复兴开发银行协定》，总称布雷顿森林协定，确立了以美元为中心的国际货币体系，即布雷顿森林体系。

二、布雷顿森林体系的内容

（一）建立两个永久性国际金融机构

建立两个永久性国际金融机构，即国际货币基金组织和世界银行（国际复兴开发银行），以促进国际间的金融合作。国际货币基金组织是战后国际货币制度的核心，它的各项规定和条款确立了当时国际金融领域的基本秩序，大多数条款一直到现在依然被遵守借鉴，同时，它对成员国的融通资金，在一定程度上维持了但是国际金融环境的稳定。而同时建立的世界银行在当时主要致力于战后欧洲复兴，法国是第一个从世界银行得到贷款的国家。1948年以后，世界银行转向世界性的经济援助，通过向生产性项目提供贷款和对改革计划提供指导，帮助欠发达成员国实现经济发展。一直到现在，世界银行仍然是世界上最大的政府间金融机构之一。

（二）以美元作为最主要的国际储备货币

布雷顿森林体系规定了以美元作为最主要的国际储备货币，确立了以黄金为基础，实行美元黄金本位制，在运行中实行双挂钩制度。

▶ 1. 美元与黄金挂钩

各国确认并遵从1944年1月美国规定的每盎司的黄金等于35美元的官价，每一美元的含金量为0.888 671克黄金。各国政府或中央银行随时可按官价用美元向美国按官价兑换黄金。

▶ 2. 其他国家货币与美元挂钩

其他国家政府规定各自货币的含金量，通过含金量的比例确定同美元的汇率。各国货币均与美元保持固定汇率，但是当出现国际收支不平衡的时候，各国可向国际货币基金组织申请进行汇率调整。同时为使黄金官价不受自由市场金价的冲击，各国政府需要和美国政府一起在国际金融市场上维持这一黄金官价。

（三）实行可调整的固定汇率制

实行可调整的固定汇率制，即可调整的钉住汇率制度。《国际货币基金协定》规定，各国货币对美元的汇率，只能在法定汇率上下各1%的幅度内波动。若市场汇率超过法定汇率1%的波动幅度，各国政府有义务在外汇市场上进行干预，以维持汇率的稳定。若会员国法定汇率的变动超过10%，就必须得到国际货币基金组织的批准。1971年12月，这种即期汇率变动的幅度扩大为上下2.25%的范围，决定标准由黄金改为特别提款权。布雷顿森林体系的这种汇率制度被称为"可调整的钉住汇率制度"。

（四）采取多种手段调节国际收支的不平衡

在布雷顿森林体系下，采取多种手段调节国际收支的不平衡。

▶ 1. 依靠 IMF 的贷款

国际货币基金组织会员国份额的25％以黄金或可兑换成黄金的货币缴纳，其余则以本国货币缴纳。会员国发生国际收支逆差时，可用本国货币向基金组织按规定程序借贷一定数额的外汇，并在规定时间内以购回本国货币的方式偿还借款。会员国所认缴的份额越大，得到的贷款也越多。贷款只限于会员国用于弥补国际收支赤字，即用于经常项目的支付。

▶ 2. 依靠各国的国内政策调整

当成员国出现贸易逆差时，可以通过实施紧缩性财政金融政策或者要求 IMF 实施"稀缺货币"条款。

▶ 3. 依靠汇率变动

这一政策的前提是当贸易逆差国实施汇率变动政策是必须提前向 IMF 通知。

三、布雷顿森林体系的解体

布雷顿森林体系从1944年7月建立，在"二战"后相当一段时间内，确实带来了国际贸易空前发展和全球经济越来越相互依存的时代，但布雷顿森林体系存在着自己无法克服的缺陷。1971年7月，第七次美元危机爆发，尼克松政府于8月15日宣布实行"新经济政策"，停止履行外国政府或中央银行可用美元向美国兑换黄金的义务，同时，征收10％的临时进口附加税。1971年12月，"十国集团"达成《史密森协定》，美元对黄金贬值，而美联储拒绝向国外中央银行出售黄金。至此，美元与黄金挂钩的体制名存实亡。1973年3月，西欧出现抛售美元，抢购黄金和马克的风潮。3月16日，欧洲共同市场9国在巴黎举行会议并达成协议，联邦德国、法国等国家对美元实行"联合浮动"，彼此之间实行固定汇率。英国、意大利、爱尔兰实行单独浮动，暂不参加共同浮动。其他主要西方货币实行了对美元的浮动汇率。至此，固定汇率制度完全垮台，美元停止兑换黄金和固定汇率制的垮台，标志着布雷顿森林体系终告解体。

（一）布雷顿森林体系解体的根本原因

布雷顿森林体系解体的根本原因在于其本身存在着难以克服的"特里芬难题"。1960年，美国经济学家罗伯特·特里芬在对布雷顿森林体系进行分析后在其《黄金与美元危机：自由兑换的未来》一书中提出，"由于美元与黄金挂钩，而其他国家的货币与美元挂钩，美元虽然取得了国际核心货币的地位，但是各国为了发展国际贸易，必须用美元作为结算与储备货币，这样就会导致流出美国的货币在海外不断沉淀，对美国来说就会发生长期贸易逆差；而美元作为国际货币核心的前提是必须保持美元币值稳定与坚挺，这又要求美国必须是一个长期贸易顺差国。这两个要求互相矛盾，因此是一个悖论。"这一内在矛盾称为"特里芬难题"。也就是说，在这种制度下，美元作为国际支付手段与国际储备手段，发挥着世界货币的职能。一方面，作为国际支付手段与国际储备手段，美元币值必须稳定，这就要求美国有足够的黄金储备，而要满足这个要求，美国的国际收支必须保持顺差，使黄金不断流入美国而增加其黄金储备。另一方面，全世界要获得充足的外汇储备，美国的国际收支就要保持大量逆差，否则全世界就会面临外汇储备短缺，国际流通渠道出现国际支付手段短缺。随着美国逆差的增大，美元的黄金保证会不断减少，美元将不断贬值。第二次世界大战后从美元短缺到美元泛滥，是这种矛盾发展的必然结果。

(二)布雷顿森林体系解体的直接原因

布雷顿森林体系解体的直接原因是美国经济导致的美元危机。

(1)美国经济的衰落导致的美元危机。1950年,美国发动朝鲜战争,海外军费剧增,国际收支连年逆差,黄金储备源源外流。1960年,美国的黄金储备下降到178亿美元,不足以抵补债务,出现了美元的第一次危机。20世纪60年代中期,美国卷入越南战争,国际收支进一步恶化,黄金储备不断减少。1968年3月,美国黄金储备下降至121亿美元,同期的对外短期负债为331亿美元,引发了第二次美元危机。1971年,美国的黄金储备状况进一步恶化,美国完全丧失了承担美元对外兑换黄金的能力。1973年,美国爆发了最为严重的经济危机,黄金储备已从战后初期的245.6亿美元下降到110亿美元。

(2)由于美国发动侵越战争,财政赤字增加,以及两次石油危机中因石油提价而增加支出财政。美国消费物价指数1960年为1.6%,1970年上升到5.9%,1974年又上升到11%,这给美元的汇价带来了冲击,美国通货膨胀逐步加剧。

(3)"二战"结束时,美国大举向西欧、日本和世界各地输出商品,使美国的国际收支持续出现巨额顺差,出现了但是所谓的"美元荒"。随着西欧各国经济的增长,出口贸易的扩大,各国的国际收支普遍由逆差转为顺差,美元和黄金储备增加。美国由于对外扩张和侵略战争,国际收支由顺差转为逆差,美国资金大量外流,形成"美元灾"。美国国际收支持续逆差使美元汇率承受巨大的冲击和压力,不断出现下浮的波动。最终,布雷顿森林体系终于走向解体。

另外,还有一些因素的影响,将布雷顿森林体系最终推向深渊,比如布雷顿森林体系所实行的相对比较僵化的固定汇率制,随着经济的进一步发展,已经不能适应时代的进步。还有布雷顿森林体系所依托的IMF解决国际收支不平衡,由于IMF的能力有限,也不能完全解决当时所面临的经济问题。

四、布雷顿森林体系的评价

由于时代的限制和大国的操纵,布雷顿森林体系有很多的缺陷,然而不可否认,布雷顿森林体系推进了20世纪60年代资本主义各国经济的高速增长,对全球经济贸易发展起了积极作用。

(1)以美元为中心的布雷顿森林体系的建立,使国际货币金融关系在金本位制崩溃后的混乱后又有了统一的标准和基础,扩大了世界贸易。美国通过赠予、信贷、购买外国商品和劳务等形式,向世界输出了大量美元,客观上起到扩大世界购买力的作用,促进了当时世界贸易的发展。

(2)固定汇率制在一定程度上稳定了各国的货币汇率,这有利于国际贸易的发展。据统计,世界出口贸易总额年平均增长率,1948—1960年为6.8%,1960—1965年为7.9%,1965—1970年为11%;世界出口贸易年平均增长率,1948—1976年为7.7%,而战前的1913—1938年平均每年只增长0.7%。

(3)基金组织要求成员国取消外汇管制,也有利于国际贸易和国际金融的发展。

(4)由布雷顿森林会议诞生的两个机构——世界银行和国际货币基金组织,直到现在仍然在世界贸易和金融格局中发挥着至为关键的作用。

第三节 牙买加体系

一、牙买加体系的形成

布雷顿森林体系崩溃以后,国际金融秩序又复动荡,国际社会及各方人士也纷纷探析能否建立一种新的国际金融体系,提出了许多改革主张,如恢复金本位、恢复美元本位制、实行综合货币本位制及设立最适货币区等,但均未能取得实质性进展。国际货币基金组织(IMF)于1972年7月成立一个专门委员会,具体研究国际货币制度的改革问题,由11个主要工业国家和9个发展中国家共同组成。委员会于1974的6月提出一份"国际货币体系改革纲要",对黄金、汇率、储备资产、国际收支调节等问题提出了一些原则性的建议,为以后的货币改革奠定了基础。直至1976年1月,国际货币基金组织理事会"国际货币制度临时委员会"在牙买加首都金斯敦举行会议,讨论国际货币基金协定的条款,经过激烈的争论,签订了"牙买加协议",同年4月,国际货币基金组织理事会通过了《IMF协定第二修正案》,从而形成了新的国际货币体系。

二、牙买加体系的主要内容

▶ 1. 实行浮动汇率制度

牙买加协议中确认了浮动汇率制的合法化,承认固定汇率制与浮动汇率制并存的局面,成员国可自由选择本国的汇率制度。同时,IMF继续对各国货币汇率政策实行监督,并协调成员国的经济政策,以达到保证金融稳定,控制汇率波动范围的目标。

▶ 2. 同时推行黄金非货币化

协议做出了逐步使黄金退出国际货币的决定,并规定:废除黄金条款,取消黄金官价,成员国中央银行可按市价自由进行黄金交易;取消成员国相互之间以及成员国与IMF之间须用黄金清算债权债务的规定,IMF逐步处理其持有的黄金。

▶ 3. 增强特别提款权的作用

主要是提高特别提款权的国际储备地位,扩大其在IMF一般业务中的使用范围,并适时修订特别提款权的有关条款。规定参加特别提款权账户的国家可以来偿还国际货币基金组织的贷款,使用特别提款权作为偿还债务的担保,各参加国也可用特别提款权进行借贷。

▶ 4. 增加成员国基金份额

成员国的基金份额从原来的292亿特别提款权增加至390亿特别提款权,增幅达33.6%。扩大信贷额度,以增加对发展中国家的融资。

三、牙买加体系的运行

在牙买加体系下,国际储备呈现多元化局面,与布雷顿森林体系下国际储备结构单一、美元地位十分突出的情形相比。美元虽然仍是主导的国际货币,但美元地位明显削弱了,由美元垄断外汇储备的情形不复存在。西德马克(现德国马克)、日元随两国经济的恢复发展脱颖而出,成为重要的国际储备货币,国际储备货币已日趋多元化。

在该体系下,浮动汇率制与固定汇率制并存。一般而言,发达工业国家多数采取单独浮动或联合浮动，但有的也采取钉住自选的货币篮子。对发展中国家而言，多数是钉住某种国际货币或货币篮子，单独浮动的很少。不同汇率制度各有优劣，浮动汇率制度可以为国内经济政策提供更大的活动空间与独立性，而固定汇率制则减少了本国企业可能面临的汇率风险，方便生产与核算。各国可根据自身的经济实力、开放程度、经济结构等一系列相关因素去权衡得失利弊。

多种渠道调节国际收支，主要包括以下几个方面。

▶ 1. 运用国内经济政策

国际收支作为一国宏观经济的有机组成部分，必然受到其他因素的影响。一国往往运用国内经济政策，改变国内的需求与供给，从而消除国际收支不平衡。例如在资本项目逆差的情况下，可提高利率，减少货币发行，以此吸引外资流入，弥补缺口。

▶ 2. 运用汇率政策

在浮动汇率制或可调整的钉住汇率制下，汇率是调节国际收支的一个重要工具，其原理是：经常项目赤字趋于下跌、本币下跌、外贸竞争力增加出口增加、进口减少经济项目赤字减少或消失。相反，在经常项目顺差时，本币币值上升会削弱进出口商品的竞争力，从而减少经常项目的顺差。实际经济运行中，汇率的调节作用受到马歇尔-勒纳条件以及J曲线效应的制约，其功能往往令人失望。

▶ 3. 通过国际融资

在布雷顿森林体系下，这一功能主要由IMF完成。在牙买加体系下，IMF的贷款能力有所提高，更重要的是，伴随石油危机的爆发和欧洲货币市场的迅猛发展，各国逐渐转向欧洲货币市场，利用该市场比较优惠的贷款条件融通资金，调节国际收支中的顺逆差。

▶ 4. 加强国际协调

在当时主要通过两种途径，以IMF为桥梁，各国政府通过磋商，就国际金融问题达成共识与谅解，共同维护国际金融形势的稳定与繁荣。当时新兴的七国首脑会议在一定程度上起到了很大作用，西方七国通过多次会议，达成共识，多次合力干预国际金融市场，主观上是为了各自的利益，但客观上也促进了国际金融与经济的稳定与发展。

四、牙买加体系的主要特征

（1）黄金非货币化，即黄金与货币彻底脱钩，取消国家之间必须用黄金清偿债权债务的义务，降低黄金的货币作用，使黄金在国际储备中的地位下降，促成多元化国际储备体系的建立。

（2）多样化的汇率制度安排、国际经济合作的基本目标是维持经济稳定而不是汇率稳定。牙买加体系允许汇率制度安排多样化，并试图在世界范围内逐步用更具弹性的浮动汇率制度取代固定汇率制度。IMF把多样化的汇率制度安排分为三种：硬钉住汇率，如货币局制度、货币联盟制等；软钉住汇率，包括传统的固定钉住制、爬行钉住制、带内浮动制和爬行带内浮动制；浮动汇率群，包括完全浮动汇率制以及各种实施不同程度管制的浮动汇率制。

（3）以美元为主导的多元化国际储备体系。牙买加体系中，可供一国选择的国际储备不只是美元，还可以是黄金储备、欧元、日元和英镑等国际性货币、国际货币基金组织的储备头寸、特别提款权。尽管如此，美元仍是各国外汇储备的主要组成部分，由此可见，原有货币体系的根本矛盾仍然没有得到根本解决。

（4）国际收支调节机制多样化。IMF允许国际收支不平衡国家可以通过汇率机制、利率机制、资金融通机制等多种国际收支调节手段对国际收支不平衡进行相机抉择。

五、牙买加体系的评价

（一）牙买加体系的积极作用

相对布雷顿森林体系，牙买加体系有其自身很明显的积极作用，主要表现在以下几个方面。

（1）多元化的储备结构摆脱了布雷顿森林体系下各国货币间的僵硬关系，为国际经济提供了多种清偿货币，在较大程度上解决了储备货币供不应求的矛盾。

（2）多样化的汇率安排适应了多样化的、不同发展水平的各国经济，为各国维持经济发展与稳定提供了灵活性与独立性，同时有助于保持国内经济政策的连续性与稳定性。

（3）多种渠道调节国际收支并行，使国际收支的调节更为有效与及时。

（二）牙买加体系的缺陷

但是牙买加体系也有自身难以克服的缺陷，主要表现在以下几点。

（1）在多元化国际储备格局下，储备货币发行国仍享有"铸币税"等多种好处，同时，在多元化国际储备下，缺乏统一的稳定的货币标准，这本身就可能造成国际金融的不稳定。

（2）由于实行浮动汇率，汇率就有可能大起大落，变动不定，汇率体系极不稳定。

（3）增大了外汇风险，从而在一定程度上抑制了国际贸易与国际投资活动，对发展中国家而言，这种负面影响尤为突出。

（4）国际收支调节机制并不健全，各种现有的渠道都有各自的局限，牙买加体系并没有消除全球性的国际收支失衡问题。

如果在布雷顿森林体系下，国际金融危机是偶然的、局部的，那么在牙买加体系下，国际金融危机就成为经常的、全面的和影响深远的。1973年，浮动汇率制度普遍实行后，西方外汇市场货币汇价的波动、金价的起伏经常发生，小危机不断，大危机时有发生。1978年10月，美元对其他主要西方货币汇价跌至历史最低点，引起整个西方货币金融市场的动荡。这就是著名的1977—1978年西方货币危机。由于金本位与金汇兑本位制的瓦解，信用货币无论在种类上、金额上都大大增加。信用货币占西方各通货流通量的90%以上，各种形式的支票、支付凭证、信用卡等到种类繁多，现金在某些国家的通货中只占百分之几。货币供应量和存放款的增长大大高于工业生产增长速度，而且国民经济的发展对信用的依赖越来越深。总之，现有的国际货币体系被人们普遍认为是一种过渡性的不健全的体系，需要进行彻底的改革。

第四节　欧洲货币一体化

一、欧洲货币一体化的形成原因

欧洲货币一体化已经成为当今世界的主要议题。欧元已经成为仅次于美元的最主要的储备资产。欧盟也成为当今世界一支举足轻重的政治经济力量。欧洲货币一体化的形成是由多种原因形成的。

▶1. 欧洲各国有着共同的文化遗产、社会制度和心理认同感

相同的历史、民族和文化,更易于促成政治经济联合从而为货币统一提供前提。正如当时的德国总理阿登纳说过这么一句话,"如果我们欧洲人不想在起了根本变化的世界里走下坡路的话……欧洲的联合是绝对迫切需要的。没有政治上的一致,欧洲各国人民将会沦为超级大国的附庸。"

▶2. 经济一体化为货币一体化提供可能性

在20世纪50年代,随着国际金融自由化的发展,欧洲就出现了区域性的经济货币一体化的趋势。

▶3. 抗衡美日经济力量

为了抗衡美日经济力量的上升,欧洲各国必须联合。

▶4. "最适度货币区理论"为欧洲货币一体化提供了理论支持

1999年度的诺贝尔经济学奖获得者罗伯特·蒙代尔教授于1961年提出最适度货币区理论,主张生产要素流动性准则,货币区内的汇率必须被固定。同时,货币区内的各国要有能力稳定区内就业和价格水平。在他看来,生产要素流动性越高的国家之间,越适宜于组成货币区;而与国外生产要素市场隔绝越大的国家,则越适宜于组成单独的货币区,实行浮动汇率制。随后,麦金农对其理论进行了发展,提出了经济开放度标准。凯南提出了产品多样化标准。而在当时的欧洲大陆,在一定程度上满足了最适货币区的各种标准。欧元的启动,便是最适度货币区理论的成功。

二、欧洲货币一体化的实现

(一)第一阶段:欧共体时期,包含欧共体成立前后一段时期

1948年,英、法等16个国家成立了欧洲经济合作组织,负责分配和使用美国提供的援助。为了欧洲经济合作组织成员国间进行清算的需要,西欧国家于1950年成立了欧洲支付同盟,标志着欧洲货币一体化的开始。

1957年3月25日,法国、西德、意大利、荷兰、比利时和卢森堡6国的政府首脑和外长在罗马签署《欧洲经济共同体条约》和《欧洲原子能共同体条约》,即《罗马条约》,决定成立的欧洲经济共同体。通过共同市场的建立和各成员国经济政策的逐步接近,在整个共同体内促进经济活动的和谐发展,不断的均衡的扩展,日益增长的稳定,生活水平加速提高以及各成员国间越来越密切的关系。欧洲经济共同体总部设在比利时首都布鲁塞尔。

1955年8月5日,欧洲经济合作组织的17个国家在巴黎签订《欧洲货币协定》。协定规定,一旦掌握欧洲支付同盟限额半数以上的成员国的货币实行自由兑换,欧洲支付同盟即自动解散;签字国间即建立多边结算体系;结算差额全部以黄金或美元支付;各会员国都对黄金、美元规定一个买卖限价,以防止本国货币的大幅度波动;会员国在特定数额内有相互提供临时信贷的义务;并设立6亿美元的欧洲信贷基金。

1969年12月,在海牙举行的欧共体首脑会议上,欧洲经济与货币联盟成为主要议题,欧共体决定开始筹建欧洲经济与货币联盟。

1970年10月,《魏尔纳报告》公布,它为欧洲经济与货币联盟制定了1971—1980年十

年的过渡时期,分三步走。1971—1973 年为第一时期,这一时期主要任务是稳定汇率,缩小成员国间汇率的波动幅度,协调各国的货币经济政策;1974—1976 年为第二时期,集中成员国部分外汇,建立和巩固欧洲货币储备基金;1977—1980 年为第三时期,欧共体内部商品、资本、劳务流动不受限制,汇率完全稳定,向统一货币过渡,欧洲货币储备基金向中央银行发展。然而 20 世纪 70 年代动荡的金融形势以及欧共体国家发展程度的差异,使魏尔纳计划几乎完全落空。

1971 年 3 月达成协议,决定正式实施货币联盟计划。1972 年年初,欧共体部长理事会推出货币联盟措施,包括三个方面的内容:建立欧洲货币合作基金、在共同体内实行可调整的中心汇率制、建立欧洲货币单位(EUA)。

(二) 第二阶段:欧洲货币体系时期

1978 年 4 月,在哥本哈根召开的欧共体首脑会议上,提出了建立欧洲货币体系的动议。同年 12 月 5 日,欧共体各国首脑在布鲁塞尔达成协议,决定于 1979 年 1 月 1 日建立欧洲货币体系,后因原联邦德国和法国在农产品贸易补偿制度上发生争执,延迟到同年 3 月 13 日才正式成立。

欧洲货币体系实质上是一个在体系内实行可调整的固定汇率制度,在体系内各国货币的汇率相互固定,共同对美元浮动。它包括三个方面的内容。

▶ 1. 确定了欧洲货币单位

欧洲货币单位是当时欧共体 12 个成员国货币共同组成的一篮子货币,各成员国货币在其中所占的比重大小是由各成员国的国民生产总值、各国在欧洲共同体基金中的份额及其在欧共体内贸易额所占的比重大小而确定。权重一般 5 年调整一次,在 5 年内任何一国货币权数变动超过 25% 时,可以要求调整货币篮子构成。

▶ 2. 建立稳定汇率的机制

欧洲货币体系通过双重机制来稳定各成员国之间的货币汇率,即平价网体系和货币篮体系。欧共体各成员国货币之间都确定了中心汇率与汇率波动的上下界限,实行固定汇率制度,对外则实行联合浮动。

▶ 3. 建立欧洲货币基金

欧洲货币基金集中了成员国各 20% 的黄金储备和外汇储备,作为发行欧洲货币单位的准备,主要作用是向成员国提供相应的贷款,以帮助它们进行国际收支调节和外汇市场干预,保证欧洲汇率机制的稳定。欧洲货币合作基金的资本最初定为 14 亿记账单位,1974 年 1 月增加为 27.25 亿记账单位。其中,法国、联邦德国、英国各出 6 亿记账单位,意大利 4 亿记账单位,比利时、荷兰各 2 亿记账单位,丹麦 9 000 万记账单位,爱尔兰 3 500 万记账单位。另增加成员国自愿提供的基金为 15 亿记账单位。成员国借款最高额度为 21 亿记账单位,每次借款期限定为 3 个月,期满后可以延期 3 个月。

欧洲货币体系的平价网体系稳定了汇率,对欧共体国家经济和贸易发展方面都有不可估量的作用。一方面,在体系建立后,各成员国之间的汇率波动减少,变化不确定明显降低。另一方面,在体系建立后,经过各国共同努力,通货膨胀率明显下降并趋于低水平发展。

然而,从欧洲货币体系建立开始就存在难以克服的缺陷。首先,欧洲货币体系要求体系内各国的经济发展状况趋同,但是在实际上很难达到这个效果,由于各种因素导致体系内各主要成员国的经济发展存在不平衡。其次，欧洲货币单位确定的本身就孕育着一定的矛盾。欧共体成员国的实力不是固定不变的，一旦变化到一定程度，就要求对各成员国货币的权数进行调整。虽规定每隔五年权数变动一次，但若未能及时发现实力的变化或者发现了未能及时调整，通过市场自发地进行调整就会使欧洲货币体系爆发危机。比如1992年欧洲货币危机，在下一节中将详述。最后，欧洲货币体系汇率机制存在局限性，发挥的作用有限。

（三）第三阶段：货币一体化时期

▶ 1. 欧洲货币联盟的组建计划

1989年，以德洛尔为首的委员会向马德里峰会提交了《德洛尔计划》。计划从1990年起，用20年时间，分3个阶段实现货币一体化，完成欧洲货币联盟的组建。

（1）第一阶段目标：与建立内部大市场的步调保持一致，加强金融一体化，减轻成员国的发展不平衡。货币方面要求所有欧共体成员国的货币均纳入汇率联合干预机制，各国采用同等的汇率可容许波动幅度。

（2）第二阶段目标：继续加强结构政策与地区政策，继续充实结构基金。进一步协调经济政策，并逐步运用多数表决原则制定共同体的政策目标。货币方面要求建立欧洲中央银行体系；逐步收缩汇率可容许波动幅度，避免法定汇率的调整，聚集各成员国的部分外汇储备。

（3）第三阶段目标：大力推进财政协调，对各成员国财政做出一些限制性规定，逐步扩大共同体制定经济政策的权利。货币方面要求外汇市场干预应尽量使用共同体成员国货币；进一步集中成员国的外汇储备；要求以欧洲共同体货币取代各国货币。

▶ 2. 欧洲货币联盟的组建进程

1991年12月，欧共体在荷兰马斯特里赫特峰会上签署了《关于欧洲经济货币联盟的马斯特里赫特条约》，简称《马约》。明确了最迟在1999年1月前建立"经济货币同盟"，届时在同盟内实现统一的货币、统一的中央银行和统一的货币汇率政策，同时规定了加入同盟的资格条件。随后，各国都为了完成此目标努力，特别是1998年12月3日，欧元体系11国联合降息。

1999年1月1日，欧元正式诞生，准时启动。欧洲货币单位以1∶1的比例转换为欧元。欧洲中央银行确定统一的货币政策，银行间大额结算开始使用欧元，各金融市场也均以欧元进行结算。1999年1月1日—2002年1月1日，各国货币与欧元共存的过渡阶段，企业与个人可同时使用两种货币。

2002年1月1日，开始全面使用欧元，各国货币开始退出市场。

2002年7月1日，欧元取代各国货币而成为欧洲统一货币。目前，欧盟主导的欧元区共有17个成员，分别是德国、法国、意大利、荷兰、比利时、卢森堡、爱尔兰、希腊、西班牙、葡萄牙、奥地利、芬兰、斯洛文尼亚、塞浦路斯、马耳他、斯洛伐克、爱沙尼亚。同时，30多个国家和地区以欧元作为官方货币。

三、欧洲货币一体化的评价

（一）欧洲货币一体化的积极作用

欧洲货币一体化是在布雷顿森林体系崩溃之后，欧洲各国走向"联合欧洲""大欧洲"路程上的第一步。以欧元的诞生为标志，宣告了欧洲货币一体化阶段性成功。必须要承认，欧元的诞生以及欧洲货币一体化的完成是对于现代经济和金融领域一次重大的冲击，是对货币理论及经济理论的一次创新和突破。对当代世界经济产生了重大的影响。

（1）欧元在很大程度上削弱了美元的霸主地位，使用范围在不断扩大，已经成为仅次于美元的最主要的储备资产。

（2）欧元具有很好的流动性和实用性，可以减少汇率风险，有利于降低换汇和结算成本，节省外汇对冲的费用。

（3）欧元对传统国际储备结构产生了重大的冲击。目前，欧元已经成为仅次于美元的国际储备货币。

（4）欧元这种超出国家主权意义上的区域性货币，是对传统国家主权货币模式的一个冲击和尝试，开创了区域性货币的先河。

（二）欧洲货币一体化的缺陷

当然，作为一种新的经济形态，欧洲货币一体化还在不断完善和进步中。2009 年，开始于希腊的欧洲债务危机，使欧元的地位岌岌可危，虽然德法等欧元区主要国家纷纷表态，不会放弃欧元，但是实际上欧元本身的基础已经遭受到重创。这也为欧洲货币一体化敲响了警钟，在这次危机中，暴露出了欧洲货币一体化的许多缺陷，例如体系内各国中央政府的货币自主权会被逐渐削弱；货币一体化和自由流通可能会导致各国汇率以及利率波动；当一国出现严重的经济衰退，其他国家可能被"传染"等。所以，欧洲货币一体化的路还很漫长和曲折。

第五节　国际金融危机

国际金融危机是指一国所发生的金融危机通过各种渠道传递到其他国家从而引起国际范围内金融危机爆发的一种经济现象。自 20 世纪 90 年代以来，全球发生了多次各种形式的金融危机，这些危机的爆发都对地区经济乃至世界经济的平稳运行与发展起到了不同程度的破坏作用，下面简要介绍其中较为突出的欧洲货币危机、墨西哥金融危机、东南亚金融危机及美国次贷危机。

一、欧洲货币危机

欧洲货币体系于 1978 年 12 月 5 日欧洲理事会决定创建，1979 年 3 月 13 日正式成立，其实质是一个固定的可调整的汇率制度。它的运行机制有两个基本要素：一是货币篮子——欧洲货币单位（ECU）；二是格子体系——汇率制度。欧洲货币单位是当时欧共体 12 个成员国货币共同组成的一篮子货币，各成员国货币在其中所占的比重大小是由它们各自的经济实力决定的。欧洲货币体系的汇率制度以欧洲货币单位为中心，让成员国的货币与欧洲货币单位挂钩，然后再通过欧洲货币单位使成员国的货币确定双边固定汇率。这种汇率制度被称为格子体系或平价网。

欧洲货币单位确定的本身就孕育着一定的矛盾。欧共体成员国的实力不是固定不变的，一旦变化到一定程度，就要求对各成员国货币的权数进行调整。1992年9月中旬，在欧洲货币市场上发生的一场自"二战"后最严重的货币危机，其根本原因就是德国实力的增强打破了欧共体内部力量的均衡。当时德国经济实力因东西德统一而大大增强，尽管德国马克在欧洲货币单位中用马克表示的份额不高，但由于马克对美元汇率升高，马克在欧洲货币单位中的相对份额也不断提高。因为欧洲货币单位是欧共体成员国商品劳务交往和资本流动的记账单位，马克价值的变化或者说德国货币政策不仅能左右德国的宏观经济，而且对欧共体其他成员的宏观经济也会产生更大的影响。而英国和意大利经济则一直不景气，增长缓慢，失业增加，它们需要实行低利率政策，以降低企业借款成本，让企业增加投资，扩大就业，增加产量，并刺激居民消费以振作经济。但当时德国在东西德统一后，财政上出现了巨额赤字，政府担心由此引发通货膨胀，引起习惯于低通货膨胀的德国人不满，爆发政治和社会问题。因此，通货膨胀率仅为3.5%的德国不但拒绝上次七国首脑会议要求其降息的要求，反而在1992年7月把贴现率升为8.75%。这样，过高的德国利息率引起了外汇市场出现抛售英镑、里拉而抢购马克的风潮，致使里拉和英镑汇率大跌，这是1992年欧洲货币危机的直接原因。

对德国利率提高首先做出反应的是北欧的芬兰。芬兰马克与德国马克自动挂钩，德国提高利率后，芬兰人纷纷把芬兰马克换成德国马克，到1992年9月，芬兰马克对德国马克的汇率持续下跌。芬兰央行为维持比价不得不抛售德国马克购买芬兰马克，但芬兰马克对德国马克的汇率仍然下跌，芬兰央行的德国马克有限，9月8日，芬兰政府突然宣布芬兰马克德国马克脱钩，自由浮动。

当时，英法政府深感问题的严重性而向德政府建议降低利率，但德国认为芬兰马克脱钩微不足道，拒绝了英法政府的建议，德国央行行长施莱辛格在9月11日公开宣布，德国绝不会降低利率。货币市场的投机者获得这个消息后就把投机的目标肆无忌惮地转向不断坚挺的德国马克。9月12日，欧洲货币体系内一直是软货币的意大利里拉告急，汇率一路下挫，跌到了欧洲货币体系汇率机制中里拉对马克汇率的最大下限。在这种情况下，虽然意政府曾在7日和9日先后2次提高银行贴现率，从12%提高到15%，同时还向外汇市场抛售马克和法郎，但也未能使局面缓和。9月13日，意大利政府不得不宣布里拉贬值，将其比价下调3.5%，而欧洲货币体系的另外10种货币将升值3.5%，这是自1987年1月12日以来欧洲货币体系比价的第一次调整。

到了此时，德国政府才出于维持欧洲货币体系的运行而做出微小的让步，于9月14日正式宣布贴现率降低半个百分点，由8.75%降到8.25%，但为时过晚，一场更大的风暴在英国的外汇市场上刮起。就在德国宣布降息的第二天，英镑汇率一路下跌，英镑与马克的比价冲破了三道防线达到1英镑等于2.78马克。英镑的狂跌使英国政府乱了阵脚，于16日清晨宣布提高银行利率2个百分点，几小时后又宣布提高3个百分点，把利率由10%提高到15%。一天两次提高利率在英国近代史上是绝无仅有的，英国做出这种反常之举的目的是要吸引国外短期资本流入，增加对英镑的需求以稳定英镑的汇率。

1992年9月15—16日，各国央行注入上百亿英镑的资金支持英镑，但也无济于事。16日，英镑与马克的比价又由前一天的1英镑等于2.78马克跌至1英镑等于2.64马克，英镑与美元的比价也跌到1英镑等于1.738美元的最低水平。在一切措施用尽之后，9月16日晚上，英国财政大臣拉蒙特宣布英国退出欧洲货币体系并降低利息率3个百分点，17

日上午又把利率降低 2 个百分点，恢复到原来 10% 的水平。

意大利里拉在 13 日贬值之后，仅隔了 3 天又一次在外汇市场上处于危机，马克对里拉的比价再次超过了重新调整后的汇率下浮的界限，意大利政府为了挽救里拉下跌花了价值为 40 万亿里拉的外汇储备终未奏效，只好宣布里拉退出欧洲货币体系，让其自由浮动。

欧共体财政官员召开了长达 6 个小时的紧急会议后宣布同意英意两国暂时脱离欧洲货币体系，西班牙比赛塔贬值 5%。1987 年 1 月—1992 年 9 月，五年多的时间内欧洲货币体系的汇率只进行过一次调整，而在 1992 年 9 月 13—16 日，三天之内就进行了两次调整，可见这次欧洲货币危机的严重性。

直到 1992 年 9 月 20 日，法国公民投票通过了其中心思想是把在文化政治上仍有很大差别的国家建立成一个近似欧洲合众国的政治实体，其成员国不仅要使用同一种货币，而且还得奉行共同外交和安全政策的《马斯特赫条约》，这样才使欧洲货币风暴暂时平息下来，英镑、里拉趋向贬值后的均衡的状态。

虽然理论界很多学者指责这次危机爆发的"元凶"是德国一意孤行的高利率政策。然而客观地来看，德国的高利率政策所引发的芬兰马克与德国马克的脱钩只能说是这次危机的爆发的导火索。这次危机的爆发，是由多种原因造成的。

▶ 1. 各国刺激经济复苏的目标与欧洲联合建设目标之间存在矛盾

西欧大多数国家经济自 1990 年下半年始增长速度明显下跌，1991 年进入低谷。当时，德国、法国、西班牙、比利时、荷兰等国经济出现负增长，尤其是德国、法国和西班牙正面临"二战"以来最严重的经济衰退。为制止经济进一步衰退，尽快摆脱困境，各国都需要刺激消费刺激投资，刺激经济回升。但是，1991 年 12 月欧共体国家首脑会议通过的《马斯特里赫特条约》则限制了各成员国宏观经济调控机制运行，特别对财政手段和货币手段的运用形成诸多限制。在货币政策方面，大多数国家的活动余地很大，根据实际经济情况，可以较大幅度地升降利率水平，但是由于《马约》在汇率机制上加以限制，各国的利率也随之受到制约，所以一些弱币国家的利率受到强币国家比如德国的利率波动的影响较大。严重的经济衰退，造成西欧国家近期目标和欧洲联合建设远期目标两者难以兼顾，并最终不可避免地导致欧洲货币体系陷入危机。

▶ 2. 从国际上来看，美国与德国的货币政策之间的矛盾

美国经济从 1991 年开始陷入衰退，为刺激经济复苏，美国连降利率，而德国出于抑制通货膨胀的目的而保持高利率，使两者利差高达 6.5%。在此种情况下，投资者大量抛售美元，买进马克。另外，德国经济 1990 年增长缓慢，且 1992 年的经济增长前景不大乐观，使一些本来投资于德国股票市场的资金也转向外汇市场投资马克，致使马克汇率格外坚挺，而马克的坚挺转而对欧洲其他弱币增加了下跌的压力。

▶ 3. 欧共体各国经济发展不平衡，经济状况存在差异

一段时间以来，欧洲货币体系各成员国经济状况存在很大差异，比如德国经济景况尚好，但由于两德统一，德国急需投资东部地区，由于政府大量增加开支，面临巨额财政赤字和通货膨胀的压力，而英国等另外一些国家的经济却迟迟未能摆脱衰退，仍然陷于不景气状况，且近期内几乎没有复苏的希望。尽管各国都在为欧洲统一而努力，但解决国内问题仍被看作首要任务。经济状况存在的差异使各国采取了不同的经济和货币政策。

▶ 4. 僵化的欧洲汇率机制同成员国独立货币政策之间存在矛盾

欧洲货币体系本身存在弊端，尽管汇率机制从总体上说设计较为精确，但仍存在一些缺陷，主要表现在缺乏灵活性和弹性而趋于僵化。正如前所述，欧共体各国的经济状况已发生了较大变化，存在很大差异，而欧洲货币体系汇率机制前次调整是1987年11月，距今已经5年。这种僵化的机制使各国在经济和财政状况上的差异并没有在其货币的汇率上体现出来，成员国在一定程度上缺乏货币政策自主权，不能根据国内经济条件随意调整利率和汇率，中央银行的干预能力有限，更主要的是缺乏政策的合作性，核心国德国的货币政策主导了整个欧洲的货币政策。政策上的非协调一致导致一些国家的货币如马克趋于坚挺，另一些国家的货币如英镑则呈现弱势。一遇波动，这些弱币便会受到冲击，最后不得不退出欧洲汇率机制，实行贬值。

这次危机的爆发对当时的经济产生了巨大的影响。1992—1993年的欧洲货币危机对于欧洲一体化进程产生了严重的负面影响。在危机中，意大利里拉、英国英镑、法国法郎等多国货币先后被攻击，英镑和里拉更是退出了欧洲货币体系，欧洲汇率机制不得不采取"放宽"举措，陷入"名存实亡"的境地。此外，货币危机对成员国货币及汇率机制的冲击使人们对欧洲经济货币联盟的前途产生怀疑。英国在退出货币体系之后，通过货币贬值和降低利率，开始了经济复苏，英国对此感到高兴，并且多次声称，如果欧洲汇率机制不加以改革，英国就不返回（英国至今未加入欧元区）；意大利在退出货币体系之后，商品的出口竞争力大大增加，由长期以来的出口逆差转为出口顺差。这在一定程度上加重了人们对欧洲货币体系以及统一货币前途的怀疑。

欧洲货币危机的爆发过程中，有很多值得我国借鉴的地方。欧洲货币体系危机说明，欧洲货币体系成员国之间在内外均衡问题上存在很大的分歧，如何处理及协调好一国内部均衡与外部均衡的关系，对维持国家的稳定是至关重要的。面对危机局面或不同的经济环境与不平衡的经济发展程度，政府及货币当局究竟是以实现内部均衡为重还是以推进外部均衡为主，对整个国家的经济发展与政策取向都有着直接的影响，为此，政策协调问题尤显重要。

二、墨西哥金融危机

"二战"后50年间，墨西哥通过奉行积极的进口替代发展政策，逐渐建立了工业化的国民经济体系，被国际经济学界称为新兴工业国的大国发展模式。1992年，墨西哥人均国民生产总值就达到3030美元，是拉美国家中仅次于巴西的第二大国。鉴于其经济改革所取得的成就，墨西哥一向被称作经济改革"样板"和投资"热点"。然而，就是在这种形势下，墨西哥却突发了一场金融危机，不仅造成本国金融市场严重混乱，国家财政濒临崩溃，而且波及邻近国家，震撼了全球金融界。

1994年12月19日深夜，墨西哥政府突然对外宣布，本国货币比索贬值15%，这一决定在市场上引起极大恐慌。外国投资者疯狂抛售比索，抢购美元，比索汇率急剧下跌。12月20日，汇率从最初的3.47比索兑换1美元跌至3.925比索兑换1美元，狂跌13%。21日再跌15.3%。伴随比索贬值，外国投资者大量撤走资金，墨西哥外汇储备在20日—21日两天内锐减近40亿美元。墨西哥整个金融市场一片混乱。20日—22日，短短的三天时间内，墨西哥比索兑换美元的汇价就暴跌了42.17%，这在现代金融史上是极其罕见的。

墨西哥吸收的外资,有70%左右是投机性的短期证券投资。资本外流对于墨西哥股市如同釜底抽薪,墨西哥股市应声下跌。12月30日,墨西哥IPC指数跌6.26%。1995年1月10日更是狂跌11%。3月3日,墨西哥股市IPC指数已跌至1500点,比1994年金融危机前最高点2881.17点已累计跌去了47.94%,股市下跌幅度超过了比索贬值的幅度。

为了稳定墨西哥金融市场,墨西哥政府经过多方协商,推出了紧急经济拯救计划:尽快将经常项目赤字压缩到可以正常支付的水平,迅速恢复正常的经济活动和就业,将通货膨胀减少到尽可能小的程度,向国际金融机构申请紧急贷款援助等。为帮助墨西哥政府渡过难关,减少外国投资者的损失,美国政府和国际货币基金组织等国际金融机构决定提供巨额贷款,支持墨西哥经济拯救计划,以稳定汇率、股市和投资者的信心。直到以美国为主的500亿美元的国际资本援助逐步到位,墨西哥的金融动荡才于1995年上半年趋于平息。

(一)墨西哥金融危机爆发的原因

这次危机的爆发是由多种原因造成的。

▶ 1. 市场开放过急,对外资依赖程度过高

墨西哥通过金融开放和鼓励外资流入,1992—1994年每年流入的外资高达250亿~350亿美元。而外贸出口并未显著增长,外贸进口占国内生产总值的比重则从1987年的9.4%增至1993年的31%,结果造成国际收支经常项目的赤字在230亿美元的高水准徘徊,使整个墨西哥经济过分依赖外资。

▶ 2. 政局不稳打击了投资者信心

1994年下半年,墨西哥农民武装暴动接连不断,执政的革命制度党总统候选人科洛西奥和总书记鲁伊斯先后遇刺身亡,执政党内部以及执政党与反对党之间争权斗争十分激烈。政局不稳打击了外国投资者的信心,进入墨西哥的外资开始减少,撤资日益增多。墨西哥不得不动用外汇储备来填补巨额的外贸赤字,造成外汇储备从1994年10月底的170亿美元降至12月21日的60亿美元,不到两个月降幅达65%。

▶ 3. 忽视了汇市和股市的关联性,金融政策处于两难地位

墨西哥政府宣布货币贬值的本意在于阻止资金外流,鼓励出口,抑制进口,以改善本国的国际收支状况。但在社会经济不稳定的情况下,极易引发通货膨胀,也使投资于股市的外国资本因比索贬值蒙受损失,从而导致股市下跌。股市下跌反过来又加剧墨西哥货币贬值,致使这场危机愈演愈烈。

(二)墨西哥金融危机的影响

这次危机的爆发对当时的经济产生了巨大的冲击作用。由于阿根廷、巴西、智利等其他拉美国家经济结构与墨西哥相似,都不同程度地存在债务沉重、贸易逆差、币值高估等经济问题,墨西哥金融危机爆发首当其冲受影响的是这些国家。由于外国投资者害怕墨西哥金融危机扩展到其他拉美国家,纷纷抛售这些国家的股票,引发拉美股市猛跌。在墨西哥货币危机发生的当天,拉美国家的股票指数同墨西哥股票指数一样,出现了大幅度的下滑。其中,巴西股票指数下降11.8%,阿根廷下降5.0%,智利下降3.4%。1995年1月10日股价指数与1月初相比,巴西圣保罗和里约热内卢的证券交易所分别下跌9.8%和9.1%,阿根廷布宜诺斯艾利斯证券交易所下跌15%,秘鲁利马证券交易所下跌8.42%,智利证券交易所下跌3.8%。同时拉美国家发行的各种债券价格也出现暴跌。在股市暴跌

中，投资者从阿根廷抽走资金 16 亿美元，从巴西抽走资金 12.26 亿美元，相当于外资在巴西投资总额的 10%，整个拉美证券市场损失 89 亿美元。受墨西哥金融危机的影响，1995 年 1 月，欧洲股市指数下跌 1%，远东指数下跌 6.5%，世界股市指数下降 1.7%。作为墨西哥邻国的美国受到巨大冲击，美国在墨西哥的 200 亿美元股票就损失了 70 亿美元，加上比索贬值，损失近 100 亿美元。

（三）墨西哥金融危机的教训

墨西哥金融危机值得我国借鉴的地方主要有以下方面。

（1）提醒我们对金融监管一定要加强，特别是银监会、保监会和证监会的职能健全和功能实施。同时，金融开放一定要循序渐进，这是因为金融的开放必须要伴随建立一个完整的金融监管体系。

（2）发展中国家的金融业管理水平有待提高。发展中国家的金融机构的操作水平、内部监控水平的提高需要时间，贸然接受发达国家的银行、基金和其他金融机构，而政府不知如何去监管，也缺乏相应的手段去监管，必然会出现问题。这就对发展中国家敲了一个警钟，不仅要学习西方发达国家的先进金融工具，如现代金融工具、衍生工具等，更要学习如何去操作这些金融工具，如内部监控系统、激励制度等。

总之，金融开放与金融监管是一个相辅相成的过程。如果金融监管滞后，就不可避免地出现问题。中国是一个大国，实行有弹性的汇率政策有利于相对独立地实施本国的货币政策，从而不断化解不平衡因素，防止问题的积累和不良预期所可能产生的剧烈振动。

三、东南亚金融危机

自 1997 年 7 月起爆发了一场始于泰国、后迅速扩散到整个东南亚并波及世界的东南亚金融危机，使许多东南亚国家和地区的汇市、股市轮番暴跌，金融系统乃至整个社会经济受到严重创伤。1997 年 7 月—1998 年 1 月仅半年时间，东南亚绝大多数国家和地区的货币贬值幅度高达 30%～50%，最高的印尼盾贬值达 70% 以上。同期，这些国家和地区的股市跌幅达 30%～60%。据估算，在这次金融危机中，仅汇市、股市下跌给东南亚国家和地区造成的经济损失就达 1000 亿美元以上。受汇市、股市暴跌影响，这些国家和地区出现了严重的经济衰退。

这场危机首先是从泰铢贬值开始的，1997 年 7 月 2 日，泰国宣布泰铢与美元脱钩。实行浮动汇率制度，当天泰铢汇率狂跌 20%。和泰国具有相同经济问题的菲律宾、印度尼西亚和马来西亚等国迅速受到泰铢贬值的巨大冲击。7 月 11 日，菲律宾宣布允许比索在更大范围内与美元兑换，当大比索贬值 11.5%。同一天，马来西亚则通过提高银行利率阻止林吉特进一步贬值。印度尼西亚被迫放弃本国货币与美元的比价，印尼盾 7 月 2 日—14 日贬值了 14%。

继泰国等东盟国家金融风波之后，中国台湾地区的台币贬值，股市下跌，掀起金融危机第二波，10 月 17 日，台币贬值 0.98 元，达到 1 美元兑换 29.5 元台币，创下近千年来的新低，相应地，当天台湾股市下跌 165.55 点。10 月 20 日，台币贬至 30.45 元兑 1 美元，台湾股市再跌 301.67 点。台币贬值和股市大跌，不仅使东南亚金融危机进一步加剧，而且引发了包括美国股市在内的大幅下挫。10 月 27 日，美国道琼斯指数暴跌 554.26 点，迫使纽约交易所 9 年来首次使用暂停交易制度，10 月 28 日，日本、新加坡、韩国、马来西亚和泰国股市分别跌 4.4%、7.6%、6.6%、6.7% 和 6.3%。特别是中国香港股市受外部冲击，香港恒生指数 10 月 21 日和 27 日分别跌 765.33 点和 1200 点，10 月 28 日再跌 1400 点，这三天香港股市累计跌幅超过了 25%。

11 月下旬，韩国汇市、股市轮番下跌，形成金融危机第三波。11 月，韩元汇价持续下挫，其中 11 月 20 日开市半小时就狂跌 10%，创下了 1139 韩元兑 1 美元的新低；截至 11 月底，韩元兑美元的汇价下跌了 30%，韩国股市跌幅也超过 20%。与此同时，日本金融危机也进一步加深，11 月日本先后有数家银行和证券公司破产或倒闭，日元兑美元也跌破 1 美元兑换 130 日元大关，较年初贬值 17.03%。

从 1998 年 1 月开始，东南亚金融危机的重心又转到印度尼西亚、形成金融危机第四波。1 月 8 日，印尼盾对美元的汇价暴跌 26%。1 月 12 日，在印度尼西亚从事巨额投资业务的香港百富勤投资公司宣告清盘。同日，香港恒生指数暴跌 773.58 点，新加坡、中国台湾、日本股市分别跌 102.88 点、362 点和 330.66 点。直到 2 月初，东南亚金融危机恶化的势头才初步被遏制。

（一）东南亚金融危机爆发的原因

这次东南亚金融危机持续时间之长、危害之大、波及面之广，远远超过人们的预料。然而，危机的发生绝不是偶然的，它是一系列因素共同促成的必然结果。从外部原因来看，是国际投资的巨大冲击以及由此引起的外资撤离。据统计，危机期间，撤离东南亚国家和地区的外资高达 400 亿美元。但是，这次东南亚金融危机的最根本原因在于这些国家和地区内部经济的矛盾性。东南亚国家和地区是近 20 年来世界经济增长最快的地区之一，这些国家和地区近年来在经济快速增长的同时暴露出日益严重的问题。

(1) 以出口为导向的劳动密集型工业发展的优势，随着劳动力成本的提高和市场竞争的加剧正在下降。上述东南亚国家和地区经济增长方式和经济结构未做出适时有效的调整，致使竞争力下降，对外出口增长缓慢、造成经常项目赤字居高不下。1996 年，泰国国际收支经常项目赤字为 230 亿美元，韩国则高达 237 亿美元。

(2) 银行贷款过分宽松，房地产投资偏大，商品房空置率上升、银行呆账、坏账等不良资产日益膨胀。泰国金融机构出现严重的现金周转问题，韩国数家大型企业资不抵债宣告破产，日本几家金融机构倒闭，印度尼西亚更是信用危机加剧。

(3) 汇率制度僵化。在近年美元对国际主要货币有较大升值的情况下，东南亚国家和地区的汇率未做出调整，从而出现高估的现象，加剧了产品价格上涨和出口锐减。因此，这些国家和地区货币贬值势在必行。而货币贬值又导致了偿还外债的能力进一步下降，通货膨胀压力加剧，从而促使股市下跌。

(4) 在开放条件和应变能力尚不充分的情况下，过早地开放金融市场，加入国际金融一体化，当国际游资乘机兴风作浪时，一些东南亚国家和地区不知所措或措施不力，完全处于被动地位。

（二）东南亚金融危机的影响

这次危机的爆发对当时的经济产生了巨大的影响。

▶ **1. 南亚金融危机使亚洲人民资产大为缩水**

1997 年 3 月 2 日，索罗斯攻击泰国外汇市场，引起泰国挤兑风潮，挤垮银行 56 家，泰铢贬值 60%，股票市场狂泻 70%。由泰国引起的金融动荡一直蔓延到亚洲的北部乃至俄罗斯,马来西亚、印度尼西亚、中国台湾、日本、中国香港、韩国均受重创,这些国家和地区人民的资产大为缩水,亚洲人民多年来创造的财富纷纷贬值,欧美国家利用亚洲货币贬值、股市狂泻的时机,纷纷兼并亚洲企业,购买不动产,以其1%的代价轻易获取了百分之几百的财产。

▶ 2. 南亚金融危机使亚洲国家的社会秩序陷入混乱

由于银行倒闭,金融业崩溃,导致经济瘫痪、经济衰退,激化了国内的矛盾。东南亚金融危机期间,印度尼西亚、马来西亚等国社会动荡,人心涣散,秩序混乱。

▶ 3. 南亚金融危机使国家政权不再稳定

亚洲金融危机爆发后,由于社会动荡,经济萧条,导致人们对政府信任度下降。在野党、反对党纷纷指责执政党,于是,泰国的政府被推翻了,印度尼西亚的苏哈托政府被推翻了,日本桥本龙太郎下台了,俄罗斯一年之内换了六届总理。政治不稳定破坏了亚洲经济增长的良好环境。此前,亚洲国家经济高速增长的原因就在于政治经济环境稳定,后来由于金融危机破坏了这种稳定,引发社会波动,差点危及各国的国家安全。

(三)东南亚金融危机的教训

东南亚金融危机有许多经验和教训值得我国借鉴。
(1) 应该通过政府合理的干预使金融系统恢复稳定。
(2) 国际最后贷款机构必须制定合适的贷款条件,来避免形成造成金融不稳定的过度道德风险。
(3) 虽然资本流动与危机有关,但这不是造成危机的根源,所以外汇管制对于防范今后的危机作用有限。
(4) 钉住汇率制对新兴市场国家十分危险,它使金融危机更易发生。

四、美国次贷危机

美国次贷危机是指一场开始于美国,由于次级抵押贷款机构破产、投资基金被迫关闭,从而导致股市剧烈震荡引起的金融风暴。美国次贷危机是从2006年开始的,2007年8月开始席卷美国、欧盟和日本等世界主要金融市场。次贷危机的经济影响一直持续到现在,一些后遗症还没有消失。

(一)美国次贷危机爆发的原因

▶ 1. 根本原因

美国次贷危机的发生,主要是金融监管制度的缺失造成的。这场危机的根本原因在于美国近年来加速推行的新自由主义经济政策。所谓新自由主义,是以减少政府对经济社会的干预为主要经济政策目标的思想。美国新自由主义经济政策开始于20世纪80年代早期。内容主要包括:减少政府对金融、劳动力等市场的干预,打击工会,推行促进消费、以高消费带动高增长的经济政策等。具体来讲,新自由主义主要表现在以下几个方面。①盲目鼓励高消费,以刺激经济高速增长的目的。②经济的发展和社会制度本身的原因导致的社会分配关系严重失衡,广大的中产阶级收入不升反降,经济发展的成果更多地流入富人的腰包,美国贫富收入差距不断扩大。③金融监管缺失,为了自身利益,引诱普通百姓通过借贷超前消费。

▶ 2. 直接原因

另外，美国国会还先后通过了 1987 年《公平竞争银行法》、1989 年《金融机构改革、复兴和实施方案》、1999 年《金融服务现代化法》，同时废除了 1933 年《美国银行法》，将银行业与证券、保险等投资行业之间的壁垒消除，从而为金融市场的金融投机打开方便之门，诱使大量不具备还款能力的消费者纷纷通过按揭手段，借钱涌入住房市场。引起这次危机的直接原因是美国的利率上升和住房市场持续降温。利息上升，导致还款压力增大，很多本来信用不好的用户感觉还款压力大，出现违约的可能，对银行贷款的收回造成影响的危机，对全世界很多国家都造成了严重影响。

（二）美国次贷危机的影响

▶ 1. 对全球经济的影响

2007 年 2 月 13 日，美国第二大次级抵押贷款机构新世纪金融公司发布盈利预警，随之于 2007 年 4 月 2 日宣布申请破产保护、裁减 54％的员工。标志着席卷美国进而波及全球的美国次贷危机爆发，使全球经济都为之震撼并受之影响。2007 年 7 月 10 日，标准普尔公司调低次级抵押贷款债券评级，全球金融市场出现了地震般的大震荡。随后，美国、欧洲、日本政府急忙出资救市，虽投入资金巨大，但是收效甚微。次贷危机在全球进一步蔓延。直到今天，次贷危机从爆发到现在已经过去近 10 年，很多国家和地区还遗留有这次危机的"后遗症"。

由于美元在当今世界无法替代的作用以及美国经济对全球经济的巨大影响力。此次美国次贷危机的发生对全球经济产生了巨大的破坏，2008 年 10 月，英格兰银行的金融稳定报告估算，当时欧美的金融债券产品按照市价计算，遭受损失已经高达 2.8 万亿美元。2009 年 1 月，国际货币基金组织预计此次金融危机造成的信贷损失最终高达 2.2 万亿美元。截至 2009 年 1 月初，全球主要金融机构已报告信贷和市场风险损失共计 1 万亿美元。2008 年，由于全球资产市场下跌所造成的财富损失（股票、债券、房市等）加起来在 50 万亿美元左右，相当于全球一年的 GDP 总额。

▶ 2. 对我国经济的影响

此次美国次贷危机的发生在一定程度上对我国经济也产生了的影响，具体表现在以下几个方面。

（1）美国股价下跌直接影响到我国在美国上市公司的融资和购买了部分涉及次贷金融资产的企业的收益，同时也加剧了国内的股市动荡。

（2）使我国出口增长速度放缓，这是此次次贷危机对我国最主要的影响。

（3）加剧了我国的通货膨胀。此次次贷危机爆发后，美国、欧盟等国家为了应对此次危机可能导致的经济衰退，纷纷降息，导致了全球性的通货膨胀压力增大。

（4）我国将面临经济增长趋缓和严峻就业形势的双重压力，这就对我国今后的经济发展敲响了警钟。第一，要注意和加强对房地产市场的监控和调整。限制过多的购买力透支和加强对房地产的金融创新项目限制，特别是加强银行对房地产业的审查。第二，谨慎推动金融自由化进程，要把握好金融开放的速度。在鼓励和支持金融创新与衍生工具的同时，更要加强监管。第三，在对外投资时，既要保持积极的态度，同时更要保持谨慎的态度。第四，完善银行监管体系，加强银行的抗风险能力。第五，完善我国证券市场，加强对证券市场的监管。

相关案例

财经观察：防范房地产金融高杠杆 美国次贷危机后的房贷监管经验

美联储前副主席艾利斯·里夫林曾说过，金融危机带来的教训之一就是，无论风险对冲多完美，借钱给无法偿债的对象，对借贷双方来说都不是好买卖。

近期国内出现利用众筹、"首付贷"等高杠杆金融产品购房的现象，不仅加大了还款人负担，还放大了金融风险。对此，美国次贷危机的警示作用长存。美联储前主席伯南克指出，宽松的信贷标准、过低的房贷首付比例、民众薄弱的风险防范意识等因素造成美国房贷质量恶化，最终在2007年和2008年引爆次贷危机和金融危机。

国际货币基金组织《全球房地产观察》项目顾问理查德·科斯表示，美国所谓的金融创新导致放贷机构不顾购房贷款者的偿债能力过度放贷，最终引发次贷危机。科斯说，美国的资产证券化市场催生了抵押担保债券（CDO）之类的结构性金融产品，持有者结构复杂，这导致在房价下跌时，监管者无法判断系统重要性风险在哪个环节。

美国智库布鲁金斯学会高级研究员杜大伟告诉新华社记者，从整体来看，目前中国家庭的杠杆率并不高，中国在增加房屋抵押贷款发放方面还有空间。但他同时指出，从美国楼市泡沫破灭的教训来看，零首付是个非常糟糕的政策。

杜大伟建议，中国可以从美国次贷危机和危机后的监管实践中汲取经验教训，既让购房者更加容易获得抵押贷款，又要确保监管到位，避免购房者承担超过其实际偿付能力的过高抵押贷款。

金融危机后，美国意识到对金融和房地产业监管不力是造成危机的重要原因。为此，美国在2010年出台了"大萧条"以来最严厉的金融监管改革法案，即《多德-弗兰克法案》。该法案推动成立了金融稳定监管委员会，负责监测和处理威胁国家金融稳定的系统性风险；设立新的消费者金融保护局，对提供信用卡、抵押贷款和其他贷款等消费者金融产品及服务的金融机构实施监管；将之前缺乏监管的场外衍生品市场纳入监管范围；限制银行自营交易及高风险的衍生品交易等。

《多德-弗兰克法案》还规定房贷发放机构必须留存5%的信用风险，从而迫使房贷发放机构仔细审查贷款申请人资质。布鲁金斯高级研究员罗伯特·波曾就指出，高比例的首付要求是降低房贷违约的最佳方式。

为进一步完善房贷政策，确保潜在贷款购房者有能力偿还抵押贷款，2013年1月，美国消费者金融保护局出台了住房抵押贷款标准。这一规定严禁高风险借贷行为，如浮动抵押贷款及允许贷款者一段时期仅偿付利息不支付本金的行为等。

该规定还要求贷款购房者必须提供就业状况、收入与资产、当前债务负担、信用记录、抵押贷款月度偿付额等信息；借贷机构必须审查潜在贷款购房者的债务收入比，确保该比例不能高于43%；同时，在审查潜在贷款购房者偿付能力时，不能以贷款初期较低利率即"引诱利率"为基础，必须考虑贷款本金且按长期利率计算。

这些措施旨在避免借贷机构肆意放贷，将有风险的抵押贷款转售给投资者，以避免市场再次出现高风险借贷行为，保护消费者免遭金融机构不负责任的抵押贷款发放行为的损害。

资料来源：江宇娟，高攀．财经观察：防范房地产金融高杠杆——美国次贷危机后的房贷监管经验．

本章小结

国际金融体系是指调节各国货币在国际支付、结算、汇兑与转移等方面所确定的规则、惯例、政策、机制和组织机构安排的总称。国际金融体系经历了三个阶段，即国际金本位体系、布雷顿森里体系和牙买加体系。

金本位制的主要特点有三个：黄金作为最终清偿手段，是"价值的最后标准"，充当国际货币；汇率体系呈现为严格的固定汇率制，汇率稳定；这是一个松散、无组织的体系，是一种自发实行并得到普遍认可的体系。国际金本位有自动调节国际收支的功能。金本位制经历了三个阶段，即金币本位制时期、金块本位制时期和金兑汇本位制时期。

布雷顿森里体系的内容包括四个方面：建立两个永久性国际金融机构，即国际货币基金组织和世界银行（国际复兴开发银行），以促进国际间的金融合作；规定了以美元作为最主要的国际储备货币，确立了以黄金为基础，实行美元黄金本位制；实行可调整的固定汇率制，即可调整的钉住汇率制度；采取多种手段调节国际收支的不平衡。

牙买加体系的内容主要包括实行浮动汇率制度；推行黄金非货币化，协议做出了逐步使黄金退出国际货币的决定；增强特别提款权的作用；增加成员国基金份额。

欧洲货币体系是1979年3月在德国总理和法国总统的倡议下，欧洲经济共同体的8个成员国建立的货币体系，在体系内各国货币的汇率相互固定，共同对美元浮动。主要内容有确定了欧洲货币单位、建立稳定汇率的机制、建立欧洲货币基金。欧洲货币一体化是在布雷顿森林体系崩溃之后，欧洲各国走向"联合欧洲""大欧洲"路程上的第一步。以欧元的诞生为标志，宣告了欧洲货币一体化阶段性成功。

国际金融危机是指一国所发生的金融危机通过各种渠道传递到其他国家从而引起国际范围内金融危机爆发的一种经济现象。自20世纪90年代以来，全球发生了多次各种形式的金融危机，这些危机的爆发都对地区经济乃至世界经济的平稳运行与发展起到了不同程度的破坏作用，其中较为突出的有欧洲货币危机、墨西哥金融危机、东南亚金融危机及美国次贷危机。

本章关键词

国际金融体系　国际金本位体系　布雷顿森里体系　牙买加体系　欧洲货币体系　欧洲货币一体化　国际金融危机　欧洲货币危机　东南亚金融危机　墨西哥金融危机　美国次贷危机

本章思考题

1. 论述国际金融体系的演变过程。
2. 简述国际金本位体系、布雷顿森里体系和牙买加体系的形成、内容和崩溃原因。
3. 简述欧洲货币一体化体系的形成过程。
4. 什么国际金融危机？并简述欧洲货币危机、墨西哥金融危机、东南亚金融危机和美国次贷危机的爆发原因及其经济影响。
5. 论述欧洲货币危机、墨西哥金融危机、东南亚金融危机和美国次贷危机对我国今后经济发展的启示。

第十四章 开放条件下的宏观经济政策

本章介绍了汇率目标区概念、丁伯根原则和有效市场分类原则,阐述了蒙代尔-弗莱明模型与斯旺模型的含义,揭示了资本管制、货币政策有效性和汇率制度选择三者之间的关系。

>>> **重点问题**

1. 汇率目标区
2. 丁伯根原则和有效市场分类原则
3. 蒙代尔-弗莱明模型与斯旺模型的含义
4. 资本管制、货币政策有效性和汇率制度选择三者之间的关系

前面章节研究的是狭义国际收支,即研究重点为贸易差额,而忽略了资本项目,并未将资本流动作为核心因素去考察。而在"二战"后期,国际资本流动已成主流,国际收支平衡已非昔日仅靠经常项目研究即可解决。面对新的问题,经济学者们聚焦于国际资本流动的原因及其对国际收支平衡的影响和其宏观经济政策。我们知道,一国之宏观经济政策目标有四类:经济增长、充分就业、货币稳定和国际收支平衡。此四类目标可归结为内外双平衡,欲达到对内对外双平衡,仅靠货币政策是有其局限性的,必须辅之以财政政策方可奏效。为了证明同时运用这两种政策的必要性,先要明确几个相关概念和理论方程。

第一节 一国经济的宏观目标

在一国处于封闭经济的条件下,其主要任务就是能够实现物价稳定与经济发展,完成内部的经济变量之间的均衡。而在开放经济条件下,情况会变得更为复杂,不仅要达到内部均衡,而且还要实现内外均衡。这就要求除了实现物价稳定下的充分就业、保持一个持续、较快的经济增长外,还要使国际收支保持平衡,即商品、劳务、资本的流入与流出都

要达到平衡的状态。实现对内均衡和对外均衡的统一。

然而，在运用宏观政策工具时，欲达内外均衡时，各种工具的作用方向与力量并非是基本一致的，也有可能发生冲突。在诸多情况下，内部平衡实现了，但国际收支却存在赤字或盈余，又或者国际收支保持了平衡，内部经济又有通胀之虑或者衰退，有时甚至会内有滞胀、外有赤字共存，发生经济危机。在这种情况下，必须用宏观政策对之加以调整，以恢复双平衡。在政府方面可以实施的政策有财政政策、货币政策和汇率政策，必要时更要辅之以行政管制措施以度过危机。在实施这些政策搭配时，先要了解与之有关的基本概念。

一、米德冲突

内部均衡与外部均衡的矛盾及其政策的搭配问题是由英国经济学家詹姆斯·米德于1951年在其名著《国际收支》中首先提出来的。米德认为，在开放的宏观经济的运行下，在固定汇率下，有时会出现内部均衡与外部均衡产生相互矛盾的情况，要克服这个困难，同时实现两个均衡，就要采用两种独立的政策，进行适当的搭配，这就是米德冲突。一种政策用于实现内部平衡、另一种政策用于外部平衡，每一种政策工具只能用来应对一种目标。如若用一种政策工具应对两个彼此独立的政策目标，则两个目标都会落空。在米德的分析中，内外失衡一般是指在固定汇率下的失业增加，经常账户逆差或通货膨胀、经常账户盈余这两种特定的内外经济状况组合。

二、丁伯根法则

针对这一矛盾关系，荷兰经济学家丁伯根最早提出了实现这一搭配的法则，即丁伯根法则：一国所需的有效的政策工具数目至少要和所欲达到的经济目标数目一样多。换言之，欲实现一个经济目标，至少就需要一种有效且独立的政策工具。内部均衡与外部均衡的矛盾关系如表14-1所示。

表 14-1　内外均衡的矛盾关系

类　型	内部经济状况	外部经济状况
Ⅰ	经济衰退/失业增加	国际收支赤字
Ⅱ	经济衰退/失业增加	国际收支顺差
Ⅲ	通货膨胀	国际收支顺差
Ⅳ	通货膨胀	国际收支赤字

三、蒙代尔有效市场分类原则

当经济处于衰退时，社会总需求下降，进口需求亦疲软，国际收支应向有利于顺差的方向变化。而当经济处于通货膨胀时，国内货币成本和价格上升，出口相对困难，进口相对容易，国际收支向恶化的方向发展。因此，上述第Ⅰ、Ⅱ种和第Ⅲ种情况即为彼此矛盾的情况，在相互矛盾的情况下，要同时达到内部经济的均衡和外部收支平衡，就必须按米德冲突和丁伯根原则采用两种政策并进行适当的搭配。关于每一政策工具应如何指派给相应目标的问题，蒙代尔在此基础上又提出了"有效市场分类原则"。这一原则的含义是：每一目标应指派给对该目标有最大影响力，因而在影响政策目标上有相对优势的工具。如果指派出现错误，则经济会产生不稳定而离均衡点越来越远。这样，丁伯根原则和蒙代尔有效市场分类原则一起确定了开放经济下政策调控的基本指导思想：针对内外均衡目标，确定不同政策工具的指派对象，并且尽可能地进行协调以同时实现内外均衡。我们将这一政策间的指派与协调称为"政策搭配"。

第二节 政策搭配方法

按照政策搭配的基本原则，西方经济学家在以后的研究中提出了不同的政策搭配方法。其中，雷弗·斯旺提出用支出政策（支出转换政策和支出增减政策）同汇率政策的搭配来解决内部均衡和外部均衡的矛盾，而蒙代尔提出的用财政政策同货币政策的搭配来解决开放宏观经济中的这对矛盾最有影响。

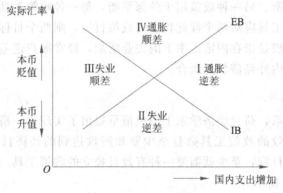

图 14-1 斯旺模型结构

一、斯旺模型

斯旺模型如图 14-1 所示，图中横轴表示国内支出，政府的支出增减性政策可以明显影响国内支出总水平。纵轴表示本国货币的实际汇率（直接标价法），单位外币折合的本币数上升，表示本币贬值。IB 曲线代表实际汇率与国内吸收的结合以实现内部均衡（价格稳定与充分就业）。该线向右下方倾斜，因为本国汇率升值将会减少出口，增加进口，所以要维持内部均衡就必须增加国内支出；在本国货币的实际汇率 IB 线曲线的右边，有通货膨胀的压力，因为对于既定的汇率，国内支出大于维护内部均衡所需要的国内支出；在 IB 线的左边，有通货紧缩的压力，因为国内支出比维护内部均衡所需要的国内支出要少。EB 曲线表示实际汇率与国内支出的结合以实现外部均衡，即经常项目的收支平衡。该线向右上方倾斜，这是因为汇率贬值会增加出口，减少进口，所以要防止经常项目出现顺差，就需要扩大国内支出，抵销进口的增长。当开放经济处于失衡时，比如区间 I，削减国内支出，压缩民众需求，通货膨胀和国际收支逆差的压力同时下降，则不平衡向平衡点靠近，根据斯旺图形，支出增减性政策与支出转换性政策的搭配如表 14-2 所示。

表 14-2 支出增减性政策与支出转换性政策的搭配方式

区 间	经济状况	支出增减政策	支出转换政策
Ⅰ	通胀/赤字	紧缩	贬值
Ⅱ	失业/赤字	扩张	贬值
Ⅲ	失业/顺差	扩张	升值
Ⅳ	通胀	紧缩	升值

二、蒙代尔-弗莱明模型

由于斯旺模型所指的外部均衡仅指贸易项目的平衡而忽略了资本项目的流动对支出以及汇率的影响,其前提条件又是在固定汇率下,汇率无法变动或难以轻易变动,则汇率政策会失效,因而只能用支出调整的政策,否则就无法实现这两个目标的均衡。鉴于此,为了克服斯旺模型的局限性,美国经济学家蒙代尔提出了在允许资本流动的情况下运用财政与货币政策同时实现内外均衡的政策搭配。即将外贸和资本流动引进封闭条件下的ES-LM模型分析得出稳定政策的效果是与资本的国际流动程度密切相连的。而且,论证了汇率制度的重要性,即在浮动汇率下,货币政策效果明显,财政政策相形见绌,而在固定汇率下则相反。如图 14-2 所示,横轴代表财政政策,纵轴代表货币政策。

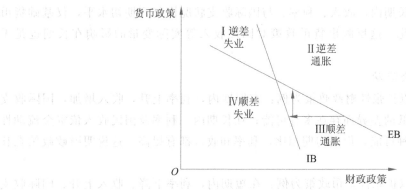

图 14-2 蒙代尔-弗莱明模型结构

蒙代尔-弗莱明模型的结论可以概括为:在固定汇率和资本完全流动条件下,一国无法实行独立的货币政策,或者说单独的货币政策基本上是无效的。他提出了在资本流动情况下运用财政与货币政策同时实现内外均衡的政策搭配,如表 14-3 所示。

表 14-3 财政政策与货币政策的搭配方式

区 间	经济状况	财政政策	货币政策
Ⅰ	失业衰退/赤字	扩张	紧缩
Ⅱ	通胀/赤字	紧缩	紧缩
Ⅲ	通胀/顺差	紧缩	扩张
Ⅳ	失业衰退/顺差	扩张	扩张

通过上述搭配方式，蒙代尔-弗莱明模型的政策含义十分明确：在固定汇率和资本自由流动条件下，由于利率与汇率保持相对稳定，货币政策的传递机制，即通过利率变动影响投资，进而影响产出水平的机制，其功能自然会遭到比较严重的削弱，自然货币政策会失效。同理，利率稳定即可基本消除财政政策引起的挤出效应，从而实现财政政策的最佳效果。因此，当一国面临外部冲击，主要是国际金融与货币因素的冲击时，则固定汇率制应该是较为理想的汇率制度。毕竟在固定汇率制度下，国际资本套利活动可以自发化解货币因素的外部冲击，并且使财政政策纠正经济失衡的效果达到最优。

由于蒙代尔-弗莱明模型对财政货币政策的效应组合分析是按两种不同的汇率制度（固定、浮动）分别进行的。而在不同的汇率制度下，又有资本完全流动、不完全流动和完全不流动三种情况。

(一) 固定汇率制度下的财政、货币政策

▶ 1. 资本完全不流动

(1) 财政政策。以扩张性财政政策为例：在短期内，财政支出扩大，利率上升，收入上升，国际收支的经常项目恶化；在长期内，利率进一步上升，收入与国际收支状况恢复到初期水平，仅基础货币总支出的内部结构发生变化。这说明财政政策对国民收入等实际变量的影响在长期看来是无效的。

(2) 货币政策。以扩张性货币政策为例：在短期内，利率下降，收入上升，国际收支的经常项目恶化；在长期内，收入、利率、与国际收支状况恢复到期初水平，仅基础货币的内部结构发生了变化。这反映出货币政策对国民收入等实际变量的影响在长期也是无效的。

▶ 2. 资本不完全流动

(1) 财政政策。以扩张性财政政策为例：在短期内，利率上升，收入增加，国际收支状况依资金流动性高低的差异而存在多种可能；在长期内，利率及国民收入依资金流动性高低的差异而存在多种可能，但同初期相比，利率和收入都有提高。这说明财政政策在长期内是有效的。

(2) 货币政策。以扩张性货币政策为例：在短期内，利率下降、收入上升、国际收支恶化；长期内，收入、利率与国际收支状况均恢复到期初水平，仅基础货币的内部结构发生变化。这反映出货币政策对国民收支等实际变量的影响在长期也是无效的。

▶ 3. 资本完全流动

(1) 财政政策。财政扩张不影响利率，但会带来国民收入的较大幅度的上升。此时的财政政策是非常有效的。

(2) 货币政策。货币扩张在短期内也难以对经济产生影响，这说明此时的货币政策是无效的。

(二) 浮动汇率制度下的财政货币政策

▶ 1. 资金完全不流动

(1) 财政政策。以扩张性财政政策为例：扩张性财政政策会引起国民收入提高，利率上升以及本币贬值。这时财政政策是相对有效的。

(2) 货币政策。货币扩张会引起收入增加，利率下降，国际收支逆差，本币贬值，这说明货币政策也是比较有限的。

▶ 2. 资金不完全流动

（1）财政政策。政府扩张性财政政策一般会提高收入与利率，但对汇率的影响则必须依资本流动性的不同而具体分析。可见，此时的财政政策还是比较有效的。

（2）货币政策。扩张性货币政策会引起本币贬值、收入上升，对利率的影响则不好确定。可见，此时的货币政策是有效的。

▶ 3. 资本完全流动

（1）财政政策。扩张性财政政策会导致本币升值，对收入、利率皆不能产生影响。可见，此时的财政政策完全无效。

（2）货币政策。货币扩张会使收入增加，本币贬值，对利率则无影响。可见，此时的货币政策是很有效的。

通过以上分析，即可得出初步结论：在资本完全流动时，财政政策在国定汇率制下有效，而货币政策无效。而在资本完全流动时，财政政策在浮动汇率制下无效，而货币政策有效。

随后，在蒙代尔模型的基础上，美国经济学家保罗·克鲁格曼提出了"三元悖论"进一步阐述了前者的原则：本国货币政策的独立性、汇率的稳定性、资本的完全流动性不能同时实现，最多只能同时满足两个目标而必须放弃另一个目标，它主要包括以下三种情况。

（1）保持本币政策的独立性和资本的完全流动性，而放弃汇率的稳定性，实行浮动汇率制。

（2）保持本币政策的独立性和汇率稳定，必须牺牲资本的完全流动性，实行资本管制。

（3）维持资本的完全流动性和汇率的稳定性，就又得不放弃本国货币政策的独立性。

相关案例

中国的宏观经济政策搭配实践

1. 第一阶段（1988年9月—1990年9月）："紧财政紧货币"的双紧政策

从1988年年初开始，中国经济进入过热状态，表现为经济高速增长（工业产值增幅超过20%）、投资迅速扩张（1988年固定资产投资额比1987年增长18.5%）、物价上涨迅速（1988年10月物价比上年同期上升27.1%）、货币回笼缓慢（流通中的货币增加了46.7%）和经济秩序混乱。在这种形势下，中国于1988年9月开始实行"双紧"政策。具体措施有：收缩基本建设规模、压缩财政支出、压缩信贷规模、严格控制现金投放和物价上涨、严格税收管理等。

双紧政策很快见效，经济增长速度从20%左右跌至5%左右，社会消费需求大幅下降，通货膨胀得到遏制，1990年第三季度物价涨幅降到最低水平，不到1%。

2. 第二阶段（1990年9月—1991年2月）："紧财政松货币"的一紧一松政策

在双紧政策之后，中国经济又出现了新的失衡，表现为市场销售疲软、企业开工不足、企业资金严重不足、三角债问题突出、生产大幅下降。

针对上述情况，从1991年年初开始，实行了宽松的货币政策，中央银行陆续多次调低存贷款利率，以刺激消费、鼓励投资。这些政策在实施之初效果并不显著，直到1991

年下半年，市场销售才转向正常。

3. 第三阶段(1992年1月—1993年6月)："松财政松货币"的双松政策

1992年，财政支出4 426亿元，其中财政投资1 670亿元，分别比年初预算增长107%和108%。信贷规模也大幅度增长，货币净投放额创历史最高水平。

双松政策的成效是实现了经济的高速增长，1992年GDP增长12.8%，城市居民人均收入增长8.8%，农村居民人均收入增长5.9%。但是，双松政策又带来了老问题，即通货膨胀加剧、物价指数再次超过两位数、短线资源再度紧张。

4. 第四阶段(1993年7月—1996年年底)：适度从紧的财政与货币政策

具体措施有：控制预算外投资规模、控制社会集资搞建设、控制银行同业拆借、提高存贷利率等，与1988年的紧缩相比，财政没有大动作，但货币紧缩力度较缓。

适度的双紧政策使我国的宏观经济终于成功实现了"软着陆"，各项宏观经济指标表现出明显的改善：1996年GDP的增长率为9.7%，通货膨胀率降为6.1%；外汇储备达到1 000多亿美元。这次政策配合实施被认为是中国治理宏观经济成效较好的一次，为中国以后实施经济政策积累了正面的经验。

5. 第五阶段(1997年至今)：适度的货币政策和积极的财政政策

1997—1998年，中国经济发展经受了亚洲金融危机和国内自然灾害等多方面的冲击。经济问题表现为通货紧缩式的宏观失衡，经济增长的力度下降，物价水平持续下降，失业增加，有效需求不足，出口不振等。面临新形势，中国政府实施了较有力度的财政扩张政策，其措施是大量发行国债，投资于基础设施方面的建设；实施适当的货币政策，连续下调人民币存贷款利率，改革商业银行体系等。这些政策使中国经济成功地应对了亚洲金融危机的挑战，保持了国民经济的持续增长。

资料来源：中国的宏观经济政策搭配实践. 圣才学习网.

本 章 小 结

对国际资本流动的认识经历了从流量分析到存量分析的转变，从这两个不同的角度分析了国际资本流动必然会得到国际收支调节的不同见解。

在开放经济中，一国的宏观经济政策需要兼顾内部平衡和外部平衡这两个目标。本章通对汇率目标区、丁伯根原则、蒙代尔有效市场分类原则说明了政府实行宏观政策搭配的重要性和必要性。

通过对固定汇率下的米德冲突、开放经济条件下的斯旺模型和基于流量理论分析的蒙代尔-弗莱明模型的分析，明确了如何通过宏观经济政策(财政与货币政策)的搭配来实现一国经济的内外平衡。

区分了蒙代尔-弗莱明模型在固定汇率与浮动汇率下宏观经济政策搭配效果的差别。

本章关键词

汇率目标区　丁伯根原则　斯旺模型　蒙代尔-弗莱明模型　政策搭配

本章思考题

1. 什么是汇率目标区和丁伯根原则？
2. 什么是米德冲突和有效市场分类原则？
3. 在资本不完全流动时，固定汇率制下的财政、货币政策效力如何？
4. 画出斯旺模型并说明其所代表的政策配合法的基本原理。
5. 试述蒙代尔-弗莱明模型的基本含义。
6. 运用内外均衡理论联系中国当前的经济状况说明如何做好内外政策协调？

第十五章 国际经济一体化
Chapter 15

根据经济一体化程度，国际经济一体化组织可以由低到高可分为：优惠贸易安排、自由贸易区、关税同盟、共同市场、经济同盟和完全经济一体化。在经济一体化的理论支持上，关税同盟理论、大市场理论、协议性国际分工理论和综合发展战略理论从不同视角进行了阐述；在国际经济一体化实践中，欧洲联盟、北美自由贸易区、亚太经合组织和东南亚国家联盟具有一定的代表性。

>>> **重点问题**

1. 经济一体化组织形式
2. 关税同盟理论

第一节 国际经济一体化的形式

一、基本概念介绍

经济一体化是指原来相互独立的经济体通过某种形式结合成经济联合体的过程和状态。即各成员国之间消除相互的各种歧视，把各自分散的国民经济纳入一个较大的经济组织中的状态和过程。经济一体化既可以是静态的状态概念，也可以是动态的进程概念。

国际经济一体化是指两个或两个以上的国家在现有生产力发展水平和国际分工的基础上，由政府间通过协商缔结条约，建立两国或多国的经济联盟，从而逐步实现彼此之间在商品、服务和生产要素的自由流动，使各种资源合理配置，促进相互之间经济的发展。在这个多国经济联盟内，逐步取消关税和非关税壁垒，逐步协调各国的产业、财政和货币政策，并建立一个统一的机构来监督条约的执行和实施共同的政策及措施。

在国际经济一体化组织中，各成员国之间取消关税和非关税壁垒，实现商品、服务和生产要素的自由流动，优化配置了成员国间的资源，促进了成员国间的贸易和经济的持续增长，提高在世界经济中的竞争力。在成员国与非成员国之间则分别或统一采取贸易壁垒措施，限制商品、服务和生产要素的跨国界自由流动，以保护成员国的市场、产业和企业。

二、经济一体化的主要形式

根据经济一体化程度，如商品、服务和生产要素的自由流动程度差异，贸易壁垒取消程度，成员国政策协调程度不同，经济一体化组织可以由低到高分为六种形式。

（一）优惠贸易安排

优惠贸易安排，又称特惠关税区，指在优惠贸易安排成员国间，通过协定或其他形式，对全部商品或一部分商品相互给予削减或免除关税的优惠待遇，而对区外各国仍然维持原有的关税水平，实现独立的关税政策。如1932年英国与以前的殖民地建立的英联邦特惠税制，1967年成立的东南亚国家联盟，简称东盟。这是一种最低层次、最松散的经济一体化形式，目前许多国家和地区经济集团大多直接以自由贸易区的形式为起点进行经济一体化。

（二）自由贸易区

自由贸易区，指在两个或两个以上的国家或地区通过达成商品自由贸易协议，相互进一步开放市场，相互取消绝大部分商品的关税和非关税壁垒，逐步实现各成员国商品的自由流通，成员国间不许设置歧视性关税、配额、补贴或管理障碍等壁垒，在服务领域改善市场准入条件，实现贸易和投资自由化。成员国之间实现商品贸易自由化，彼此间绝大多数商品进口关税均降为零，没有共同的对外关税，各成员国对非成员国可以采取独立的贸易措施，实施关税和其他贸易限制。为防止非成员国利用各成员国对外关税的差别间接以低关税进入成员国市场，自由贸易区采用"原产地规则"，即产品价值的50%以上（有的产品甚至要求在75%以上）是成员国生产的商品才能享受自由贸易区内部低关税或零关税的相关自由贸易政策。目前，世界上最大的三个自由贸易区是1960年成立的欧洲自由贸易联盟，1994年由美国、加拿大、墨西哥成立的北美自由贸易区，2010年成立的中国-东盟自由贸易区。自由贸易区一体化程度依然较低，经济联合主要涉及商品交换领域，关税和限额的取消有助于形成一个新的大市场，扩展了成员国商品市场和商品流通量，促进了各自经济的发展。

（三）关税同盟

关税同盟，指两个或两个以上的国家通过缔结协定或条约结成同盟，成员国之间完全取消关税和其他贸易壁垒，成员国对非成员国实行统一的关税和其他贸易政策。由于各成员国对外贸易政策一致，各成员国之间不设海关，成员国之间的产品流动不再采取"原产地规则"。虽然关税同盟比自由贸易区更进一步，但也具有某些限制。每个成员国都会存在比较弱势的产业，为了保护本国产业，各成员国往往在不违背关税同盟的有关协议的前提下，采取一些更加隐蔽的保护措施，如非关税壁垒中的绿色贸易壁垒、技术壁垒等。此外，关税同盟只解决了成员国之间边境上的商品流动自由问题，没有解决商品进入成员国境内后的限制措施问题，这构成了自由贸易的障碍。关税同盟组织包括1834年建立的德意志关税同盟，1948年比利时、荷兰、卢森堡建立的关税同盟，1958年建立的欧洲经济共同体关税同盟等。关税同盟在一体化程度上比自由贸易区更进一步，商品交换领域整合的内容和范围扩大，对外统一关税和部分外贸政策的实施需要有一个管理机构进行监督和协调，超国家机构由此产生，如欧洲经济共同体执行委员会。

（四）共同市场

共同市场，指成员国之间完全取消关税与数量限制，建立统一对外关税，在实现商品的自由贸易的同时，实现资本、服务、劳动力在区域内的自由流动。共同市场的建立需要成员国让渡多方面的权利，包括进口关税的制定权、非关税壁垒、技术标准的制定权、国内间接税率的调整权、干预资本流动权等。共同市场一体化整合内容已经超出商品自由流动的范围，体现出商品市场一体化、资本市场一体化、服务市场一体化、劳动力市场一体化、生产过程一体化等，使生产要素的整合和优化配置得到了进一步的加强，潜能大为提高，增强了企业竞争力，降低了成本，提高了效率和效益。例如，1991年由阿根廷、巴西、巴拉圭成立的南方共同市场，1992年建立的欧洲共同体。

（五）经济同盟

经济同盟，指成员国之间不但废除了贸易壁垒，建立了统一的对外贸易政策，实现了商品、生产要素的自由流动。在协调的基础上，各成员国还制定和执行许多共同的经济和社会政策，包括货币、财政、经济发展和社会福利政策等，从而将一体化的程度从商品交换扩展到生产、分配乃至整个国民经济，形成一个庞大的经济实体。经济同盟在共同市场的基础上需要各成员国进一步协调各国的财政政策、货币政策和汇率政策等，这些政策的制定权需要部分移交给超国家机构进行统一管理，这对于共同体内部形成自由的市场经济意义重大。经济同盟内成员国之间的贸易如同在国内进行，使贸易成本大为减少，彼此依赖大为提高。同时也导致成员国对同盟外的世界市场依赖性下降，使内部市场显得更加封闭。经济联盟是现实中存在的最高级的经济一体化形式，1999年欧元启动标志欧盟已经进入这一阶段。

（六）完全经济一体化

完全经济一体化，指成员国在实现了经济联盟的基础上，进一步实现经济制度、政治制度和法律制度等方面的协调乃至形成统一的经济体。成员国在经济、金融、财政等政策上完全统一，在国家经济决策中采取统一立场，成员国内商品、资本、人员等完全自由流动，使用共同货币。这是经济一体化的最终和最高形式，迄今还未出现。完全经济一体化从发展过程来看是逐步实现经济及其他方面制度的一体化，从结果来看类似于一体化组织，从形势来看主要有两种：一是邦联制，各成员国的权利大于超国家的经济一体化组织的权利；二是联邦制，超国家的经济一体化组织的权利大于各成员国的权利。联邦制的国家经济一体化组织类似于一个联邦制国家，完全的经济一体化较难实现。

需要说明的是，经济一体化组织的发展不是必须由低级形式向高级形式发展。各成员国应根据自身具体情况，权衡利弊决定是停留在原有形式上还是向高级组织形式发展。

第二节　国际经济一体化的理论

一、关税同盟理论

美国经济学家范纳和李普西对关税同盟理论进行了系统研究。按照范纳的观点，完全形态的关税同盟应具备三个条件：一是完全取消各成员国间的关税；二是对来自非成员国和地区的进口设置统一的关税；三是在成员国之间通过协商方式分配关税收入。范纳和李普西关于关税同盟的建立对成员国以及非成员国影响的分析结论可以归纳为两个方面：关税同盟的静态效应和关税同盟的动态效应。

▶ 1. 关税同盟的静态效应

所谓关税同盟的静态效应，指假定在经济资源总量不变、技术条件没有改进的情况下，关税同盟对集团内外国家、经济发展以及物质福利的影响，主要包括贸易创造效应、贸易转移效应。

（1）贸易创造效应。贸易创造，指关税同盟在内部取消关税后，同盟内某国从较高生产成本的产品的消费转变为对较低生产成本的相同产品的消费，从而带来了福利增加。这种转变包括两个方面的内容：一是减少或取消了与国外产品同类的国内商品生产，国内所需产品转向从生产成本较低的成员国进口，从而节省了原先在国内生产该商品所耗费的实际成本，这产生了一种生产效应；二是从成员国进口生产成本较低的商品从而取代了本国原有的较高生产成本的商品，从而增加了消费者剩余，提高了消费者福利，这是一种消费效应。两方面效应共同形成了贸易创造效应。由于取消了关税壁垒，关税同盟成员国之间商品实现了自由流动，从而促使成员国在比较优势基础上进行专业化生产。贸易创造效应促进成员国资源流向有效率、有竞争力的产业，从而提高了资源的使用效率，扩大了生产利益。同时，低价商品进口使本国该项产品消费开支减少，需求增大，贸易量增加，社会福利水平提高。

（2）贸易转移效应。贸易转移，指关税同盟的成立，导致某国的产品进口从较低成本的非成员国转向成本较高的成员国进口所带来的福利损失。这种转变包括两个方面的内容：一是由于产品进口从成本较低的非成员国转向了成本较高的成员国，导致了从国外进口商品成本增加；二是由于对成员国较高成本的商品消费代替了非成员国较低成本的商品消费，导致了消费者剩余的损失。两方面共同形成了贸易转移效应。

▶ 2. 关税同盟的动态效应

（1）规模经济效应。关税同盟成立以后，成员国市场成为一体，为成员国之间产品的相互出口创造了良好的条件。市场范围的扩大，促使有竞争优势的企业扩大生产，推动专业化分工，达到规模经济生产水平，实现规模经济效应。1972年，科登在《规模经济与关税同盟理论》中对关税同盟形成后规模经济产生的福利效应进行了局部均衡分析，提出了规模经济的两个效应：成本降低效应和贸易抑制效应。即假定各国生产成本是向下倾斜的，由于生产规模扩大，单位产品分摊的固定成本减少，由于专业化分工使生产更有效率，以及大规模采购带来的较低的原料价格，使成员国以较低成本供应国内市场，产生成本降低效率。而贸易抑制效应与贸易转移效应类似。

（2）竞争促进效应。参加关税同盟以前，各成员国许多部门之间形成了国内垄断，几家企业长期占据国内市场并获取超额的垄断利润，不利于各国技术进步。参加关税同盟以后，各国市场相互开放，各国企业面临着来自其他成员国同类企业的竞争。谁在竞争中取胜，谁就可以享受大市场带来的规模经济的利益。各国企业为在竞争中居于有利地位，会纷纷采用新技术，降低生产成本，努力提高生产力。在竞争中，必然有企业被淘汰、被兼并，或相互合并，从而形成在关税同盟内部的垄断企业。这种大规模垄断企业的组建，有利于提高效率，增强抵御外部企业的竞争，使经济资源在更大的区域更有效的配置。

(3) 投资刺激效应。关税同盟建立以后，市场的扩大使企业生产的风险与不稳定性降低，商品的自由流通使竞争激烈程度加剧。为提高产品竞争能力，各成员国企业将增加各类投资，特别是研发的投入，不断推出新产品，改进产品质量，推进企业的技术创新。投资的增长一方面表现在本国资本的投资增加，另一方面表现为吸引其他成员国和非成员国资本的进入。例如关税同盟以外的国家到同盟内设立避税工厂，以求获得关税豁免的利益。

3. 关税同盟的其他影响

关税同盟的建立对成员国还有其他方面积极影响。①减少行政支出，成员国之间废除关税，可以减少征收关税的行政支出。②减少走私，商品可以在关税同盟国间自由流动，消除了产品走私根源，不仅可以减少查禁走私的费用支出，还有助于提高社会的道德水准。③增加对外谈判力，可以统一对外进行关税减让谈判，这有利于关税同盟国贸易地位的提高和贸易条件的改善。

当然，关税同盟的建立也会产生某些负面影响。①促成新的垄断的形成。关税同盟的对外排他性大，会逐渐形成的新垄断，会成为技术进步的严重障碍。除非不断有新的成员国的加入，否则新垄断造成的技术落后不可避免。②加大成员国不同地区之间经济发展水平的差距。同盟内资本会逐步向投资环境比较好的地区流动，如果没有促进地区平衡发展的政策，落后国家中的落后地区与先进地区的差别将逐步拉大。

二、大市场理论

1. 基本理论

按照阿格拉的定义：大市场是允许生产要素自由跨越国界的关税同盟，即资本、劳动力和企业可以不受阻碍的在成员国之间自由流动。大市场理论是从动态角度来分析经济一体化所取得的经济效益，是针对共同市场提出来的。该理论的核心有两点：一是通过大市场获得规模经济，从而实现技术利益；二是依靠因市场扩大化而竞争激化的经济条件，实现上述目的。两者之间是目的与手段的关系。该理论认为，以前各国之间推行狭隘的只顾本国利益的贸易保护政策，把市场分割的过于细小而又缺乏适度的弹性，只能为本国厂商提供狭窄的市场，使现代化的生产设备不能得以充分利用，无法实现规模经济和大批量生产的利益。只有大市场才能为研究开发，降低生产成本和促进消费创造良好的环境。通过国内市场向统一的大市场延伸，扩大市场范围获取规模经济利益，从而实现技术利益。通过市场的扩大，创造激烈的竞争环境，从而实现规模经济和技术利益的目的。

2. 代表人物及主要观点

西托夫斯基在《经济理论与西欧一体化》一书中提出西欧的"高利润率恶性循环"或者说"小市场与保守的企业家态度的恶性循环"的问题来阐述其大市场理论观点。由于西欧市场狭窄、竞争消失、市场停滞和阻止新竞争企业的建立等，高利润率长期处于平稳停滞状态。因为价格高，耐用消费品等产品不能大众化，普及率很低，造成企业不能转入大量生产，因而陷入了高利润率、高价格、市场狭窄和低资本周转率的恶性循环之中，只有实现共同市场和贸易自由化条件下的激烈竞争，才能打破这恶性循环。激烈竞争、价格下降会迫使企业转向大量生产，同时随着消费者实际收入的增加，过去只供少数人消费的高档商品，会被多数人消费，从而导致大市场化→大生产→生产成本下降→大众消费→竞争进一步激化……形成积极扩张的良性循环。

德纽在《共同市场》一书中对大市场理论进行了表述。他认为，充分利用机器设备进行规模生产、实行专业化、应用新技术和恢复竞争等，会降低商品的生产成本和销售价格，加上关税的取消使商品价格进一步下降，其结果将会提高消费者的购买力和实际生活水平的提高。购买某种商品的人数增加之后，投资也将会随之增加。这样经济就会像滚雪球一样进行扩张，消费的扩大引起投资的增加，增加的投资又导致价格下降、工资提高和购买力的全面提高。只有市场规模迅速增大，才能促进和刺激经济扩张。

▶ 3. 大市场理论的评析

大市场理论对经济一体化提供了有力的理论依据：一是共同市场的建立扫除了限制自由竞争的各种技术和管理条例上的障碍，市场扩大了，竞争更加激烈了，在此背景下企业之间发生了分化，经营不善的小企业被淘汰，一些具有优势的企业在竞争的不断壮大并扩大了经营规模，实现了规模经济和专业化生产。二是促使企业采用最先进、最经济的生产设备，促使生产要素自由流动，使资源配置更加合理。成员国之间生产要素的转移和利用达到空前规模，合作与分工得到更大的发展。三是企业的规模生产和激烈的市场竞争必将降低商品生产的成本和销售价格，而价格的下降会导致市场购买力的扩大和居民实际生活水平的提高，进而进一步促进投资增加和规模扩大，最终使经济滚雪球式扩张，形成良性循环，带动经济蓬勃发展。

但大市场理论在某些方面缺乏说服力，主要有：一是实现规模经济目的与竞争激化手段是否真能导致共同市场内部贸易的良性蓬勃发展值得商榷。二是无法解释国内市场存量相当大的国家也在同其他国家实行国际经济一体化。三是克服国内市场垄断弊端，从国内经济政策入手，照样可以使市场更具竞争力，不一定非要建立共同市场。

三、协议性国际分工理论

协议性国际分工，指一国放弃某种商品的生产并把国内市场提供给另一国，而另一国则放弃另外一种商品的生产并把国内市场提供给对方，即两国达成相互提供市场的协议，实行协议性国际分工。协议性分工不能通过价格机制自动实现，而必须通过当事国的某种协议加以实现，即依靠制定的经济一体化的某种制度来实现协议性分工组织化。协议性分工理论的主要内容是：在实行分工之前两国都分别生产两种产品，但由于市场狭小，导致产量很小，成本很高，两国经过协议性分工以后，各自生产一种不同的产品，实现市场规模扩大，产量增加，成本下降，协议双方都享受到规模经济的好处。

协议性国际分工理论是日本学者小岛清在1975年出版的《对外贸易论》一书中首次提出的，书中讲述了在成本递减的情况下国际分工和国际平衡的原理，并重视规模经济即成本递减的作用。小岛清认为，即使在消除比较优势差距的极端状态下，为了互相获得规模经济，同样应该存在分工。这种分工不是通过价格机制自动实现，而是需要贸易当事国的某种协议来实现。这里的"协议"是指由国家间计划决定的分工，以及通过企业合作、资本合作，实现生产品种的专业化分工。

经济一体化组织内部如果仅仅依靠比较优势原理进行分工，不可能完全获得规模经济的好处，相反可能会导致各国企业的集中与垄断，影响经济一体化内部分工的发展和贸易稳定。因此必须通过协议性国际分工使竞争性贸易的不稳定性保持稳定并加以维护。实现协议性分工的条件包括以下方面。

（1）两个（或多数）国家资本劳动禀赋比例差异不大，工业化水平和经济发展阶段大致相等，协议性分工的对象产品在哪个国家都能进行生产。在这种条件下，互相竞争的各国之间扩大分工与贸易，即关税同盟理论的贸易创造效应的目标，也是协议性国际分工理论的目标。而在要素禀赋比例和发展阶段差距较大的国家之间，由于某个国家可能由于比较成本差距很大而陷入单方面的完全专业化，比较优势理论仍起主导作用，因而并不需要建立协议性国际分工。

（2）作为协议分工对象的商品，必须是能够获得规模经济的商品。一般认为重工业、化学工业中的商品更适宜规模经济生产，并获得很大收益。

（3）不论对哪个国家，生产协议性分工的商品的利益都应该没有很大差别。即无成本差异和需求弹性差异的商品，否则就不容易达成协议。

（4）协议性国际分工是在同一范畴商品内的更细的分工，即应该按各种商品范畴进行国际分工。

总之，经济一体化或共同市场在同等发展阶段的国家间容易达成，在发达工业国之间进行协议性分工，其可选择的对象商品范围较大，利益也较大。在生活水平和文化等类似的、接近的国家和地区，容易达成协议性分工，并容易保证相互需求的均等增长。

四、综合发展战略理论

综合发展战略理论是由鲍里斯·赛泽尔基在《南南合作的挑战》一书中提出来的，该理论认为，经济一体化是发展中国家的一种发展战略，是发展中国家变革世界经济格局、建立国际经济新秩序的一个重要方式。综合发展战略理论的思想包括以下要点：第一，明确经济一体化是发展中国家的一种发展战略，不限于市场的统一，不需要在一切情况下寻求尽可能高的其他一体化形式。第二，生产和基础设施是经济一体化的基本领域，通过区域工业化来加强相互依存性。第三，发展中国家只有通过强有力的共同机构和政治意志制定系统的政策才能避免经济一体化带来的两极分化，有效的政府干预对经济一体化成功与否至关重要。第四，发展中国家经济一体化是集体自力更生的手段和按照新秩序变革世界经济的要素。

综合发展战略理论认为，发展中国家进行区域经济一体化需要综合考虑经济、政治和机构方面的因素。经济因素包括各国经济发展水平及之间的差异，各国间经济的依存程度、资源与生产要素的互补性及整体发展潜力、外国经济实体在特定经济集团中的地位、特定集团制定的一体化政策模式和类型的适用性。政治和机构因素包括各国间社会政治制度的差异、各国间有利于一体化的政策稳定性、共同机构的效率等。

综合发展战略理论突破了以往经济一体化理论的研究方法，抛弃了用自由贸易和保护贸易理论来研究发展中国家的经济一体化进程，主张用与发展理论紧密相连的跨学科的研究方法，把一体化作为发展中国家的发展战略，当作是发展中国家自力更生的手段和按新秩序变革世界经济的要素，在制定经济一体化政策时，要考虑经济、政治和机构等多种要素。综合发展理论为进一步探讨发展中国家经济一体化提供了参考框架。

第三节 国际经济一体化的实践

一、欧洲联盟(欧盟)

欧盟源自1951年的欧洲煤钢共同体，最初成员包括比利时、法国、联邦德国、意大利、卢森堡和荷兰六国。1957年，《罗马条约》签订以后，上述六国建立了欧洲经济共同体和欧洲原子能共同体。1967年7月，6国决定将3个机构合并，统称为欧洲经济共同体。根据《罗马条约》第3条要求，欧洲经济共同体要求成员国消除内部的贸易壁垒，创立统一的对外关税，同时要求各成员国消除阻碍生产要素在成员国之间自由流动的各种障碍，因此欧洲经济共同体实际上是一个共同市场。1991年12月11日，经多次扩大的欧共体在荷兰召开首脑会议，签订了《欧洲联盟条约》，决定建立集经济、货币与政治联盟于一体的区域性联盟，1993年11月1日条约生效，欧洲联盟正式诞生。1995年12月15日，欧盟首脑马德里会议决定未来欧洲采购统一货币欧元，并于1999年在欧元区11国首先发行实施。到2008年1月，欧元区成员由最初的11个扩大为15个。自20世纪70年代起，欧洲经济共同体成员不断增加，2013年7月1日，克罗地亚加入欧盟，成员国扩大到28个。

在一体化上，欧盟由最初的贸易领域关税同盟扩展到所有经济领域，继而扩展到政治领域，进而扩展到军事、外交等敏感政治领域。欧共体末期，该组织已经发展成为西欧国家经济、政治利益的国际代言人。《欧洲联盟条约》的签订正式宣布了欧共体由单一经济一体化目标向政治、经济、防务以及社会一体化目标过渡，标志着欧洲共同体从经济实体向经济政治实体的过渡，也标志着欧洲国家全面一体化开始。欧盟成立了超国家机构，包括欧洲理事会、欧洲委员会、部长理事会、欧洲议会、欧洲法院以及欧洲中央银行等。欧盟统一的经济政策由其对应的超国家机构制定和实施。欧盟经济政策始终围绕着四个方面制定：一是货物自由流动。欧盟统一了海关制度，打破了原来的关税壁垒和非关税壁垒，这不仅降低了企业的交易成本，而且也减少了政府的某些行政费用支出。二是服务自由流动。各成员国相互开放服务市场，各成员国相互承认按各国法律建立起来的公司与企业，允许银行、证券交易、保险租赁、运输、广播电视、通信和信息等服务业开展跨国服务，并在欧盟内部发放统一的运营许可证。三是人员自由流动。欧盟各成员国相互承认现有的立法和制度，消除国籍歧视，允许各国间人员自由流动。各国都相互承认文凭和学历，提供均等的就业机会。四是资金自由流动。取消各成员国之间对跨国界金融交易的限制，允许一国银行在其他成员国设立分行，放宽对其他成员国公司和企业在本国发行债券与股票的限制。

二、北美自由贸易区

北美自由贸易区(North American Free Trade Area，NAFTA)由美国、加拿大和墨西哥3国组成，于1992年8月12日就《北美自由贸易协定》达成一致意见，并于同年12月17日由三国领导人分别在各自国家正式签署。1994年1月1日，协定正式生效，北美自由贸易区宣布成立。该协定的宗旨是：取消贸易壁垒，创造公平的条件，增加投资机会，保护知识产权，建立执行协定和解决贸易争端的有效机制，促进三边和多边合作。促使北美自由贸易区的成立有两个原因：一是迫于不断扩大和深化的欧洲经济一体化的压力，二是发展成员国内部经济和贸易的需要。

北美自由贸易区是典型的南北双方为共同发展与繁荣而组建的经济一体化组织，南北合作和大国主导是其最显著的特征。北美自由贸易区既有经济实力强大的发达国家（如美国），也有经济发展水平较低的发展中国家，区内成员国的综合国力和市场成熟程度差距很大，经济上的互补性较强。各成员国在发挥各自比较优势的同时，通过自由的贸易和投资，推动区内产业结构的调整，促进区内发展中国家的经济发展，从而减少与发达国家的差距。美国积极倡导建立的北美自由贸易区，其最终目的是在整个美洲建立自由贸易区。1990年6月27日，美国总统布什在国会提出了开创"美洲事业倡议"。随后，美国于1994年9月正式提出"美洲自由贸易区"计划。同年12月，在美国迈阿密举行了由北美、南美和加勒比海所有国家（古巴除外）共34个国家参加的"美洲首脑会议"，会议决定于2005年建成美洲自由贸易区，但截至目前谈判仍未完成。作为替代模式，一些国家纷纷与美展开了多边、双边自由贸易谈判。

《北美自由贸易协定》的主要内容是贸易壁垒的降低和消除。根据协定，三国将在10～15年的时间内逐步取消进口关税和其他非关税壁垒。各国承诺对所有服务行业实施国民待遇和最惠国待遇原则，除非在协定的国别附件中被明确列入例外和具体例外。在国内法规的统一协调方面，协定针对补贴、反倾销法和竞争政策及采购的环保措施等方面做出了较原则的规定。根据《北美自由贸易协定》，三国间建立的是自由贸易区，但除关税内容外，协定还包括了投资、金融、服务等广泛的内容，有一些共同市场的因素。《北美自由贸易协定》的总目标是经过15年的努力到2008年在成员国间取消各种关税和非关税壁垒，实行零关税，实现商品和生产要素的完全自由流动，还具体规定了在成员国间逐步消除关税和投资限制等步骤和时间表。

三、亚太经合组织

亚太经合组织（Asia-Pacific Economic Cooperation，APEC）是亚太地区的一个主要经济合作组织。1989年1月，澳大利亚总理波比·霍克访问韩国时在汉城（今首尔）倡议召开"亚洲及太平洋国家部长级会议"，讨论加强亚太经济合作问题。经过与有关国家磋商，1989年11月5日—7日，在澳大利亚首都堪培拉举行亚太经济合作会议首届部长级会议，标志着亚太经济合作会议的成立。1991年11月，中国同中国台湾和中国香港一起正式加入亚太经济组织。1993年6月，改名为亚太经济合作组织，简称亚太经合组织或APEC。现有21个成员，分别是澳大利亚、文莱、加拿大、智利、中国、中国香港、印度尼西亚、日本、韩国、马来西亚、墨西哥、新西兰、巴布亚新几内亚、秘鲁、菲律宾、俄罗斯、新加坡、中国台北、泰国、美国、越南，此外，APEC还有3个观察员，分别是东盟秘书处、太平洋经济合作理事会和太平洋岛国论坛。

1991年11月，第三届部长级会议在韩国汉城（今首尔）举行并通过《汉城宣言》，正式确定亚太经合的宗旨是：保持经济的增长和发展；促进成员间经济的相互依存；加强开放的多边贸易体制；减少区域贸易和投资壁垒，维护本地区人民的共同利益。在1993年西雅图领导人非正式会议宣言中提出了APEC的大家庭精神，即为该地区人民创造稳定和繁荣的未来，建立亚太经济的大家庭，在这个大家庭中要深化开放和伙伴精神，为世界经济做出贡献并支持开放的国际贸易体制。开放、渐进、自愿、协商、发展、互利与共同利益，被称为反映 APEC 精神的 7 个关键词。

亚太经合组织是目前世界上规模最大的多边区域经济集团化组织，是一个区域性的官方经济论坛，是一个协商机制，不具备采取共同实际行动的功能，而是通过协商达成共识，各自采取行动。因此，很容易把成员体之间的共同点汇聚在一起，并抛开分歧和矛盾，来培养和创造相互信任及缓解或消除紧张关系，从而达到通过平等互利的经济合作，共同发展、共同繁荣，同时推动世界经济增长，以实现通过发展促和平的愿望。贸易投资自由化和便利化是 APEC 的长远目标，但由于 APEC 成员经济发展水平存在巨大差异，在实现自由化目标的具体步骤上，APEC 采取了区别对待的方式，制定了两个时间表，即 1994 年在印尼通过的《茂物宣言》中所确定的，APEC 发达成员和发展中成员分别于 2010 年和 2020 年实现投资自由化。此后 APEC 先后在 1995 年和 1996 年通过了实施《茂物宣言》的《大阪行动议程》和《马尼拉行动计划》，开始通过单边行动计划和集体行动计划两种途径，落实各成员对贸易投资自由化的承诺。

四、东南亚国家联盟

东南亚国家联盟的前身是由马来西亚、菲律宾和泰国 3 国于 1961 年 7 月 31 日在曼谷成立的东南亚联盟。1967 年 8 月 7 日—8 日，《东南亚国家联盟成立宣言》即《曼谷宣言》的发表宣告东南亚国家联盟（Association of Southeast Asian Nations，ASEAN，简称东盟）的成立。东盟成为东南亚地区以经济合作为基础的政治、经济、安全一体化合作组织，并建立起一系列合作机制。成员国有印度尼西亚、马来西亚、菲律宾、新加坡、泰国、文莱、越南、老挝、缅甸和柬埔寨。东盟的宗旨和目标是本着平等与合作精神，共同促进本地区的经济增长、社会进步和文化发展，为建立一个繁荣、和平的东南亚国家共同体奠定基础，以促进本地区的和平与稳定。

东盟成立之初只是一个保卫自己安全利益及与西方保持战略关系的联盟，其活动仅限于探讨经济、文化等方面的合作。此后，东盟各国加强了政治、经济和军事领域的合作，并采取了切实可行的经济发展战略，推动经济迅速增长，逐步成为一个有一定影响的区域性组织。20 世纪 90 年代初，东盟率先发起区域合作进程，逐步形成了以东盟为中心的一系列区域合作机制。为了早日实现东盟内部的经济一体化，东盟自由贸易区于 2002 年 1 月 1 日正式启动。自由贸易区的目标是实现区域内贸易的零关税。文莱、印度尼西亚、马来西亚、菲律宾、新加坡和泰国 6 国已于 2002 年将绝大多数产品的关税降至 0～5%。越南、老挝、缅甸和柬埔寨 4 国于 2015 年实现这一目标。

东南亚是当今世界上民族、文化、宗教环境和意识形态最复杂的地区之一，东盟成员国之间的经济发展水平存在着明显差异，因此东南亚自由贸易区的发展存在一系列的不确定因素。第一，地区局势的稳定是自由贸易区健康发展的保障，东盟一些成员国存在潜在不稳定因素，政权更迭、宗教种族矛盾和民族分离的问题，将影响该地区经济一体化的发展。第二，东盟成员国间的经济差异将给区内货物贸易的一体化和服务贸易的协调合作造成一定障碍，面对新形势东盟需要进行合作运行机制的改革，建立一个统一、权威、有效的合作新机制。第三，东盟各成员国地理位置相近，自然资源相似，产业结构趋同，竞争多于互补。未来在吸引外资方面互为对手，在货物贸易和服务贸易等领域继续保持传统竞争。因此，需要在东盟内部加强南北合作，经济较发达的成员国积极帮助经济较为落后的新成员国调整产业结构、更新技术、培养人才以及完善金融体系。

相关案例

互利共赢的区域合作典范

中国-东盟自贸区随着2010年新年钟声的敲响正式建成，这是中国与东盟关系史上的里程碑事件，在亚洲乃至世界的区域合作方面具有划时代意义。

这一自贸区的正式建成，不仅意味着一个拥有19亿人口、国内生产总值接近6万亿美元、贸易总额达4.5万亿美元、由发展中国家组成的自贸区在新年伊始醒目诞生，更标志着中国与东盟关系的又一次实质性提升，是互利共赢的区域合作的典范。

中国-东盟自贸区的设想诞生在20世纪90年代的亚洲经济困难时期。1999年，时任中国国务院总理朱镕基在马尼拉召开的第三次中国-东盟领导人会议上提出，中国愿意加强与东盟自由贸易区的联系。这一提议得到了东盟方面的积极回应。此后10年间，双方频繁接触，认真谈判，签署了一个个旨在建立中国-东盟自贸区的协议，朝着自贸区如期建成不断迈出坚实的步伐。

在当今国际金融危机尚未结束、保护主义不断抬头的大背景下，自贸区的建成更具现实意义。发展中国家因其经济的脆弱性受到的国际金融危机的冲击会更明显，中国-东盟自贸区的建成无疑大大提高了该区域经济体抵抗这一风险的能力。

当然，自贸区还会成为区域经济合作的加速器和催化剂。中国与东盟在经济合作上不仅具有地缘优势，而且具有很强的互补性。东盟秘书长素林最近在接受记者采访时也认为，中国和东盟经济互补性强，自贸区将惠及双方。此外，东亚将成为全球经济复苏的"火车头"，自贸区的建成将有助于世界经济尽快走出危机阴霾。

自贸区不仅会促动东亚经济的腾飞，也会促进区域内文化的交流与交融，增进中国和东盟的相互了解和理解。中国和东盟不仅人口多，而且是文化、宗教和民族多样化的区域。随着自贸区推动双边经济的相互合作、融合，中国与东盟在包括文化在内的其他方面的交流与合作也会更加密切，从而增进双方的相互了解和理解，这反过来会进一步推动双边经济合作，更好地做到"与邻为善，以邻为伴"，并在相知中生和谐，在和谐中获共荣。

中国和东盟之间的关系是全面的，合作是多方位的，涵盖经济、政治、文化、环境、安全等各个方面。自贸区的建成将会助推双方在其他领域的合作。中国国务院总理温家宝于2009年10月在泰国出席第四届东亚峰会时指出，东亚已成为世界经济发展最具活力和潜力的地区之一，各国的命运从来没有像今天这样紧密相连、休戚与共。

加强区域合作是经济全球化的大势所趋，是增强抗风险能力的必由之路，更是互利互惠宗旨的要求。完全有理由相信，中国-东盟自贸区将成为区域经济合作的加速器、文化交流的大舞台和双边关系提升的新起点，为互利共赢的区域合作树立了典范。

资料来源：冯坚.互利共赢的区域合作典范.新华网.

本 章 小 结

　　国际经济一体化是指两个或两个以上的国家在现有生产力发展水平和国际分工的基础上，由政府间通过协商缔结条约，建立两国或多国的经济联盟，从而逐步实现彼此之间在商品、服务和生产要素的自由流动，使各种资源合理配置，促进相互之间经济的发展。根据经济一体化程度可分为优惠贸易安排、自由贸易区、关税同盟、共同市场、经济同盟和完全经济一体化。这些组织通过加强合作，有利于促进成员国经济增长，提高在国际市场中的竞争地位。

　　在经济一体化的理论支持上，关税同盟理论较为典型和完备，它从静态效应和动态效应系统地分析了建立经济一体化组织带来的各种经济效应。后来出现的大市场理论、协议性国际分工理论和综合发展战略理论从不同视角进行了阐述，有力地支撑了经济一体化组织的建立和发展。

　　国际经济一体化组织发展到现在已经有上百个，比较典型的有欧洲联盟，这是目前发展最完备、最成熟、合作程度最高的经济一体化组织。北美自由贸易区、亚太经合组织和东南亚国家联盟在经济一体化组织中具有较强的代表性，值得关注和研究。

本 章 关 键 词

经济一体化形式　经济一体化理论　经济一体化实践

本 章 思 考 题

1. 国际经济一体化形式有哪些？各自的特点是什么？
2. 简述关税同盟的静态效应和动态效应？
3. 中国-东盟自由贸易区的建立对我国有何影响？

第十六章 国际经济组织的发展
Chapter 16

在全球多边贸易体制上，关税与贸易总协定和继之的世界贸易组织促进了国际贸易的发展，国际货币基金组织、世界银行和国际清算银行保障并推动了贸易自由化，亚洲开发银行、非洲开发银行、阿拉伯货币基金组织和亚投行等在推动区域经济发展和社会进步上发挥了重要作用。

>>> **重点问题**

1. 国际贸易组织
2. 国际性金融组织
3. 亚洲基础设施投资银行

第一节 国际贸易组织

一、关贸总协定

关税及贸易总协定（General Agreement on Tariffs and Trade，GATT），简称关贸总协定，是在美国的倡导下由23个国家于1947年10月30日在日内瓦签订的关于调整缔约国对外贸易政策和国际经济贸易关系方面相互权利义务的国际多边协定，并于1948年1月1日开始临时适用。

▶ 1. 关贸总协定的产生

第二次世界大战期间，美国经济发展较快。战后初期，美国在经济上处于领先地位。为了称霸世界，美国积极策划在战后世界经济、政治领域中建立霸权的地位，从国际金融、投资和贸易各方面进行对外扩张，为此提出了贸易自由化主张，倡导建立一个以实现贸易自由化为目标的国际贸易组织。1946年2月，在美国提议下，召开了联合国经济及社会理事会第一次会议，通过了美国提出的召开"世界贸易和就业会议"的决议草案，着手筹建国际贸易组织，成立了筹备委员会。1947年10月，在哈瓦那举行的联合国贸易和就业会上，审议并通过了《国际贸易组织宪章》(《哈瓦那宪章》)。在这次会议上，23个国家进行了关税减让谈判，并达成了123项双边关税减让协议。为了使关税减让谈判达成的结果尽快付诸实施，参加国将国际贸易组织宪章中有关贸易政策条款与达成的123项关税减让协议加以合并和修改，汇总成为关税与贸易总协定，并经过谈判达成《关税及贸易总协定临时适用议定书》，作为总协定的组成部分。这个协定被取名为《关税及贸易总协定》，于1948年1月1日生效。此后，关贸总协定的有效期一再延长，并为适应情况的不断变化，多次加以修订。于是，《关税及贸易总协定》便成为确立各国共同遵守的贸易准则，协调国际贸易与各国经济政策的唯一的多边国际协定，直到1995年1月1日才被世界贸易组织所取代。

▶ 2. 关贸总协定的构成、宗旨及职能

《关税及贸易总协定》分为序言和四大部分，共计38条，另附若干附件。第一部分包括第1条和第2条，规定缔约各方在关税及贸易方面相互提供无条件最惠国待遇和关税减让事项。第二部分为第3～23条，规定取消数量限制以及允许采取的例外和紧急措施。第三部分为第24～35条，规定本协定的接受、生效、减让的停止或撤销以及退出等程序。第四部分为第36～38条，规定了缔约国中发展中国家的贸易和发展问题，这一部分是后加的，于1966年开始生效。

关贸总协定的序言明确规定其宗旨是：缔约各国政府认为，在处理它们的贸易和经济事务的关系方面，应以提高生活水平、保证充分就业、保证实际收入和有效需求的巨大持续增长、扩大世界资源的充分利用以及发展商品生产与交换为目的。通过达成互惠互利协议，大幅度地削减关税和其他贸易障碍，取消国际贸易中的歧视待遇等措施，以对上述目的做出贡献。由此可见，该协定的宗旨是为了提高缔约国人民的生活水平，保证充分就业、实际收入和有效需求的增长，扩大世界资源的利用。

关贸总协定主要从以下方面发挥职能：一是组织多边贸易谈判，实现的缔约方之间的贸易自由化。通过多边贸易谈判，大幅度的削减关税，取消一般数量限制，并对其他的非关税措施的使用进行一些限制，促进世界贸易的增长与发展。二是通过无条件最惠国待遇条款的实施，消除国际贸易中的歧视。同时允许存在例外，如关税同盟例外、边境贸易例外，以此来解决国际贸易中出现的实际问题。三是通过协商和争端解决程序，解决缔约方之间的贸易分歧与纠纷，避免采取危害总协定成员贸易利益的行动。四是加强研究，出版各种刊物，使各国贸易政策的透明度不断加强，为世界贸易的顺利发展提供条件。

▶ 3. 关贸总协定的基本原则

(1) 非歧视原则，也称差别待遇。它要求任何缔约方在实施某种优惠或限制措施时，不得对其他缔约方实施歧视待遇。非歧视原则通过关贸总协定第2条"一般最惠国待遇原则"、第3条"关税减让表"及其"国内税与国内规章的国民待遇"条款体现。按照非歧视原则，各缔约方之间是在无歧视的基础上进行贸易，各缔约方都必须平等地对待其他缔约方的贸易。

(2) 最惠国待遇原则。总协定中最惠国待遇原则是无条件的、互惠的、多边的最惠国待遇，其基本含义是：一缔约国对来自或运往其他国家的产品所给予的利益、优待、特权和豁免，应当立即无条件地给予来自或运往所有其他缔约国的相同产品。其适用范围非常广泛，包括进出口关税和其他税费的征收方式，对国际贸易支付征收费用，对进出口产品征收的国内税费,对进口产品销售、运输、分配和使用过程中所适用的法律规章和要求,对产品征收的过境费用和适用的规章程序,进口许可程序,海关估价,政府采购以及进出口检验标准等方面。

(3) 关税保护和关税减让原则。总协定规定,缔约国只能通过关税来保护本国产品,而不应采取其他限制进口的措施。缔约国之间应通过关税减让的谈判逐步降低关税,关税减让原则是各缔约国彼此做出互惠与平等让步,达成关税减让协议。关税减让协议达成的"固定"税率,任何缔约国无权单方面改变,至少在一定时期内不得改变。总协定又有一些灵活规定,如果某类产品进口剧增,使缔约国的同类产品受到重大损害或重大威胁时,该进口国可与有关的缔约国重新谈判,给予对方适当补偿,即可修改和撤销其原来的关税减让。

(4) 一般禁止数量限制原则。数量限制是指进出口国家通过对进出口产品规定一个额度加以限制的措施,经常被政府用来限制进出口。由于数量限制不仅伤害贸易的公平竞争,而且造成对出口方的歧视待遇,对国际贸易产生不利影响。关贸总协定第11条第1款明确规定:"任何缔约方除征收税捐或其他费用外,不得设立和维持配额、进出口许可证或其他措施以限制和禁止其他缔约国领土的产品输入,或向其他缔约国领土输出和销售出口产品。"在具体实施这一原则时,存在三方面例外:一是为了稳定农产品市场;二是为了改善国际收支平衡;三是为了促进发展中国家的经济发展,缔约国可以在非歧视的基础上实行或维持维护数量限制。

(5) 公平竞争原则。为了使国际贸易在公平的基础上进行,总协定第6条规定禁止缔约国在出口方面实行倾销,并授权缔约国在其某项工业由于倾销造成重大损害或产生重大威胁时可以征收反倾销税。总协定对出口补贴也做出了某些限制,第16条规定:"对于初级产品外的任何产品,各缔约国不应再直接和间接给予使这种产品的输出售价低于同样产品在国内市场出售时的可比价格的任何形式的补贴。"如果出口补贴对另一个缔约国国内工业造成重大损害或产生重大威胁,该国可以征收反补贴税。

(6) 豁免与紧急行动原则。总协定有豁免承担某项义务和争取保障措施的规定。总协定第19条规定:"如因意外情况的发生或因一缔约国承担本协定义务(包括关税减让在内)而产生的影响,使某一产品输入到这一缔约国领土的数量大增,对这一领土内相同产品或与它直接竞争产品的国内生产造成重大损害或威胁时,这一缔约国在防止或纠正这种损害所必须的程度和时间内,可以对上述产品全部或部分地暂停实施其所承担的义务,或者撤销或修改减让。"在实施中必须遵守三个原则:一是实施保障措施行动前应与有关缔约国磋商;二是如磋商不能取得一致意见,允许进口国单方面采取保障措施,也允许出口国采取对等的报复措施;三是采取保护措施要在无歧视的基础上适用于所有从缔约国进口的同类产品。

(7) 透明度原则。各缔约方有效实施的有关关税及其他税费和有关进出口贸易措施的所有法令、条例和普遍采用的司法判例以及行政决定,缔约方之间签订的贸易协定,都必须公布。透明度原则适用于产品,总协定第10条规定:"缔约国有效实施的关于海关对产品的分类和估价,关于税捐和其他费用的征收率,关于对进出口货物及其支付转账的规定、限制和禁止,以及关于影响进出口货物的销售、分配、运输、保险、存仓、检验、展览、加工、混合或使用的法令、条例与一般援用的司法判决及其行政决定,都应迅速公布,以使各国政府及贸易商对它们熟悉。"

▶ 4. 关贸总协定的多边贸易谈判

从关贸总协定诞生到1995年1月,共举行了八轮多边贸易谈判。第一轮~第五轮多边贸易谈判致力于关税的削减,使世界平均关税水平大幅度下降。第六轮谈判在关税大幅度削减的同时,首次进行了非关税壁垒削减的谈判,通过了第一个反倾销协议。第七轮谈判范围扩大,在继续大幅度削减关税的同时,还达成了只对签约方生效的9项非关税壁垒措施协议。这次谈判还通过了对发展中缔约方的授权条款,要求发达缔约方给予发展中缔约方优惠待遇,发展中缔约方可以在实施非关税措施方面享有差别和优惠待遇。第八轮谈判始于1986年,称为"乌拉圭回合",在新一轮多边贸易谈判的部长宣言中,规定了"乌拉圭回合"的目标和谈判内容,宣言第一部分是关于货物贸易的谈判,第二部分是关于服务贸易的谈判。谈判于1993年12月15日在日内瓦结束。1994年4月15日,在摩洛哥草签"乌拉圭回合"最后文件和建立世界贸易组织的协议。1995年1月1日,世界贸易组织正式成立。1996年关贸总协定失效,由世界贸易组织协议及其附件所替代。

▶ 5. 关贸总协定的局限性

由于关税及贸易总协定不是一个正式的国际组织,这使它在体制上和规则上有着多方面的局限性。

(1) 总协定的有些规则缺乏法律约束,没有必要的检查和监督手段。例如,规定一国以低于"正常价值"的办法,将产品输入另一国市场并给其工业造成"实质性损害和实质性威胁"就是倾销,而"正常价值""实质性损害和实质性威胁"难以界定和量化,这很容易被一些国家加以歪曲和用来征收反倾销税。

(2) 总协定中存在"灰色区域",致使许多规则难以很好地落实。所谓"灰色区域",是指缔约国为绕开总协定的某些规定,所采取的在总协定法律规则和规定的边缘或之外的歧视性贸易政策措施。这种"灰色区域"的存在,损害了关贸总协定的权威性。

(3) 总协定的条款中对不同的社会经济制度带有歧视色彩,例如,对"中央计划经济国家"进入关贸总协定设置了较多的障碍。

(4) 总协定解决争端的机制不够健全。虽然关贸总协定为解决国际商业争端建立了一套制度,但由于总协定解决争端的手段主要是调解,缺乏强制性,容易使争端久拖不决。

(5) 允许纺织品配额和农产品补贴长期存在,损害了总协定的自由贸易原则。正是由于关税与贸易总协定的上述种种局限性,使这个临时性准国际贸易组织最终被世界贸易组织(WTO)所取代。

二、世界贸易组织

世界贸易组织(World Trade Organization WTO),简称世贸组织,根据乌拉圭回合多边贸易谈判达成的《建立世界贸易组织协定》于1995年1月1日建立,总部设在瑞士日内瓦,它取代了原来的关贸总协定,并将乌拉圭回合多边贸易谈判达成的最后文件所形成的一整套协定和协议的条款作为国际法律规则,对各成员国之间经济贸易关系的权利和义务进行监督和管理,涵盖货物贸易、服务贸易以及知识产权贸易,截至2015年7月,共有成员162个。

▶ 1. 世贸组织的宗旨

在《建立世界贸易组织协定》序言中,提出了WTO的宗旨。

(1) 提高生活水平，保证充分就业和大幅度、稳步提高实际收入和有效需求。

(2) 扩大货物和服务的生产与贸易。

(3) 坚持走可持续发展之路，各成员方应促进对世界资源的最优利用、保护和维护环境，并以符合不同经济发展水平下各成员需要的方式，加强采取各种相应的措施。

(4) 积极努力确保发展中国家，尤其是最不发达国家在国际贸易增长中获得与其经济发展水平相适应的份额和利益；建立一体化的多边贸易体制。

(5) 通过实质性削减关税等措施，建立一个完整的、更具活力的、持久的多边贸易体制。

(6) 以开放、平等、互惠的原则，逐步调降各会员国关税与非关税贸易障碍，并消除各会员国在国际贸易上的歧视待遇。

(7) 在处理该组织成员之间的贸易和经济事业的关系方面，以提高生活水平、保证充分就业、保障实际收入和有效需求的巨大持续增长，扩大世界资源的充分利用以及发展商品生产与交换为目的，努力达成互惠互利协议，大幅度削减关税及其他贸易障碍和政治国际贸易中的歧视待遇。

世界贸易组织的目标是建立一个完整的，包括货物、服务、与贸易有关的投资及知识产权等内容的，更具活力、更持久的多边贸易体系，使之可以包括关贸总协定贸易自由化的成果和乌拉圭回合多边贸易谈判的所有成果。

▶ 2. 世贸组织的职能

根据《建立世界贸易组织协定》，其职能体现在以下方面。

(1) 促进世界贸易组织目标的实现，监督和管理其统辖范围内的各项协议的贯彻实施。

(2) 组织实施各项多边贸易协议，为各成员方提供多边贸易谈判的场所，按一体化争端解决规则与程序，主持解决各成员方之间的贸易纠纷。

(3) 按照有关贸易政策审议机制，负责定期审议各成员方的贸易制度和与贸易相关的国内经济政策。

(4) 协调与国际货币基金组织和世界银行的关系，以保障全球经济决策的一致性。

(5) 编写年度世界贸易报告和举办世界经济贸易研讨会。

(6) 为其成员国提供处理各项协定和协议有关事务的谈判场所，并向发展中国家提供必要的技术援助以帮助其发展。

▶ 3. 世贸组织的原则

(1) 互惠原则，也称对等原则，指两成员方在国际贸易中相互给予对方贸易上的优惠待遇。它明确了成员方在关税与贸易谈判中必须采取的基本立场和相互之间必须建立一种什么样的贸易关系。世贸组织的互惠原则主要体现为：第一，通过举行多边贸易谈判进行关税或非关税措施的削减，对等地向其他成员开放本国市场，以获得本国产品或服务进入其他成员市场的机会；第二，当一国或地区申请加入世贸组织时，由于新成员可以享有所有老成员过去已达成的开放市场的优惠待遇，老成员就会一致地要求新成员必须按照世贸组织现行协定、协议的规定缴纳"入门费"开放申请方商品或服务市场。

(2) 透明度原则。WTO成员方应公布所制定和实施的贸易措施及其变化情况，没有公布的措施不得实施，同时还应将这些贸易措施及其变化情况通知世贸组织。此外，成员方所参加的有关影响国际贸易政策的国际协定,也应及时公布和通知WTO。根据该原则,世贸组织成员需公布有效实施的、现行的贸易政策法规。透明度原则规定各成员应公正、合理、统一地实施上述的有关法规、条例、判决和决定。

(3) 市场准入原则。市场准入原则的主要内容包括关税保护与减让,取消数量限制和透明度原则。世贸组织倡导最终取消一切贸易壁垒,包括关税和非关税壁垒,虽然关税壁垒仍然是世界贸易组织所允许的合法的保护手段,但是关税的水平必须是不断下降的。

(4) 促进公平竞争原则。世界贸易组织不允许缔约国以不公正的贸易手段进行不公平竞争,特别禁止采取倾销和补贴的形式出口商品,对倾销和补贴都做了明确的规定,制定了具体而详细的实施办法,世界贸易组织主张采取公正的贸易手段进行公平的竞争。

(5) 经济发展原则。该原则以帮助和促进发展中国家的经济迅速发展为目的,针对发展中国家和经济接轨国家而制定,是给予这些国家的特殊优惠待遇,如允许发展中国家在一定范围内实施进口数量限制或是提高关税的"政府对经济发展援助"条款,仅要求发达国家单方面承担义务而发展中国家无偿享有某些特定优惠的"贸易和发展条款",以及确立了发达国家给予发展中国家和转型国家更长的过渡期待遇和普惠制待遇的合法性。

(6) 非歧视性原则。这一原则包括两个方面:最惠国待遇和国民待遇。成员一般不能在贸易伙伴之间实行歧视,给予一个成员的优惠,也应同样给予其他成员,这就是最惠国待遇,最惠国待遇适用于世贸组织所有三个贸易领域。国民待遇是指对外国的货物、服务以及知识产权应与本地的同等对待。最惠国待遇的根本目的是保证本国以外的其他缔约方能够在本国的市场上与其他国企业在平等的条件下进行公平竞争。

▶ 4. 世贸组织建立后的部长级会议

自1995年1月1日成立至今,世贸组织先后召开了十次部长级会议。

第一次会议于1996年12月在新加坡举行。会议主要审议了世界贸易组织成立以来的工作及上一轮多边贸易谈判即"乌拉圭回合"协议的执行情况,并决定成立贸易与投资、贸易与竞争、政府采购透明度3个工作组,同时将贸易便利化纳入货物理事会的职责范围。

第二次会议于1998年5月在瑞士日内瓦举行。会议主要讨论了已达成的贸易协议的执行情况、既定日程和未来谈判日程等问题以及第三次部长级会议启动新一轮多边贸易谈判的问题。

第三次会议于1999年11月30日—12月3日在美国西雅图举行。由于非政府组织的示威游行和干扰所产生的压力以及成员国在一系列重大问题上的意见分歧,会议未能启动拟议中的新一轮多边贸易谈判,最终以失败告终。

第四次会议于2001年11月在卡塔尔首都多哈举行。会议启动了被称为"多哈发展议程"即所谓"多哈回合"的新一轮多边贸易谈判。多哈回合涵盖大约20个议题,其中农业和非农产品市场准入被认为是最关键也是世贸组织成员分歧最集中的两个议题。会议的另一个重要成果是批准中国加入世贸组织。

第五次会议于2003年9月在墨西哥坎昆举行。会议对世贸组织新一轮谈判进行了中期评估,由于各方对《部长宣言草案》存在巨大分歧,大会未取得实质性成果。

第六次会议于2005年12月13日—18日在中国香港举行。会议规定发达成员和部分发展中成员于2008年前向最不发达国家所有产品提供免关税、免配额的市场准入;发达成员于2006年取消棉花的出口补贴,2013年年底前取消所有形式农产品的出口补贴。

第七次会议于 2009 年 11 月 30 日—12 月 2 日在瑞士日内瓦举行。会议回顾了 WTO 各项工作包括多哈回合谈判的进展情况,讨论了 WTO 对世界经济复苏和增长的贡献。

第八次会议于 2011 年 12 月 15 日—17 日在瑞士日内瓦举行。会议重点讨论发展问题,研究对最不发达国家经济体进行贸易援助等具体问题。

第九次会议于 2013 年 12 月 7 日在印尼巴厘岛召开,此次会议达成了第一份全球多边贸易协定——巴厘"一揽子"协定。这标志着多哈回合贸易谈判 12 年的僵局终获历史性突破。

第十次会议于 2015 年 12 月 15 日在肯尼亚首都内罗毕举行,会议就非洲等发展中国家最为关切的农业出口竞争达成共识,162 个成员首次承诺全面取消农产品出口补贴,并就出口融资支持、棉花、国际粮食援助等达成了新的多边纪律。

▶ 5. 世贸组织面临的问题

(1) 不公平的决策。一些国家对于在 WTO 框架下的不公机制表示不满,如在数国组成的小团体内讨论而达到协议,往往压缩其他比较"不重要"的国家的权益等,而在此体制下,大部分发展中国家也较没有足够力量反对一些决议。

(2) 密室会议。WTO 最为人诟病的问题之一即其不透明的所谓"密室会议""绿室会议"或"小型部长会议"。在"密室会议"中,部分对于会议主题有利益关系的少数国家事先就议题做出一致的方案,之后再将此决议公布于所有会员国前决议。

(3) 包含了 WTO 中最重要的关税限制及其他由所有会员国决议的资料库无法自由地取得,从而饱受多方批评。

第 二 节　国际性金融组织

一、国际货币基金组织

国际货币基金组织(International Monetary Fund,IMF)是根据 1944 年 7 月在布雷顿森林会议签订的《国际货币基金协定》,于 1945 年 12 月 27 日在华盛顿成立,1947 年 3 月 1 日正式运作,其总部设在华盛顿,其职责是监察货币汇率和各国贸易情况,提供技术和资金协助,确保全球金融制度运作正常。国际货币基金组织由 188 个国家参与的组织,致力促进全球金融合作、加强金融稳定、推动国际贸易、协助国家达致高就业率和可持续发展。

(一) 组织宗旨

该组织宗旨是通过一个常设机构来促进国际货币合作,为国际货币问题的磋商和协作提供方法;通过国际贸易的扩大和平衡发展,把促进和保持成员国的就业、生产资源的发展、实际收入的高低水平,作为经济政策的首要目标;稳定国际汇率,在成员国之间保持有秩序的汇价安排,避免竞争性的汇价贬值;协助成员国建立经常性交易的多边支付制度,消除妨碍世界贸易的外汇管制;在有适当保证的条件下,基金组织向成员国临时提供普通资金,使其有信心利用此机会纠正国际收支的失调,而不采取危害本国或国际繁荣的措施;按照以上目的,缩短成员国国际收支不平衡的时间,减轻不平衡的程度等。

(二) 主要职能

该组织的主要职能有以下方面。

(1) 制定成员国间的汇率政策和经常项目的支付以及货币兑换性方面的规则,并进行监督。

(2) 对发生国际收支困难的成员国在必要时提供紧急资金融通,避免其他国家受其影响。

(3) 为成员国提供有关国际货币合作与协商等会议场所。

(4) 促进国际间的金融与货币领域的合作。

(5) 促进国际经济一体化的步伐。

(6) 维护国际间的汇率秩序。

(7) 协助成员国之间建立经常性多边支付体系等。

(三) 议事规则

IMF 的议事规则很有特点,执行加权投票表决制。投票权由两部分组成,每个成员国都有 250 票基本投票权,以及根据各国所缴份额所得到的加权投票权。由于基本票数各国一样,因此在实际决策中起决定作用的是加权投票权。加权投票权与各国所缴份额成正比,而份额又是根据一国的国民收入总值、经济发展程度、战前国际贸易幅度等多种因素确定的。IMF 的投票权主要掌握在美国、欧盟手中。

(四) 制度缺陷

国际货币基金的使命是为陷入严重经济困境的国家提供协助。对于严重财政赤字的国家,基金可能提出资金援助,甚至协助管理国家财政。在运行中存在如下制度缺陷。

(1) IMF 的组织机构由美国及欧盟控制。

(2) IMF 的基金份额和投票权分配不合理,在 IMF 的重大决策上,美国拥有一票否决权。

(3) IMF 竭力维护美元作为主要国际储备货币的霸权地位,忽视超主权储备货币的作用。

(4) IMF 调节国际收支平衡的能力不足,导致全球国际收支严重失衡。

二、世界银行

世界银行是世界银行集团的简称,由国际复兴开发银行、国际开发协会、国际金融公司、多边投资担保机构和国际投资争端解决中心五个成员机构组成,成立于 1945 年,1946 年 6 月开始营业。凡是参加世界银行的国家必须首先是国际货币基金组织的会员国。世界银行总部设在美国首都华盛顿,有员工 10000 多人,分布在全世界 120 多个办事处。狭义的"世界银行"仅指国际复兴开发银行(IBRD)和国际开发协会(IDA)。按照惯例,世界银行集团最高领导人由美国人担任,为期 5 年。

(一) 组织宗旨

按照《国际复兴开发银行协定条款》的规定,世界银行的宗旨如下。

(1) 通过对生产事业的投资,协助成员国经济的复兴与建设,鼓励不发达国家对资源的开发。

(2) 通过担保或参加私人贷款及其他私人投资的方式，促进私人对外投资。当成员国不能在合理条件下获得私人资本时，可运用该行自有资本或筹集的资金来补充私人投资的不足。

(3) 鼓励国际投资，协助成员国提高生产能力，促进成员国国际贸易的平衡发展和国际收支状况的改善。

(4) 在提供贷款保证时，应与其他方面的国际贷款配合。

世界银行在成立之初，主要是资助西欧国家恢复被战争破坏了的经济，但在1948年后，欧洲各国开始主要依赖美国的"马歇尔计划"来恢复战后的经济，世界银行于是主要转向发展中国家提供中长期贷款与投资，促进发展中国家经济和社会发展。

(二) 主要目标

世界银行向发展中国家提供长期贷款和技术协助来帮助这些国家实现它们的反贫穷政策。世界银行的贷款被用在非常广泛的领域中，从对医疗和教育系统的改革到诸如堤坝、公路和国家公园等环境和基础设施的建设。除财政帮助外，世界银行还在所有的经济发展方面提供顾问和技术协助。世界银行为全世界设定了到2030年要实现的两大目标：一是终结极度贫困，将日均生活费低于1.25美元的人口比例降低到3%以下。二是促进共享繁荣，促进每个国家底层40%人口的收入增长。此外，推动私营部门发展是世界银行的一个战略，其目的是推助发展中国家的私营化，世界银行的所有其他战略都必须与这个战略相协调。

(三) 主要业务

▶ 1. 金融产品与服务

世界银行向发展中国家提供低息贷款、无息贷款和赠款，用于支持对教育、卫生、公共管理、基础设施、金融和私营部门发展、农业以及环境和自然资源管理等诸多领域的投资。部分世界银行项目由政府、其他多边机构、商业银行、出口信贷机构和私营部门投资者联合融资。世界银行也通过与双边和多边捐助机构合作建立的信托基金提供或调动资金。

▶ 2. 创新型知识分享

世界银行通过政策建议、分析研究和技术援助等方式向发展中国家提供支持。为确保各国获得全球最佳实践，帮助创造前沿知识，世界银行不断寻求完善知识共享和与客户及广大公众保持接触的途径。

(1) 世界银行继续大力强调帮助发展中国家取得可衡量的成果。

(2) 世界银行努力改进各方面的工作，包括如何设计项目、如何对外提供信息（信息获取）、如何使行的项目和业务更符合客户国政府和社区的需要等。

(3) 世界银行免费提供越来越多且便于获取的工具、研究和知识，帮助人民应对当今世界面临的发展挑战。

▶ 3. 贷款项目

向成员国尤其发展中国家提供贷款是世界银行最主要的业务。世界银行贷款从项目的确定到贷款的归还，都有一套严格的条件和程序。

▶ 4. 非贷援助

赠款是世界银行发展工作的有机组成部分。除通过国际开发协会提供赠款以外，世银行还管理十几个赠款项目以及约 850 个捐款方的信托基金(每年支付的款项超过 10 亿美元以上)。紧急援助是在发生自然灾害或任何对经济有重大影响并需做出迅速反应事件的情况下提供,这种援助的形式多种多样。

三、国际清算银行

国际清算银行是英、法、德、意、比、日等国的中央银行与代表美国银行界利益的摩根银行、纽约和芝加哥的花旗银行组成的银团,根据海牙国际协定于 1930 年 5 月共同组建的,总部设在瑞士巴塞尔。刚建立时只有 7 个成员国,现成员已发展至 45 个。国际清算银行最初创办的目的是处理第一次世界大战后德国的赔偿支付及其有关的清算等业务问题。第二次世界大战后,国际清算银行成为经济合作与发展组织成员国之间的结算机构,该行的宗旨也逐渐转变为促进各国中央银行之间的合作,为国际金融业务提供便利,并接受委托或作为代理人办理国际清算业务等。国际清算银行不是政府间的金融决策机构,亦非发展援助机构,实际上是西方中央银行的银行。

(一) 宗旨

国际清算银行的宗旨是促进各国中央银行之间的合作,为国际金融运作提供额外负担外的便利,并作为国际清算的受让人或代理人。扩大各国中央银行之间的合作始终是促进国际金融稳定的重要因素之一。因此,国际清算银行便成了各国中央银行家的会晤场所,接受各中央银行的委托开展各种业务。

根据国际清算银行的章程的规定,其有权进行下列业务活动。

(1) 既可以为自己,又可以为中央银行购买、出售、交换和储存黄金。

(2) 为各成员国中央银行提供贷款和接受它们的贷款。

(3) 各成员国中央银行办理和重办期票,收买或出售期票以及其他优等短期债券。

(4) 既可以靠自己,也可以靠各成员国中央银行收受展品出售(外汇和有价证券股票除外)。

(5) 接受各成员国中央银行往来资金和存款。

(6) 作为被委托人接受政府的存款或根据董事会的决议,接受其他资金。不得发行提示付款银行券、承兑汇票、为各国政府提供贷款(购买国家公债例外)。

(7) 对任何一个企业有监督权。

(8) 对由于抵偿给银行的债务而归于银行的不动产,在没有更合适的价格被变卖之前,掌管这些不动产。

(二) 主要业务

国际清算银行的主要业务如下。

▶ 1. 处理国际清算事务

"二战"后,国际清算银行先后成为欧洲经济合作组织、欧洲支付同盟、欧洲煤钢联营、黄金总库、欧洲货币合作基金等国际机构的金融业务代理人,承担着大量的国际结算业务。

▶ 2. 办理或代理有关银行业务

"二战"后,国际清算银行业务不断拓展,可从事的业务主要有接受成员国中央银行的黄金或货币存款,买卖黄金和货币,买卖可供上市的证券,向成员国中央银行贷款或存款,也可与商业银行和国际机构进行类似业务,但不得向政府提供贷款或以其名义开设往来账户。世界上很多中央银行在国际清算银行存有黄金和硬通货,并获取相应的利息。

▶ 3. 定期举办中央银行行长会议

国际清算银行于每月的第一个周末在巴塞尔举行西方主要国家中央银行的行长会议,商讨有关国际金融问题,协调有关国家的金融政策,促进各国中央银行的合作。

(三) 服务对象

国际清算银行以各国中央银行、国际组织(如国际海事组织、国际电信联盟、世界气象组织、世界卫生组织)为服务对象,不办理私人业务。这对联合国体系内的国际货币金融机构起着有益的补充作用。外汇储备,货币种类可以转换,并可以随时提取而无须声明理由,这对一些国家改变其外汇储备的结构,实现多样化提供了一个很好的途径。在国际清算银行存放黄金储备是免费的,而且可以用作抵押、从国际清算银行取得黄金价值85%的现汇贷款。同时,国际清算银行还代理各国中央银行办理黄金购销业务,并负责保密,因此它在各成员国中央银行备受欢迎。除了银行活动外,国际清算银行还作为中央银行的俱乐部,是各国中央银行之间进行合作的理事场所,其董事会和其他会议提供了关于国际货币局势的信息交流的良好机会。

第三节 区域性国际金融组织

一、亚洲开发银行

亚洲开发银行(Asian Development Bank,ADB),简称亚行,是一个致力于促进亚洲及太平洋地区发展中成员经济和社会发展的区域性政府间金融开发机构。亚行创建于1966年11月24日,总部设在菲律宾首都马尼拉。

(一) 宗旨

建立亚行的宗旨是通过发展援助帮助亚太地区发展中成员消除贫困,促进亚太地区的经济和社会发展。亚行对发展中成员的援助主要采取四种形式:贷款、股本投资、技术援助和联合融资相担保,以实现"没有贫困的亚太地区"这一终极目标。亚行主要通过开展政策对话、提供贷款、担保、技术援助和赠款等方式支持其成员在基础设施、能源、环保、教育和卫生等领域的发展,其具体任务如下。

(1) 为亚太地区发展中会员国或地区成员的经济发展筹集与提供资金。

(2) 促进公、私资本对亚太地区各会员国投资。

(3) 帮助亚太地区各会员国或地区成员协调经济发展政策,以更好地利用自己的资源在经济上取长补短,并促进其对外贸易的发展。

(4) 对会员国或地区成员拟定和执行发展项目与规划提供技术援助。

(5) 以亚洲开发银行认为合适的方式,同联合国及其附属机构,向亚太地区发展基金投资的国际公益组织,以及其他国际机构、各国公营和私营实体进行合作,并向它们展示投资与援助的机会。

(6) 发展符合亚洲开发银行宗旨的其他活动与服务。

(二) 主要业务

亚洲开发银行的主要业务如下。

▶ 1. 贷款

亚洲开发银行所在地发放的贷款按条件划分有硬贷款、软贷款和赠款三类。硬贷款的贷款利率为浮动利率，每半年调整一次，贷款期限为10～30年(2～7年宽限期)。软贷款也就是优惠贷款，只提供给人均国民收入低于670美元(1983年的美元)且还款能力有限的会员国或地区成员，贷款期限为40年(10年宽限期)，没有利息，仅有1%的手续费。赠款用于技术援助，资金由技术援助特别基金提供，赠款额没有限制。

▶ 2. 股本投资

股本投资是对私营部门开展的一项业务，也不要政府担保。除亚行直接经营的股本投资外，还通过发展中成员的金融机构进行小额的股本投资。

▶ 3. 技术援助

技术援助可分为项目准备技术援助、项目执行援助、咨询技术援助和区域活动技术援助。技术援助项目由亚洲开发银行董事会批准，如果金融不超过35万美元，行长也有权批准，但须通报董事会。

▶ 4. 联合融资和担保

亚行吸引多边、双边机构以及商业金融机构的资金，投向共同的项目。亚行对参加联合融资和私营机构所提供的贷款还提供担保服务，亚行为担保收取一定的费用。

二、非洲开发银行

非洲开发银行(African Development Bank，ADB)，简称非行，是于1964年成立的地区性国际开发银行，1966年7月1日开业，总部设在科特迪瓦的经济中心阿比让，2002年搬迁至突尼斯至今。非洲开发银行是非洲最大的地区性政府间开发金融机构，其宗旨是促进非洲地区成员的经济发展与社会进步，共有53个非洲国家及24个非非洲区国家为其会员。

(一) 主要业务

非行的主要任务是向成员国提供贷款(包括普通贷款和特别贷款)，以发展公用事业、农业、工业项目以及交通运输项目。普通贷款业务包括用该行普通资本基金提供的贷款和担保贷款业务；特别贷款业务是用该行规定专门用途的"特别基金"开展的贷款业务。后一类贷款的条件非常优惠，不计利息，贷款期限最长可达50年，主要用于大型工程项目建设。此外，银行还为开发规划或项目建设的筹资和实施提供技术援助。

(二) 贷款对象

非行贷款的对象是非洲地区成员国，主要用于农业、交通和通信、工业、供水等公共事业上，也包括卫生、教育和私营领域的投资项目。自1986年后，非行还支持了一些非项目计划，如结构调整和改革贷款、技术援助和政策咨询方面的投资等。非行贷款的期限一般为12～20年，包括展延还款期5年。

三、阿拉伯货币基金组织

阿拉伯货币基金组织是阿拉伯伊斯兰国家平衡国际收支，促进阿拉伯经济一体化的区域性金融机构。1977年4月，在阿拉伯联合酋长国首都阿布扎比正式成立，成员国为阿拉伯国家联盟的22个成员国，总部原设埃及开罗，1979年4月迁至阿布扎比。

（一）组织宗旨

阿拉伯货币基金组织主要向阿国提供货币金融政策和改革方面的技术评估与支持，促进阿国经济发展。该基金会通过向成员国提供用于平衡财政预算的短期、中期贷款，为成员国向其他金融机构贷款开具信用证明；协助成员国在阿拉伯金融市场和国际金融市场融资；向成员国提出各种金融、经济改革方案和要求，推动各成员国的经济和金融改革。

（二）主要职责

阿拉伯货币基金组织的主要职责如下。

（1）在成员国财政预算出现失衡的情况下提供帮助。

（2）为阿拉伯国家间货币兑换提供指导价格、协助消除各国间货币兑换的障碍。

（3）为阿拉伯国家货币合作提供方案，推动阿拉伯国家实现经济一体化，加快成员国的经济发展。

（4）为成员国提供对外投资咨询和建议，确保各项投资的保值和增值。

（5）推动阿拉伯金融市场发展。

（6）研究使用结算货币-阿拉伯第纳尔和阿国实行统一货币的可行性。

（7）在成员国金融和经济面临问题时负责进行协调，确保全体成员国的利益，提出解决问题的方案。

（8）扩大成员国间支付方式的多样化，促进成员国间贸易往来。

（三）主要业务

阿拉伯货币基金组织主要业务如下。

（1）向国际收支出现逆差的会员国提供短期和中期贷款，并为其借款提供担保，以增加会员国的借款能力。为弥补国际收支逆差，会员国可提取借用其缴纳资金的75%，或借用全部缴纳资金，但均须在3年内还清。此外，会员国还可以从基金组织获得其他贷款。

（2）协调会员国的金融货币政策，就会员国的经济状况交换意见，磋商解决存在的问题。

（3）管理会员国存放的资金。

（4）对会员国的金融机构提供技术援助，如帮助制定银行法规、稳定货币计划和外汇改革方案，搜集和处理有关金融经济统计资料等，目的是使所有成员国的经济和社会均衡发展，逐步实现阿拉伯经济一体化。

四、亚洲基础设施投资银行

亚洲基础设施投资银行（Asian Infrastructure Investment Bank，AIIB），简称亚投行，是一个政府间性质的亚洲区域多边开发机构，重点支持基础设施建设，成立宗旨为促进亚洲区域的建设互联互通化和经济一体化的进程，并且加强中国及其他亚洲国家和地区的合作，总部设在北京。2014年10月24日，包括中国、印度、新加坡等在内的21个首批意向创始成员国的财长和授权代表在北京签约，共同决定成立亚洲基础设施投资银行。2015年12月25日，亚洲基础设施投资银行正式成立，2016年1月16日运营。中国财政部部长楼继伟被选举为亚投行首届理事会主席，金立群当选亚投行首任行长。亚投行法定资本

1 000亿美元，初期投资的重点领域主要包括五大方向，即能源、交通、农村发展、城市发展和物流领域。

（一）业务政策

亚投行将借鉴现有多边开发银行在环境及社会框架、采购政策、项目管理、债务可持续性评价等方面好的经验和做法，制定严格并切实可行的高标准业务政策。坚持国际性、规范性和高标准，确保专业运营、高效运作、透明廉洁。同时，亚投行将避免其他多边开发银行曾走过的弯路，寻求更好的标准和做法，以降低成本和提高运营效率。

（二）投资方向

亚洲基础设施投资银行主要业务是援助亚太地区国家的基础设施建设。在全面投入运营后，亚洲基础设施投资银行将运用一系列支持方式为亚洲各国的基础设施项目提供融资支持，例如贷款、股权投资以及提供担保等，以振兴包括电信、交通、能源、农业和城市在内的各个行业的发展。

（三）业务定位

在全球经济增长潜力最大的亚洲地区设立区域性投资银行，通过多种直接投融资途径与手段，牵头组织大规模基础设施建设，实现区域经济乃至全球经济一体化，是有效疏导和化解全球游资压力、将全球游资转变为社会生产力，挤掉全球经济泡沫、使全球虚拟经济和实体经济相协调，促进全球金融体制改革、使全球金融体制由以间接投融资为主导转变为以直接投融资为主导、消除全球金融危机根源的重要途径。中国发起设立亚投行，目的是通过亚洲基础设施建设这一平台，引导国际金融体制改革走向正确方向，促进国内国际金融体制改革与经济增长方式转变。

（四）创立意义

亚投行的产生，可推动亚洲基础设施的投资，推动亚洲的经济增长，其意义具体体现在以下方面。

（1）它对促进亚洲国家经济发展乃至全球经济一体化具有重要意义。创建亚洲基础设施投资银行，通过公共部门与私人部门的合作，有效弥补亚洲地区基础设施建设的资金缺口，推进了亚洲经济一体化建设。

（2）有利于扩大全球投资需求，以亚洲为龙头，带动世界经济复苏。

（3）有利于通过基础设施项目，推动亚洲地区经济增长，促进私营经济发展并改善就业。

（4）通过提供平台将本地区高储蓄率国家的存款直接导向基础设施建设，实现本地区内资本的有效配置，并最终促进亚洲地区金融市场的迅速发展。

此外，中国提倡筹建亚洲基础设施投资银行，一方面能继续推动国际货币基金组织和世界银行的进一步改革，另一方面可以补充当前亚洲开发银行在亚太地区的投融资与国际援助职能。

相关案例

亚投行开业为"发展梦"插上翅膀

2016年1月16日上午，亚洲基础设施投资银行开业仪式在北京钓鱼台国宾馆举行。

中国国家主席习近平出席开业仪式并致辞，为亚投行纪念物"点石成金"揭幕，这标志着由中国倡议成立、57国共同筹建的亚投行正式起航。中国财政部部长楼继伟被选举为首届理事会主席，金立群当选亚投行首任行长。

亚投行历经两年多的筹备，开始正式开业，毫无疑问，无论是对于中国、亚洲还是对于世界，这都是一个非常重要的历史性事件。亚投行从设想提出到现在开业，工作效率之高令各国称赞，表明了中国在推动世界经济复苏过程中愿意于世界各国一道携手并肩、共同努力促进发展的责任承担，也标志着在全球金融体系当中，中国将担当更加重要的角色。

就当下而言，世界经济复苏乏力，中国经济发展步入"新常态"，经济发展速度从高速增长转向中高速增长。在这样的背景下，世界各国之间应该加强合作，促进共赢，尤其不断促进南南合作和南北合作，通过拉动经济发展实现各国人民幸福指数的有效提升。而不应该相互猜疑，更不应该以邻为壑。共识已达成，合作平台尤其是在投融资方面的国际平台不可或缺，这也正是亚投行设立的初衷所在。

正如习近平主席在致辞中所讲，"有志者事竟成！"面对亚洲和世界各国对于经济发展的迫切希望，世界各国不仅要敢于"想事情"，还要敢于"做事情"。有了好的想法，就一定要尽快通过努力付诸实施，并依靠积极的有所作为搭建更加开放、更加包容、更加高效的合作平台，用实实在在的行动促进一些实际问题得到有效解决。

亚投行，是亚洲的，更是世界的。在全球金融体系当中，亚投行不专属于任何一个国家，它是世界57个国家共同参与的世界性的金融组织，在未来亚洲基础设施投资建设和全球经济发展投融资需求越来越大的语境里，亚投行必将成为世界金融体系中的重要补充力量。

中国有实力和能力为亚洲经济乃至全球经济发展贡献自己的力量。2015年，中国经济在总量超过10万亿美元的高基数上，增速在主要经济体中名列前茅。同时，中国政府正在努力进行结构性改革，实施创新驱动发展战略，深入开展大众创业、万众创新。中国提出了"一带一路"发展战略，亚投行的成立也将有效地促进中国与世界各国的产能供给合作。

"腊月风和意已春"。面对亚洲和世界经济的复苏难题，相信只要各相关方共同努力，以开放包容的精神来经营和支持亚投行，亚投行一定会成为构建人类命运共同体的新平台，为促进亚洲和世界发展繁荣做出新的贡献。

资料来源：王传涛. 亚投行开业为"发展梦"插上翅膀.

本章小结

国际贸易关系到各国的利益，需要通过贸易条约和协定对各国贸易政策加以协调来保证正常的国际贸易秩序。关税及贸易总协定的生效标志着全球多边贸易体制的诞生，世界贸易组织的运行标志着以贸易自由化为宗旨的、囊括国际贸易诸多领域的多边贸易体制框架的建立。

国际货币基金组织监察货币汇率和各国贸易情况、提供技术和资金协助，确保全球金融制度运作正常。世界银行向发展中国家提供低息贷款、无息信贷和赠款。国际清算银行为国际金融业务提供便利，并接受委托或作为代理人办理国际清算业务。三个国际性金融组织在国际贸易中发挥了重要作用。

区域性国际金融组织中比较典型的有亚洲开发银行、非洲开发银行、阿拉伯货币基金组织和亚洲基础设施投资银行，它们在推动区域经济发展和社会进步上发挥了重要作用。尤其是亚洲基础设施投资银行的成立对促进亚洲国家经济发展与区域经济一体化具有重要意义。

本章关键词

国际贸易组织　　国际性金融组织　　区域性国际金融组织

本章思考题

1. 世界贸易组织和关税及贸易总协定的区别与联系是什么？
2. 国际货币基金组织、世界银行和国际清算银行的宗旨分别是什么？
3. 亚洲基础设施投资银行的业务定位和意义是什么？

参 考 文 献

[1] 保罗·克鲁格曼,茅瑞斯·奥伯斯法尔德. 国际经济学[M]. 6版. 北京:中国人民大学出版社,2006.
[2] 黄卫平,彭刚. 国际经济学教程[M]. 2版. 北京:中国人民大学出版社,2012.
[3] 冯德连. 国际经济学[M]. 北京:中国人民大学出版社,2006.
[4] 赵春明,宏结,陈阳. 国际经济学[M]. 2版. 北京:北京师范大学出版社,2012.
[5] 窦建华,李金玲. 国际经济学[M]. 北京:人民邮电出版社,2006.
[6] 李天德. 国际经济学[M]. 成都:四川大学出版社,2007.
[7] 刘辉群. 国际经济学[M]. 北京:北京大学出版社,2012.
[8] 郭根龙. 国际经济学[M]. 西安:西安交通大学出版社,2008.
[9] 李坤望. 国际经济学[M]. 2版. 北京:高等教育出版社,2005.
[10] 陈湛匀. 国际经济学[M]. 上海:立信会计出版社,2005.
[11] 金圣才. 克鲁格曼《国际经济学》笔记和课后习题详解[M]. 北京:中国石化出版社,2007.
[12] 孙睦优,冯萍. 国际贸易[M]. 北京:清华大学出版社,2012.
[13] 张玮. 国际贸易[M]. 2版. 北京:高等教育出版社,2011.
[14] 胡俊文等. 国际贸易[M]. 2版. 北京:清华大学出版社,2011.
[15] 张相文,曹亮. 国际贸易学[M]. 武汉:武汉大学出版社,2004.
[16] 朱坤萍. 国际贸易概论[M]. 杭州:浙江大学出版社,2010.
[17] 陈世清. 经济领域的哥白尼革命[M]. 北京:中国时代经济出版社,2005.
[18] 陈世清. 经济学的形而上学[M]. 北京:中国时代经济出版社,2015.
[19] 何璋. 国际金融[M]. 北京:北京师范大学出版社,2009.
[20] 武慧娟,段曼丽. 国际金融[M]. 北京:北京邮电大学出版社,2013.
[21] 钱荣堃. 国际金融[M]. 成都:四川人民出版社,1998.
[22] 金圣才. 金融学考研真题与典型题详解[M]. 北京:中国石化出版社,2005.
[23] 王丽颖. 亚投行路线图猜想[N]. 国际金融报. 2014.
[24] Steven *International Economics*[M]. 北京:高等教育出版社,2002.
[25] 刘红学. 产业利益集团的游说活动分析[J]. 西安电子科技大学学报(社会科学版),2006,(2):50—55.
[26] 岳咬兴. 国际贸易政策论[M]. 上海:上海财经大学出版社,1997:271.